译文经典

社会理论的核心问题

Central Problems in Social Theory:
Action, Structure,
and Contradiction in Social Analysis

Anthony Giddens

〔英〕安东尼·吉登斯 著

郭忠华 徐法寅 译

上海译文出版社

哲学和社会学长期处于一种分隔的体系中。通过拒绝任何交汇基础的形成，妨碍各自的成长，使得彼此不可理解，从而使文化处于一种永恒危机的状态，这种分割成功地掩盖了他们之间的竞争关系。

梅洛-庞蒂

目 录

前言 …………………………………… 001

导论 …………………………………… 001
第一章 结构主义与主体理论 ………… 011
第二章 能动性与结构 ………………… 068
第三章 制度、再生产与社会化 ……… 133
第四章 矛盾、权力与历史唯物主义 … 180
第五章 意识形态与意识 ……………… 223
第六章 时间、空间与社会变迁 ……… 266
第七章 当今社会理论的展望 ………… 310

前　言

我以独立论文而非章节的方式组织本书，每一篇论文都可以作为一个自成一体的整体加以阅读。但是，所有这些论文在我看来都与对社会分析极为重要的少数几个议题相关。对于那些不熟悉我在《社会学方法的新准则》一书中所提出的那些论点的读者来说，先阅读结尾那一篇综合性的论文"当今社会理论的展望"或许会有帮助。

我谨对在我写作本书过程中提供过宝贵帮助的下列人士致以诚挚的谢意，他们是戴维·赫尔德、莱斯莉·鲍尔、罗布·史瑞夫、约翰·汤普森和山姆·郝立克。

安东尼·吉登斯
1978 年 12 月于剑桥

导 论

大概十年前，我设计了一个旨在考察19世纪欧洲社会理论遗产给当代社会科学所造成的问题的方案。实际上，我此后的所有工作都是要发展那个方案。我那时认为——现在仍这样认为——当代世界的社会科学深深地烙上了19世纪和20世纪早期产生于欧洲的观念的印记。这些观念今天必须进行根本的检视：对于19世纪社会思想的任何引用我们都有必要进行细致而批判性的检视。这一判断同样适用于马克思的文本。我没有改变我在《资本主义与现代社会理论》[①]一书中提出的见解——我把它看作对19世纪的社会思想进行扩展性批判的一次周密准备——马克思主义与"资产阶级社会理论"(bourgeois social theory)之间不存在显而易见的界线。不论两者之间存在着何种差异，由于它们的形成背景相同，它们具有某些共同的缺陷。我想，今天，仅仅忠实于马克思的文字已不足领会其真正的精神。

本书代表了对前述方案的进一步推进：我想把本书写成兼具方法论和理论性的文本。在《社会学方法的新准则》[②]和《社会与政治理论研究》[③]的某些篇章中，我对社会理论的两大系统性方法进行了批判，即解释学(以及各种形式的"解释社会学")和功能主义。本书的第一章将对结构主义思想的某些主要流派进行批判性考察，以完善对这些方法的批判。本书的其余部分将尝试提出某种理论立场,这种立场尽管吸收了三大研究方法中的某些观点,但不同于所有这些方法。我把这种立场称作是结构化理论(theory of structuration)。本书集结论与序言于一身,因为它既扩展了对刚刚提到的那两本书的方法论立场的论述,同时又可以被看作对随后将要出版的有关当代资本主义与社会主义研究的一种准备(这一研究的某些观点在这里我只会作简要的介绍)。

结构化理论以对一种缺失——社会科学中行动理论的缺失——的论述作为开端:社会科学中缺乏有关行动的理论。《社会学方法的新准则》已就这一点进行过详细的讨论。哲学文献中存在着大量有关意图、理智和行为动机的论述,但它们对社会科学几乎很少产生影响。在某种程度而言,这种情况很容易理解,因为这种有关行动的哲学——就如英美哲学家所提出的——很少关注社会科学中的某些核心问题:有关制度分析、权力和社会变迁的问题。但是,那些集中关注过这些问题的思想传统,尤其是功能主义和正统马克思主义,秉持的又是一种社会决定论的观点。他们在孜孜以求地试图理解潜藏在社会行动者行动"背后的因素"时,恰恰在很大程度上忽视了在行动哲学看来对人类行为极为重要的那些现象。

---

[1] Anthony Giddens, *Capitalism and Modern Social Theory* (Cambridge University Press, 1971)。中译本参阅安东尼·吉登斯:《资本主义与现代社会理论》,郭忠华、潘华凌译,上海译文出版社,2007年。
[2] Anthony Giddens, *New Rules of Sociological Method* (London: Hutchinson, 1976)。中译本参阅安东尼·吉登斯:《社会学方法的新规则》,刘江涛、田佑中译,社会科学文献出版社,2003年。
[3] Anthony Giddens, *Studies in Social and Political Theory* (London: Hutchinson, 1977).

仅仅假定把唯意志论和决定论两种对立类型的方法联系在一起便可以超越彼此间的对抗,这不会有多大的益处,其间所根植的问题比这要纵深得多。我在本书中提出,除缺乏制度分析方面的理论问题外,行动哲学还存在着另外两种局限之源。首先,一种充分的有关人类能动性的说明必须与一种关于活动着的主体的理论联系在一起;其次,必须把行动置于时间和空间当中作为持续的行动流加以对待,而不是把意图、理智等以某种方式堆积在一起。我所勾勒的主体理论涉及我所说的人格的"分层模式";这个人格模式由三组关系组成: 无意识、实践意识(practical consciousness)和话语意识(discursive consciousness)。实践意识是结构化理论的根本特征。

如果说既存的行动哲学方法必须经过实质性修正才能吸纳社会理论中的能动性概念的话,同样的情况也适用于在社会学文献中已经变得极为突出的结构和系统概念。功能主义者有关"结构"的独特说明与结构主义思潮的典型解释存在着本质性区别。但两种思潮或多或少都把结构和系统当作可以互换使用的概念。在我看来,不仅把结构和系统区分开来非常重要,而且还必须以一种与这两种思潮完全不同的方式理解他们。本书的主线之一在于,在能动性理论(the theory of agency)中——同时为了表明行动与结构之间的相互依赖关系——我们必须把时空关系看作内在于所有社会互动的构成过程之中。我将表明,维持共时与历时、静态与动态划分——它们在结构主义和功能主义等诸如此类文献中比比皆是——将不可避免地导致时间在社会理论中受到压制的结果。根据结构化理论,通过把结构看作非时间性的和非空间性的,看作一种作为社会互动的媒介和结果而得到生产和再生产的虚拟差异次序(virtual order of differences),社会系统就可以理解成是存在于时间和空间当中的了。里尔克(Rilke)曾经说过:我们的生命在变化中度过,这正是我在结构化理论中试图把握的真义。

我在这些文章中提出的观点深受海德格尔关于存在与时间的观点的影响:尽管不具有如此强烈的存在论韵味,却是对社会系统的时空构成进行概念化的哲学源泉。威廉·詹姆斯(William James)有关时间的说法也反映了海德格尔观点的某些方面:"字面意义上的现在完全是一种言语中的假定,而不是一种状态。每一个曾经意识到的现在实际上都是'逝去的瞬间'(passing moment),这种瞬间永远是不断往后消逝的时间与即将到来的黎明之间的光线汇合。"[1]在我看来,自然和社会交织在一起的时间性(temporality)在人类和此在(Dasein)身上表现为有限性和偶然性,而且这种有限性和偶然性是"第一属性"(first nature)的延续性与"第二属性"的延续性之间的唯一纽带。永不停息的时间"消逝"通过在语言学上存在相似性的不可避免的人类"消逝"而得到理解。此在的偶然性不仅仅表现在存在于时间与空间中的联系上,而且,如海德格尔所言,还表现在"存在者"(existents)的构成上(在社会理论中,表现为社会构成的结构化)。如其所言,如果时间仅仅体现为连续不断的现在,并且偶然与空间联系在一起,那么,也就不可能理解为什么时间不会倒流:

---

[1] William James, *A Pluralistic Universe* (New York: Longman, 1943), p.254.

但是，如果时间成为"可能的生成"（becoming of the possible），那么时间的"行进"也就得以澄清。

海德格尔和维特根斯坦都与现代哲学中的所谓"语言学转向"联系在一起。但在我看来，以这种方式表述具有误导性，它至少暗示了某些我所反对的观点。我反对"社会有如语言"的观点，这种观点见之于各种形式的结构主义和大多数解释社会学。在开篇一章，我试图表明持续存在于结构主义社会思潮中的某些困难。在《社会学方法的新准则》中我对解释社会学的这一问题也进行过批判。我认为，维特根斯坦的晚期哲学对于社会理论的当前问题极为重要，但不是以"后维特根斯坦主义者"理解哲学的典型方式。相反，维特根斯坦著作对于社会理论的重要性在于：他把语言与特定的社会实践联系在一起。我不认为罗西-兰迪（Rossi-Landi）等人在马克思与维特根斯坦之间所作的巨细比较有何特殊的价值，但我的确认为，这两者在把社会的生产和再生产理解成实践（praxis）方面存在着直接的连续性。每一种语言哲学都包含了对于"语言的极限"（the limits of language）的态度或立场（经常以含蓄的方式）：也就是不能直接以语言表达的情形，因为正是这种情形使语言成为可能。"语言的极限"在维特根斯坦的晚期哲学中已变得非常明确，并成为某种语义学理论的基础。从本质上说，语言总是与必须做的事情（that has to be done）联系在一起：作为"含意丰富"的语言的构成与作为持续实践的各种社会生活形式的构成之间存在着不可分割的联系。

我把社会实践以及与之相连的实践意识看作联系社会理

论中两大流传已久的二元论观点的关键性媒介因素。其中之一我在比较唯意志论和决定论类型的理论时已经提到过：在个体与社会或者主观与客观问题上的二元论。另一种二元论则是认识方式上意识与无意识的二元论。作为一种概念上的提议，我主张以作为结构化理论核心概念的结构二重性（duality of structure）取代所有上述二元论。结构二重性以存在于社会实践中的社会生活的重复性（recursiveness）为核心：结构既是实践再生产的媒介，同时也是其结果。结构同时进入行动者和社会实践的构成当中，"存在于"这种构成过程的各个时刻。

作为结构化理论的主要原理，我提出下述观点：每一个社会行动者都对自己作为其中成员的社会的再生产条件知道良多。没有认识到这一点是功能主义、结构主义等的基本缺陷；和其他类型的功能主义思想一样，帕森斯的"行动参照框架"也莫能例外。所有社会行动者都对通过其行动而得以构成和再生产的社会系统具有大量的知识，这一点在逻辑上是结构二重性概念的必然特征。但是，这一点还有待作更细致的说明。在实际的社会行动中，这种知识可以以各种不同的模式表示出来。其一是认识的无意识来源：知识存在于无意识的层面，这一点似乎已经没有理由可以否认。无意识欲望的运行通常涉及无意识的认识因素，这种情况就可以证明这一点。[1]本书提出的更为重要的观点在于在实践意识与话语意识之间做出区分。前者指行动者在社会活动的构成当中

---

[1] 相关讨论请参阅 Alvin I. Goldman, *A Theory of Human Action* (Englewood Cliffs: Prentice-Hall, 1970), pp. 123-124。

习惯性地使用的知识储备,后者则指行动者能够在话语层次上表达的知识。所有行动者都对自己帮助构成的社会系统具有某种程度的*话语把握能力*(discursive penetration)。

在上一段落以及整个本书的许多论点中,我搁置"知识"这个概念所包含的正确性问题,尽管我通常有意地选择使用"知识"而不是"信念"。就如我在结论章所强调的那样,①必须从两个层次出发来考察行动者在社会系统的生产和再生产过程中所使用到的知识的逻辑地位。一是方法论层次,我所说的"共有知识"(mutual knowledge)不是一种不可修正的资源,作为对社会生活进行"正确"描述的媒介,社会分析者必然依赖于这种资源。正如维特根斯坦所表明的那样,认识某种形式的生活也就是在原则上能够参与这种生活。但是,有关社会活动的描述和刻画的正确性与"知识"的正确性截然不同,后者存在于社会行动者的话语所传达出来的信念和主张(belief-claim)之中。

就行动者对自己参与其中的社会系统所具有的话语把握能力而言,其范围和性质对于我所说的*集体组织中控制辩证法*有着重要的意义。对于这一点,我试图表明的是:*能动性与权力之间存在着本质的联系*。我把社会系统中的权力关系理解成自主与依赖关系的规律化。权力关系永远是双向的,也就是说,不论行动者在社会关系中可能处于多么依附的地位,他(她)总是拥有一定程度的对于权力关系当中的另一方的权力。那些在社会系统中处于从属地位的行动者,总是能

---

① 同时参阅 Giddens, *New Rules of Sociological Method*, pp. 144ff。

够娴熟地将其拥有的某些资源转化为对其社会系统再生产条件的控制。我没有说这意味着社会生活在某种程度上可以化约为权力争夺，无论这些争夺可能多么长期和重要。冲突与权力之间不存在逻辑性关联，它们只是一种偶然的联系。

行动者对自身行动的条件拥有某种话语把握能力，这种能力所受到的限制和扭曲则直接与意识形态的影响有关。我在讨论意识形态问题的时候想要表明的是，必须从根本上将意识形态批判的问题与认识论问题分割开来，因为这两者经常融合在一起。与科学等其他符号体系相比，意识形态并不是一种独特的符号体系。在我看来，意识形态指的是一种意识形态性，它必须从支配群体或阶级使其局部利益在其他人看来似乎是一种普遍利益的能力的角度加以理解。这种能力因此是支配关系当中所应用到的一种资源类型。本书仅就应当如何构思意识形态批判提供了一种最粗略的轮廓，除此之外，本书没有更详细的打算，同时，对于应当如何理解当代世界中作为批判理论的社会科学的任务，本书也没有更多的说明，我把这些问题留给下一卷。这种评价在相当程度上也适用于有关矛盾和冲突的分析。我详细地提出了一种社会矛盾概念并表明了其潜在的应用范围，以此作为研究资本主义和国家社会主义之矛盾的理论前言。这种研究必须成为当代社会批判理论的本质：这种批判理论必须面对下述明显的事实，即马克思主义能够而且已经被用来作为支配的意识形态媒介。

本书所阐述的结构化理论可以被看作一种非功能主义的宣言。在我看来，包括马克思主义的功能主义在内的各种功能主义理论的重要性在于：它们总是极为强调行动意料之外后果的重要性。这种强调无疑极为重要，这与行动哲学形成鲜明对比，因为后者在很大程度上完全忽视了这种后果。历史摆脱了人类目的的控制，而且反过来又影响人类行为，它们是社会生活的长期特征。但是，功能主义把这种反作用看作社会再生产的"社会的原因"。在结构化理论看来，社会系统根本不存在目的、理智或者需要等诸如此类的东西，这些东西仅为人类个体所拥有。任何把社会再生产归结为社会系统之目的的解释都必须被看作是无效的。但是，许多在原则上宣称反对功能主义的人，在实践中自身倾向于采用功能主义的论点。从逻辑或者意识形态的立场反对功能主义的观点是一回事，承认社会系统再生产过程中的意料之外的后果具有根本重要性完全是另外一回事：它表明一种非功能主义的社会科学所实际牵涉到的事情。

在分析社会再生产的条件以及相应社会稳定和社会变迁的条件时，我将力图表明，社会生活的传统和例行化极为重要。我们不能把传统拱手让给保守主义者！长期社会发展过程中形成的各种形式的制度遗产是所有社会类型的必然性特征——无论这些社会经历过多么剧烈的变化。将时间性驱逐出人类能动性绵延（durée）的层次存在其对应的一面，即压制社会制度在社会理论中的时间性——这种压制很大程度上通过共时与历时的划分得以实现。通过这种划分，社会学家们心安理得地把时间中的事件演替留给历史学家，作为交易的一方，其中有些历史学家则已经准备把社会系统的结构性特征交给社会学家了。但是，对于恢复作为社会理论组成部分的时间性来说，这种划分根本不存在合理的理由：历史学与社会学在方法论上是不可分离的。

如我在其他地方表明的那样，"社会学"并不是一个一清二白的概念。[①]它在起源和当前的用法上与我在结论章所表明的三组联系紧密相关：结构主义、功能主义和工业社会理论。在社会学概念已被如此广泛使用的今天，想要一劳永逸地放弃它已不再可能。在《社会学方法的新准则》以及本书中，我将继续使用这一概念，但概括地把它看作对工业社会制度的研究。但是，既然我所提出的许多观点同样适用于社会科学，而且我还经常以一种普遍的方式使用"社会科学"术语，想要把社会学与其他社会科学区分开来也就成了一种方便的不便了。

---

① Giddens, *Studies in Social and Political Theory*, pp. 23-24.

第一章 结构主义与主体理论

在过去三四十年间,"功能主义"和"结构主义"或许是社会理论中最为显赫的知识传统。这两个术语都早已失去了其准确的含义,然而,探明它们所包含的一系列核心概念仍旧可能。功能主义和结构主义在某种程度上有着共同的起源,也有着重要的共同特征。两大系谱都可以追溯到涂尔干身上,前者通过拉德克利夫-布朗和马林诺夫斯基的著作得到反映,后者则通过索绪尔和莫斯的著作得到反映。[①]拉德克利夫-布朗和马林诺夫斯基反对思辨的、进化式的人类学,索绪尔则以同样的方式反对作为其前身的新语法学家们所持有的概念。三者都非常强调共时性,并且把共时性与历时性分割开来。同时,他们也都强调社会或者语言"系统"的重要性,而不是强调构成这些系统的要素。但自他们之后,强调的重点发生了分化。功能主义通常把有机体作为"系统"的指导模式,功能主义者总是诉诸生物学的概念库来服务于自己的目的。在索绪尔以及随后布拉格学派的著作中,结构主义以一种语言学的途径作为开端。但是,作为一种社会理论形式,结构主义最好被界定为:将结构语言学影响下的语言学模式应用于对社会和文化现象的解释。[②]

盎格鲁-撒克逊世界的社会理论的发展与法国形成了重要的对比:接下来我将尝试表明其中的某些重大歧异。我无意对结构主义作总体性评估——因为如果要做这种广泛的说明的话,首先必须对包括巴特(Barthes)、福柯、阿尔都塞、拉康、皮亚杰、格雷马斯等在内的各种人物的贡献进行考察——我将把我的注意力严格限制在由下述人物所提出的几个问题上:索绪尔的语言学理论、列维-施特劳斯对于神话的说明以及那些试图提出一种新型结构化理论的人对于"符码的批判"③(critique of the sign)(德里达、克里斯蒂娃)。

本章所提出的几个问题某种程度上在本章中并没有得到应有的讨论,因为它们在本书的随后章节将会得到更进一步的分析和例证。我的讨论是局部的和选择性的,因为我想利用本章一方面与以前已经出版了的对解释学和行动哲学的批判联系起来,另一方面与对功能主义④的批判联系起来,同时也由于我打算让它充当构成了作为本书主体的其他论文的序言。更有甚者,我的批判性分析一直持续到论文的结尾,而没有枚举结构主义思潮所具有的优点。

---

① 涂尔干对索绪尔的影响的性质和程度存在着某些争论。例如,参阅 E. F. K. Koerner, *Ferdinand de Saussure* (Braunschweig: Hunold, 1973), pp. 45-71。
② 例如,巴特说道:"我考察过一系列结构分析,所有分析都与额外语言学'语言'(extra-linguistic 'language')的界定有关……" Roland Barthes, *Essais critiques* (Paris: Seuil, 1964), p. 155。
③ 本章以及全书中经常提到 sign、symbol、signal 和 code 四个概念。在汉语界,sign 和 symbol 通常都被翻译为"符号",但在索绪尔的结构语言学以及后来的符号互动理论那里,两者实际上存在着较大的差别。在结构语言学里,sign 通常表示具有不完整意义的"标记",必须与其他 sign 联系在一起才能表示某种完整的意思。相反,symbol 则是能够表示完整意义的象征性符号。code 则是将 sign 联系在一起以表示独立意义的方式。根据这种含义区分以及结合国内有关吉登斯译著中的术语翻译习惯,本书在翻译过程中将 sign 翻译为"符码",将 symbol 翻译为"符号",而将 code 翻译为"编码"。请读者在阅读过程中小心加以区分。——译者
④ *New Rules of Sociological Method* (London: Hutchinson, 1976); "Functionalism: après la lutte," in *Studies in Social and Political Theory* (London: Hutchinson, 1977).

索绪尔：结构语言学

在索绪尔所提出的各种学说中，对后来结构主义和符号学的发展最为关键的地方表现在：语言（language）与言语（speech）的区分；符码的任意性特征；差异观念；通过能指（signifier）与所指（signified）的关联而形成的符码构成；共时性与历时性的分离。它们已经如此广为人知以致只要对它们做概略性的评价即可。

索绪尔并没有使用"结构"概念，后者是特鲁别茨科伊（Trubetskoy）引进到大陆语言学中的，索绪尔更倾向于使用"系统"。在索绪尔看来，系统性特征是语言区别于言语——即言说或者书写的话语——的主要因素，语言与言语的分离使"社会与个体"区分了开来，使"核心的东西与附属和或多或少偶然的东西"区分了开来。[①]语言是一种社会制度，它并非单个言说者的创造物：如索绪尔所言，言说者只是"消极地同化于"由语言所假定的既存的形式中。与语言比较，言语是一种由不同事件所组成的"异质性群体"（heterogeneous mass）。发音器官是人类使用语言的主要工具，但这并不是语言的最主要特征：这种特征来源于人类把握和安排符码体系的本领（faculty）。这种本领不仅仅局限于语言上，因为符码还存在于语言学之外：因此，索绪尔设想可以建立一种普遍的

[①] Ferdinand de Saussure, *Course in General Linguistics* (London: Peter Owen, 1960), p.14.

符码科学或者说符号学，语言学是其中的一个分支。[1]

语言符码的任意性特征以及它们通过差异而形成的结构是索绪尔试图把语言解释成系统的主要观念依据。每一个概念都以内容为代价而重点强调形式，或者更准确地说，重点强调符码间的关系而不是其实质。索绪尔以两种方式指出了符码的任意性特征：一是仅仅对不同语言中的单词进行比较，英语中"ox"的发音与法语中的"boeuf"毫无共同之处。就这一点而言，符码的任意性"通过存在不同语言的事实……而得到证实"。[2]更重要的是，他表明一种语言中的单词的发音与他们所指的物理对象之间并不存在本质的联系：对于树而言，"tree"的发音的相称性既不会比"arbre"更多，也不会更少。考察索绪尔有关符码任意性的主张——在他看来这"无可争议"——所引起的争论，值得指出的是，他在各个方面都被证明是合理的。当然，如他所仔细地强调的那样，相对于单个言说者来说，符码不是任意的。完全相反，言说者除了遵守已经形成的语言外别无选择。索绪尔还在其所说的"完全任意性"与"相对任意性"之间进行了区分：后者指通过前者而形成的二阶词汇（second-order words）。"neuf"是完全任意的，"dix-neuf"则是相对任意的，因为它是一个合成词。

显然，相对任意性原则只影响到语言的内部构成，而语言

---

[1] 对于这一问题后来形成了大量的讨论。有些人接受索绪尔有关符号学与语言学之间关系的观点，有些人则持反对意见，认为符号学派生于语言学。我将使用"符号语言学"（semiotics）而不是"符号学"术语——除非在提到索绪尔的时候。
[2] Saussure, *Course in General Linguistics*, p.68.

作为一个整体对于客观世界来说是"完全任意的"。正是由于这一点，语言的词汇才可以被看作是自成一体的（sui generis）；词语只有在语言整体当中作为对立或者差异而彼此区分开来的前提下，才能获得其身份或者延续性。索绪尔有关"从日内瓦到巴黎的火车"的著名例子这里值得引用，如我后面将会表明的那样，它与盎格鲁-撒克逊哲学家在行动哲学背景下讨论过的问题存在着明显的相似性。我们把每天下午 8:25 从日内瓦出发前往巴黎的火车说成是"同一列"火车，即使每天的机车、车厢和乘务员并不相同。在索绪尔看来，给予这列火车身份的正是它不同于其他火车的东西：开出的时间和线路等。与此类似，语言单位——不论它们是发声的还是书写的词汇——在语言中的身份也依赖于将它们彼此分离开来的对立或者差异，而不是其本质内容。例如，我们可以以各种不同的形式书写"t"，其身份的存续并不是由于其内容上的一致性，而是由于它与其他字母划清了界限。同样的原则也适用于构成了语言表达的声音。因此，如索绪尔所表明的那样，差异观念完成了自成一体的语言的独立性：语言元素的"价值"完全来源于在它们之间能够相互区别。索绪尔说道："在语言中，存在的只有差异。更为重要的是：差异通常意味着某些实名词（positive terms）的出现，差异在这些实名词之间得以建立。但是，语言中存在的只有差异，没有实名词。"[1]

身份通过差异得以消极地建立，这种情况适用于语言符码两个方面中的任何一方：能指和所指。但是，它们在符码

---

[1] Saussure, *Course in General Linguistics*, p.120.

社会理论的核心问题 | 015

间的结合把消极转变成了积极。语言过程的唯一积极性特征——但这是一种非常重要的特征——体现在言说或者书写过程中能指和所指的表达上。对于索绪尔来说，语言在能指层次上完全是一种发音和听觉体系，但在言说和书写过程中，能指与所指的联系是通过在时间中展开的线性顺序得到组织的。尽管他有时认为每一个能指都存在其特定的所指、概念或者"观念"，但他同时又非常明确地指出，把两者联系在一起是一种误导人的方式。这种观点意味着，概念是在用来表达它们的词语出现以前形成的，并且独立于后者。能指与所指的关系比这要远为密切，没有通过音位差异而清晰地建立起来的含义，思想将只会是一种不成熟时期的波动。语言学符码只有通过能指与所指之间的相互联系——这种联系存在于由说、听、读、写所形成的时间性联合中——才能产生。

因此，时间有时并不是如人们所认为的那样在索绪尔的语言学中是缺失的。他所阐明的所有语言中的能指本质上都具有顺序和线性的特征，并且把这一点与所指联系在一起——在语言表达的特定时刻相结合——这一事实意味着时间在他的观念中并不像后来的拉康、德里达等人所认为的那样显得疏远。他很大程度上没有把时间驱逐出自己的理论，而是把时间性从根本上划分为两种形式：其一涉及语言的话语结构顺序（syntagmatic order）以及相应的共时的条件；其二则涉及语言的进化特征。从第一种意义而言，时间是他理解语言的系统性特征的内在组成部分，因为对于这里的"系统"概念来说至为重要的一点是，整体只有在其特定的表达当中才能有效。这里的整体概念与社会理论中功能主义的整体概念存在明显的差别，后者建立在与有机或者机械系统类比的基础上。另外，索绪尔还极力强调了共时对于历时的独立性。在他看来，共时与历时的差别是"绝对不可通约的"，历时包含的是那些"与系统无关的现象，尽管它们会对后者形成制约"。①在研究系统状态的过程中，我们必须把它完全从其要素的变化当中抽离出来。这一点反过来与语言和言语的区分联系在一起。只有通过共时才能把握语言的本质。②历时在事件的层次上运作，这是一个通过话语而使语言发生更改的层次。

索绪尔观点的局限

对索绪尔观点的批判性评估具有其双重意义：一是对于语言学理论本身；二是作为一种语言模式，它形塑了结构主义的某些典型视角——当然，尽管他的观点遭到了布拉格学派和列维-施特劳斯的反对。迄今为止，对于索绪尔语言学的批判性接受已经在文学领域得到了很好的发展。我这里将只关注那些对社会理论的问题具有非常直接含义的观点。在我前面区分的索绪尔著作的五大要素中，每一种都存在其根本的困境。

1. 在索绪尔的所有论点中，得到最广泛讨论的或许莫

---

① Saussure, *Course in General Linguistics*, pp. 83 and 85.
② 但是，毛罗（Mauro）、安格勒（Engler）和戈德尔（Godel）尽管提出了一种批判性的《教程》（指索绪尔的《普通语言学教程》——译者）版本，除其他一些方面之外，索绪尔从来没有说过共时语言学优先于历时语言学这一点。

过于符码任意性学说了。把批判的焦点集中在索绪尔学说的这一点上不是没有道理，这是因为，如我前面所指出的那样，任意性和差异这一对孪生概念是语言具有系统性质的最本质的特征。任意性是一个具有争议的术语，索绪尔学说所引起的某些困惑无疑与对这一术语含义的误读有关——尽管索绪尔有时使用"无动机的"（unmotivated）取代"任意性"以试图掩盖其中的某些困惑。但是，与"任意性"一样，"无动机"也是一个唯意志论的词汇，所表明的恰恰是索绪尔所否认的言说者——作为语言的消极囚徒——拥有选择的因素。索绪尔所使用的任意性概念似乎至少存在两种含义，这里有必要把它们区分开来。一是在言语层次上，语言的存在独立于言说者的目的性行为，而且不可能根据后者得到解释，无论在何种意义上说，语言都不是活动主体——语言的言说者——的有意创造物。对于这一点所引起的问题，我很快将会论述到。二是强调符码的习惯性（conventional）——即英美哲学家所使用的"习惯"概念——我将以对这一点的论述作为开始。①

如果我们提出下述问题的话，可以看出，索绪尔的观点存在着各种尚没有解决的重大难题：符码的可任意选择性或者"任意性"指的是什么？它指的是能指的性质吗？抑或以某些方式指所指的性质？抑或它们之间的联系？索绪尔所指的无疑是所有这些情形当中的最后一种："能指与所指的结合是任意的。"②但是，他用来阐明这一主张的例子与这种结合无关，

---

① 近来对于这一点的相关讨论，可参阅 David Lewis, *Convention* (Cambridge, Mass: Harvard University Press, 1969)。
② Saussure, *Course in General Linguistics*, p.67.

他们指的仅仅是能指的性质。言说者发出的声音、书页上印刷的标记,它们与客观世界的现象或者事件之间不存在"内在的"或者同形的(isomorphic)相似性。在一次著名的讨论中,本维尼斯特(Benveniste)也提出过类似的观点。他说道:

> 通过无意识地、偷偷摸摸地求助于起初并没有包括在定义中的第三方概念,索绪尔所提出的观点可以被证明是虚假的。这里的第三方概念指的是事物本身或者说现实。即使索绪尔说"姐妹"观念与能指 s-ö-r 之间不存在关联,他一点也没有少考虑概念的**现实**。当他在谈到 b-ö-f 与 o-k-s 之间的差异时,尽管他自己说的是这两个概念可以应用于相同的**现实**这一事实,他考虑的仍然是现实。因此这里就出现了这样的情况,起初在表象上把事物排斥在符码的定义之外,现在又绕道爬了回来。①

那么,索绪尔的观点就变成了这样一种情况,能指与客观世界之间的关系是习惯性的,但可能必须把某些拟声词(onomatopoeic words)排除在外(如他自己指出的那样,那些词汇是程式化的或者说习惯性的),至少用来支撑其论点的那些例子是如此。因为他把注意力集中在了能指与所指的任意性关系上,而没有考虑单词或者陈述的(或者提到的)"所指"和"客观所指"(object signified)。

2. 这里出现了两种含义深远的结果,即使在那些为索

---

① Emile Benveniste, "The nature of the linguistic sing," *Problems in General Linguistics* (Florida: University of Miami Press, 1971), p. 44.

绪尔所广泛影响的结构主义者那里也同样如此。a）与本维尼斯特的观点相一致，既然"事物"通过这样一种法则而被排除在考虑之外，索绪尔没有能够如后来的维特根斯坦那样就意义（meaning）的清晰定义提出一种合理而广泛的例证。的确，对事物的指称问题在索绪尔的讨论中几乎完全消失了，语言学理论的全部重任被转向了能指与所指的关系。b）索绪尔后来总体上用所指来指代意义，但很难把它看作与语言理论存在实质性关联，所指的地位相对模糊。索绪尔通过各种方式把所指描述为"精神肖像""理念"和"观念"，把它看作心灵的本质。通过与能指结合在一起，理念或者观念参与了指号过程。[1]但是，理念或者观念在一个完全未经说明的世界中如何具有指代物体或事件的能力？[2]如索绪尔的各类评论者所指出的那样，情况或许是这样，索绪尔观点的总体含义是词汇和句子并不"代表"世界中的物体或事件，而是整个语言体系与"现实本身相对应"。[3]然而，在索绪尔的分析中，语言在何种意义上与现实相对应并不完全清楚。我随后将指出，所指性质的模糊性及其与所指事物融合在一起的趋势对后来结构主义思想的发展产生了重要的影响。

3. 索绪尔试图通过差异来强调语言的纯粹形式性所引起的问题。语言整个就是一种形式，无任何实质可言，语言的价值仅仅存在于差异中。通过把注意力集中在语言价值的

---

[1] Semiosis，指号过程，主要用于逻辑学和传播学等领域，指符号与事物产生意义关系的过程。——译者
[2] 参阅 Paul Ricoeur, *Interpretation Theory: Discourse and the Surplus of Meaning* (Fort Worth: Texas Christian University Press, 1976), pp. 6ff。
[3] Frederic Jameson, *The Prison-House of Language* (Princeton University Press, 1974), pp. 32-33.

关系上，而不是从个体的角度来思考语言，索绪尔的这一侧重点无疑比其语言学前辈前进了一大步。但是，没有哪一种体系可以理解为纯粹的形式，可以从纯粹内在的角度来加以界定：自哥德尔（Gödel）[①]以来，人们总体同意，即使数学也不是一个完全形式的系统。当奥格登（Ogden）和理查兹（Richards）指出，索绪尔对于差异的刻画掩盖或者压制了对符码的阐述过程时，他们提出了一种重要观点——这一结论直接形成了导致后来结构主义与解释学分离开来的差异。这一点可以通过索绪尔自己的例子得到证实。从"日内瓦到巴黎的列车"的含义不能离开这一表述的使用情境而得到确定，而且索绪尔所说的情境不是差异系统本身，而是与列车的实际运行相关的因素。在确定列车的身份时，他含蓄地假定了旅客和制订时间表的官员的实际观点，因此，"同一"次列车可能由两个完全分离场合中的不同的引擎和车厢组成。但是，这些要素对于机车维修工人或者列车检查员来说并不构成"同一"次列车的情形。这可能是一个很琐碎的例子，而且本身可能不具有特别重要的意义，但其含义非常重要，并且经常出现在后来受结构主义影响而发展起来的各种思想中。索绪尔筑起的旨在切断语言系统与物质、事件世界产生语义和参照关联的大坝，必然不断被打开缺口。

4. 索绪尔思想中明显存在着诸如语言与言语、共时与历时等各种二元论，但是它们彼此紧密联系在一起。语言只有

[①] 克尔特·哥德尔（Kürt Gödel, 1906—1978），奥地利—美国数学家、逻辑学家，诺贝尔物理学奖获得者，其论文《〈数学原理〉(指怀特海和罗素所著的书)及有关系统中的形式不可判定命题》是20世纪在逻辑学和数学基础方面最重要的文献之一。——译者

在共时分析中才可以被隔离开来,在历时分析中必然回复到言语的层次。无须仔细检视索绪尔的《普遍语言学教程》——无论如何,它们都会自然来到我们眼前——可以发现,每一种区分都包含一系列反义词:系统/事件;必然/偶然;社会/个体;形式/实质等。其中存在的模糊性或许一方面说明了索绪尔思想的丰富性,但同时也说明了有关语言/言语、共时/历时讨论所存在诸多含糊不清之处。但是,存在着一种表明语言学理论中语言/言语区分的不当之处的主要方法,这种方法对于理解共时/历时二分法的局限同样有着重要的意义。简单地说,前者的不当之处可以表述为:索绪尔没有表明,系统性的、非偶然的、社会性的语言与特定的、偶然的、个体性的言语之间是何种媒介。**它们所缺少的是一种关于有能力的言谈者或者语言使用者的理论。**这一点后来为乔姆斯基的句法学(syntactics)所认识到。他指出,索绪尔很大程度上把语言看作"单词要素"或者"固定词汇"库,从而造成设定、给定的语言性质与自由、主动的言语形式相抵触。因此,索绪尔无法理解乔姆斯基所说的语言日常使用中语句形成时的"规则支配下的创造性"(rule-governed creativity)。[①]

5. 与对索绪尔的共时与历时区分这种批判相关,我们可以回到结构主义与功能主义之间的某些相似性上来。索绪尔一再强调,共时与历时是语言学家出于分析目的而作的某种区分。因此,正如某些人已经指出的那样,根据这种观

[①] Noam Chomsky, *Current Issue In Linguistic Theory* (The Hague: Mouton, 1964), p. 23.

点，他并不反对语言处于持续变化状态的主张，而且他自己经常认为情况的确就是这样。社会科学中的功能主义者在作共时与历时、静态与动态区分时也持同样的观点：他们通常仅仅从方法论划分的角度进行这种区分，因此并不容易受下述批判的攻击，即认为社会处于持续变动的过程中。真正的问题在于，这种观点有无道理：可以从一种脱离变迁的抽象的角度来研究语言系统或社会系统，同时又能充分理解这些系统的性质。实际上，这种观点并不能够经得起检验。除非我们理解了使语言——作为一种系统而存在——得以再生产的手段同时包含了使它们发生变化的种子，否则我们便不能理解语言的循环性质(recursive character)——从总体上说，社会系统也一样(如乔姆斯基的语言学所表明的那样)，"规则支配下的创造性"并不只是援引固定和给定的规则来创造新的语句，它同时是使那些规则得到再生产并从原则上发生改变的媒介。

我把它看作结构二重性的体现，并将在全书的无数场合回到这一观点上来。我要提出的主要主张之一是，不论结构主义理论还是功能主义理论，都明显缺乏结构二重性观念，就前者而言，在这一点某种程度上可以追溯到索绪尔所产生的广泛影响上来。

列维-施特劳斯：结构人类学

在列维-施特劳斯的著作中，结构主义和功能主义在某种程度上统合在了一起。列维-施特劳斯的主要理论来源之一是涂尔干的著作，①其次是拉德克利夫-布朗和马林诺夫斯基的著作。但在吸收他们灵感的时候他是以高度批判性的面孔出现的，并同时得益于其他一系列思想家的影响。除卢梭、马克思和弗洛伊德对他产生的一般性影响之外，对列维-施特劳斯思想演进形成最重要影响的人莫过于索绪尔、特鲁别茨科伊和雅各布森（Jakobson）。他在批判地评估其前辈的同时也继承了他们的许多基本要素。因此，索绪尔的许多观点在施特劳斯的著作中非常明显——尽管经常是以经过重大修正过的形式出现。它们包括如下观点：总体、普遍相对于个体、偶然的优先性；以牺牲个别单位为代价强调相关性；接受符码对于非语言学现象的含义，即符号学方案。对于后面一点的含义，正如施特劳斯所阐述的那样，语言学家所使用的概念不仅可以用来研究社会和文化现象，而且它们"表达了与语言一样的内在本质"。②

根据研究对象的划分，施特劳斯的著作可以划分为几个主要的领域：最早期著作集中关注的是对亲属关系系统的研究，随后是原始分类和图腾崇拜理论，然后是对神话逻辑的分析。我这里将集中关注其后期著作，这些著作在内容上总体被看作施特劳斯著作中最有说服力的部分，而且其方法论见解也发展得最为完善。就列维-施特劳斯对社会科学和哲学

---

① 对于施特劳斯有关涂尔干的早期思想，参阅其论文 "French Sociology," in Georges Gurvitch and Wilbert E. Moore, *Twentieth Century Sociology* (New York: Philosophical Library, 1945)。有关涂尔干与列维-施特劳斯的论述，参阅 Simon Clarke, "The origins of Lévi-Strauss's structuralism," *Sociology*, vol. 12(1978)。同时可参阅 Yvan Simonis, *Claude Lévi-Strauss ou la passion de l'inceste* (Paris: Aubier, 1968), pp. 81ff。

② Claude Lévi-Strauss, *Structural Anthropology* (London: Allen Lane, 1968), p. 62.

的思想产生的总体性影响而言，三种见解尤其重要：对"结构"概念本身的理解；对于无意识的认识以及对于历史的研究方法。

对于施特劳斯来说，结构涉及人类学观察者所假定的模式，它们并不代表社会活动或者观念本身，而是揭示隐藏在社会生活表面现象后面的关系的探究模式，通过这些关系，社会生活得到有序的安排；这种探究模式与语言学中揭示组合性因素的方法类似。施特劳斯早期追随所谓语言学理论中的"音位革命"（phonological revolution）而形成自己的方法，[1]根据这一理论，文化要素被看作与音位相类似，其意义只有在相互关系中才能把握。结构：（a）被看作由相互联系的要素所组成，"如果没有所有其他要素的变化，单个要素不会发生变化"；换言之，它们是一个系统；（b）涉及变迁，并且不同的要素的对应性可以得到说明；（c）可以通过某一要素发生变化的方式而预测整个系统发生改变的模式。[2]施特劳斯对索绪尔差异思想所招致的指责——形式主义——保持敏感，并且总体接受本维尼斯特对符码任意性的批判。结构主义分析的目标在于恢复"可理解现实"（intelligible reality）的内容。他指出："内容与形式并不是分离的整体，而是深刻

---

[1] 指音位学的形成，语音学（phonetics）与音位学（phonology）构成两种不同但又彼此联系的学科。前者研究语音如何被制造、传递和接收，范围涉及所有可能的语言。音位学则研究语言的语音系统，探讨说话人为表达意义而系统地选择语音的方法，但不具体涉及发音或者感知方面的东西，因为它们被看作纯粹是系统的物理特质的产物。——译者

[2] Claude Lévi-Strauss, *Structural Anthropology*, p. 280. 同时可参阅施特劳斯对皮亚杰（Jean Piaget）的《结构主义》（London: Routledge, 1971）所作的有力评论。

理解同一研究对象时所不可或缺的互补性视角。"[①]与普洛普（Propp）[②]形成强烈对比，施特劳斯认为，结构不能单独通过内容得到界定，因为对于结构的看法同时也就是对于内容的判定。对于施特劳斯来说，这是具有广泛含义的一点，通过这一点，使他与实证主义拉开了距离。科学知识并不是来源于感性的观察，而是涉及模式的建构以使得那些观察变得可以理解。

列维-施特劳斯经常给结构模式的可应用性添加各种条件。他说道，声称通过结构主义方法可以"彻底获得有关社会的知识""明显是一种胡说"，[③]即使是有关"冷的"或者相对静止的社会也不可能。他经常把自己的著作看作"尝试性的"和"初步阐述"，对于将结构主义扩展为一种哲学或者一种"世界新见解"的主张，[④]他经常持保留的态度。尽管他否认"方法"或"哲学"等术语，但他接受认识论这一词汇，认为这是一个准确地表明了他所关注东西的术语。[⑤]这无疑反映了他有关"社会逻辑"（socio-logic）必须成为社会学和人类学基础的信念以及接受无意识是含义的来源的见解。列

[①] Claude Lévi-Strauss, *The Elementary Structures of Kinship* (Boston: Beacon Press, 1969), p. 98.

[②] 弗拉基米尔·雅可夫列维奇·普罗普（Vladimir Propp, 1895—1970），当代著名的语言学家、民俗学家、民间文艺学家、艺术理论家，苏联民间创作问题研究的杰出代表。他虽然不是俄国形式主义学派中的一员，但他于1928年出版的《故事形态学》一书在研究方法上与形式主义有相通之处，所以被看作20世纪形式主义思潮的推波助澜者。在民间创作研究领域开辟了独具特色的研究方向和方法，享有世界性声誉。——译者

[③] *Structural Anthropology*, p. 82.

[④] 对列维-施特劳斯的访谈，参阅 *Le Monde*, 13 Jan 1968，同时可参阅 *The Raw and the Cooked* (New York: Harper and Row, 1969), pp. 31ff。

[⑤] 参阅 Ino Rossi, "Structuralism as a scientific method," in Rossi, *The Unconscious in Culture* (New York: Dutton, 1974), p. 77。

维-施特劳斯著作的主要目标在于识别他所说的各种"无意识心理结构",或者发现隐藏在人类社会制度后面的"心灵的无意识的目的论"(unconscious teleology of mind)。尽管他向弗洛伊德表示致敬,但显然,他的无意识并非后者的无意识,与弗洛伊德相比,他更受特鲁别茨科伊①和雅各布森的影响。对于施特劳斯来说,无意识是支配语言的基本结构性原则。正如他所指出的那样,语言"是人类的理性,它具有理性……对这种理性人类一无所知"。②无意识反映了人类大脑运转的基本结构,对于它的研究可以揭示隐藏在人类主体有意识活动后面的含义机制。就其人类学悬置(epoché)对主体判断而言,这种"没有先验主体的康德主义"并不像后来有些学者试图表明的那样提供了一种有关人类主体性起源的理论。

列维-施特劳斯有关结构分析与历史的关系相当复杂,有时还相当含糊,但其试图提出的主要观点还是相当有力和直接。历史被看作试图描述或说明时间中所发生的事件,但认识论在这种历史中并不具有被人们经常赋予的那种优先性:历史分析仅仅是所有符码当中的一种,但是这种符码的解释模式表明了"之前"与"之后"或者"在前"与"在后"的对比。维特根斯坦思想开创了一种把历史意识置于主导地位的总体趋势,《野性的思维》(*La pensée sauvage*)的结尾则把萨特的著作看作这一趋势的明显例证。列维-施特劳斯评论道:

---

① 特鲁别茨科伊,俄国语言学家,1890年4月16日生于莫斯科,1938年6月25日卒于维也纳,主要致力于音位学研究,著有《音位学原理》等著作。——译者
② Lévi-Strauss, *The Savage Mind* (University of Chicago Press, 1966), p. 252. 同时可参阅他所作的心理分析,见 *L'Homme nu* (Paris: Plon, 1971), pp. 561ff.

"萨特肯定不是唯一把历史置于所有人类科学之上并形成一种近乎神秘的历史观的当代哲学家。"[1]但在施特劳斯看来,作为事件序列意义上的历史并非人类经验得以组织的主要媒介,历史分析也不是揭示人类社会生活最基本要素的主要形式。[2]施特劳斯对于这两种含义(时间中的事件,对这些事件的说明)历史的处理方式与其对思维和行动主体的处理方式如出一辙:正如他所说的那样,这是为了更深刻地理解人类经验的基础,尤其是那些社会——它们顽固地忠诚于过去,把过去想象成一种永恒的模式,而不是历史过程中的一个阶段——所表现出来的现象。[3]

为了实现这一目的,"作为时间压制机器"的神话是特别合适的研究对象。在对神话结构与音乐乐谱进行比较的过程中,施特劳斯旨在达到的远不是一种类比。通过把时间浓缩于一个特定的领域内,乐谱对于时间的压缩使不断重复的实

---

[1] *The Savage Mind*, p.256.
[2] 然而,列维-施特劳斯经常强调不可避免地要从历史研究开始:"即使是对共时结构的分析……也需经常求助于历史。通过表明制度的变迁过程,单单历史就可以抽象出潜藏于各种表象后面的结构,这些结构贯穿于事件发展的始终。" *Structural Anthropology*, vol. I (London: Allen Lane, 1968), p.21. 这部分是出于对马林诺夫斯基的批判。同时还可参阅《结构人类学》第二卷(London: Allen Lane, 1977)中列维-施特劳斯的就职演说,那里他经常向历史学家表示敬意。后来的典型论述则是:"我因此不反对历史,相反,结构分析给历史予突出的地位,这是一种不可化约的地位,缺乏它必然将变得不可想象。" *From Honey to Ashes* (London: Cape, 1973), pp. 474—475. 另一方面,施特劳斯又始终坚持认为,"人类学的目的在于阐明,所有神话都通过某种相反的方式同时归功于历史过程和有意识的思想"(vol. I, p.23). 这种观点典型地体现在施特劳斯对马克思有关"人们自己创造自己的历史……但不是在他们自己选定的条件下创造"格言的解读上,认为"这一是表明了历史,二是表明了人类学的合理性"(Ibid.),也就是说,表明了意识和无意识的合理性。但对这一格言的另一种解读也可以是,人类社会生活是在有限和存在异化理解的条件下进行的,这些条件表现为没有认识到的条件和行动的意外后果两个方面。
[3] *From Honey to Ashes*, p. 236. 同时可参阅 Charbonnier, *Conversations with Claude Lévi-Strauss* (London: Cape, 1969), pp. 39ff。

际表演成为可能。把音乐看作一种纯粹的形式并不准确，因为施特劳斯并不承认这种现象的可能性，但是，音乐的结构性原则表现了思维和语言活动得到组织之前人类心灵的本质。与历史时间的"统计性"或者"累积性"特征相对照，音乐的时间维度与神话一样也是像施特劳斯有时候所说的那样是"可逆性的"和"非累积性的"。用最可理解的方式来说，音乐和神话表现为语言或者无意识。当音乐和神话如它们实际所表演或讲述的那样被看作"叙述性"的东西时，它们是通过将纵横两种秩序关系联系在一起而得到运作的，同时联系了索绪尔所说的语言结构（syntagmatic）维度和结构组合（associative）维度，或者更广泛地说，雅各布森的转喻（metonymic）维度和比喻（metaphoric）维度。

施特劳斯有关神话的讨论还有几个要素值得在这里加以提及。其晚期对于神话的处理与早期相比发生了某些变化，但总体观点还是非常一致。结构起源的二元对立原则既出现在其神话研究的早期著作中，在整个《神话学》（*Mythologiques*）中也得到了辩护。在后面这些著作中，他解释了为什么神话不能被单个研究的原因：每一个神话都是一个符码而不是一个完整的意义次序。我们必须以"螺旋运动"的方式才能解码神话，因为每一个神话都为解释另一个结构等提供了线索。二元对立既被看作识别神话的结构性要素的一种方法，同时也是确认结构分析的"螺旋式"方法的一种方式：首先识别某种初始的结构轴，然后找到另一种本质上与之对立的结构组合加以确认。自然与文化的对立是施特劳斯整个著作体系中的一种核心对立。但其理论还存在着非常重要的点，即这种对立本身是文化性质的，因此在不同的社会具有非常不同的表现形式。[1]

列维-施特劳斯：结构与主体性

与美国现代社会学所发展起来的功能主义相比，施特劳斯的著作集中反映了涂尔干给社会科学所带来的双重影响。不论是结构主义还是功能主义，都说明了涂尔干式理论有关社会对于个体的优先性这一线索。功能主义更集中于实践活动，而施特劳斯则更集中于认知；功能主义者——尤其是帕森斯——提出了社会是一种道德共识的观点，而施特劳斯则主要吸收了涂尔干的"社会学康德主义"（sociological Kantianism）观点。不论对何者而言，社会都被看作具有其"自身的理性，这种理性其自身的成员知之甚少"。在功能主义那里，这一点体现在社会协调（societal co-ordination）的规范上，体现在正常秩序的规范上，在施特劳斯那里，则体现在无意识的组织机制上。

语言/言语、编码/信息的区分对于功能主义的发展并没有产生多大的影响，尽管功能主义思想与更一般意义上的语言学并不是完全无关（就像马林诺夫斯基的著作所表明的那样）。尽管这些区分对于结构主义演进过程中的"结构"概念来说极为重要，但毫不奇怪，现代功能主义者以一种完全不同的方式来使用"结构"术语。对于后者而言，"结构"本质

---

[1] Lévi-Strauss, "J.-J. Rousseau, fondateur des sciences des hommes," in *Jean-Jacques Rousseau* (Neuchâtel; Editions de la Baconnière, 1962).

上是一个描述性术语，相当于解剖学中具有某种"固定模式"的东西。因此，这里的结构与无论何种形式的运动都不存在关联：它是一种只有与功能联系在一起才能咔嗒作响的枯骨装置。功能是一个解释性概念，是一种使部分与整体发生关联的手段。功能主义者有关结构与功能的区分在施特劳斯结构主义那里的对应概念是结构与事件的区分，结构因为与变化观念联系在一起而扮演了解释性角色。

不论是功能主义者还是施特劳斯都没有对结构与系统进行清晰的区分，甚至可以说系统或者其他类似概念在两个思想流派当中都是一个多余的概念。社会生活除具有其"生理学"一面外并不具有"解剖学"的一面，因此在功能主义那里结构与系统变成了两个可以互换使用的概念。[1]从前面引用的有关结构的定义可以明显看出，施特劳斯的使用方法也存在着实质性类似之处：除变迁概念之外，其他要素实际上指的都是系统的特征。我将在本书的后面部分指出，有关结构与系统的区分对于社会理论来说极为重要，尽管本章将不会论述到这一点。

施特劳斯的著作在英国和美国人类学家那里得到了批判性的接受（尤其在那些倾向于功能主义的人类学家那里），许多人认为，其判断的经验性证据并不完全令人信服。我在这里不想对这类批判加以考察，尽管这种批判无疑产生于对施特劳斯的实证主义解读，因此误解了其试图使用的方法。我将只考察存在于施特劳斯结构主义中的某些概念性局限——

---

[1] "Functionalism: après la lute".

他某种程度上承认这些局限，但它们实际上不仅仅来自他对结构分析所添加的各种限制。这些相关问题可以以一种非常简洁的方式得到处理。

1. 第一个要关注的是施特劳斯作为结构性质的无意识。我要提出的是，存在于施特劳斯那里的心灵无意识与人类主体有意识、有目的活动之间的鸿沟同样贯穿于索绪尔有关语言与言语的区分中，这也是造成施特劳斯结构主义困境的主要来源。在《神话学》的最后一卷（裸人）中，施特劳斯显然面临着这样的指责：他把社会行动者的自我理解意识从结构分析中排除了出去。当再一次重申自己反对存在主义现象学的主体观时（在存在主义那里，"当代人封闭在自我之中，迷恋过去"），[1]施特劳斯宣称，他对于反思性的拒斥仅仅是出于方法论的考量。

> （他写道）我们必须承认，只有主体才会说话，而且每一个神话最终都来源于个体的创造。这无疑是正确的。但是，为了转向神话层次的分析，同样非常必要的是这种创造不能仅仅停留在个体身上。在实现这种转向的过程中，必须从根本上抛弃标志开始时的典型特征，这些特征体现在创造者的性情、才智、想象力以及个人经验上。[2]

如果把索绪尔有关语言/言语的对照转移到社会情境中来的话，还有何种论述会比这更清楚地重现了这种对比呢？与

---

[1] *L'Homme nu*, p.572.
[2] Ibid., p.560.

以神话为代表的集体行动的超个人特征相比较，个人主体的行动是"个体性的"和"偶然性的"。"个人"与"社会"之间的逻辑鸿沟与此前涂尔干和索绪尔那里的一样大。

我要提出的是，这是自索绪尔以来结构主义思想的一种标志性缺陷，这种缺陷与结构二重性观念的缺乏紧密相关。结构主义思想缺乏处理我所说的实践意识的习惯——一种非话语性意识，但并不是无意识，而是指一种有关社会制度的知识，并卷入社会再生产过程。

施特劳斯讨论与实践意识相关的问题的地方之一是《生与熟》的某个段落，他在那里写道：

> 尽管不能排除这种可能性，即创造和改变神话的言说者可能意识到它们运作的结构和方式，但这并不会作为一种常规性事情发生，而是仅仅以个别和间歇性的方式发生。神话与语言一样：那些说话过程中想要有意识地使用音位和语法规则以表明自己拥有这方面知识和艺术的个体，实际上很快就会丧失其思想的线索。[1]

这里混淆了**话语意识**与**实践意识**，前者我们可以把它看作有意识（consciousness）的表现。这种混淆起源于这样一种观念（它已经潜含在索绪尔的对立范畴中），即某些事情或者是出于有意识的（能够用话语说明的），或者是出于无意识的。我们说话过程中同时使用到音位和语法规则——以及所有其

---

[1] *The Raw and the Cooked*, p.11.

他的行为实践准则——尽管我们不能有意识地形构这些规则（更不要说在整个对话过程中把所有这些规则都铭记心间），这一点极为重要。但是，如果我们离开了人类意识和能动性概念，或者说，如果我们离开了作为人类行动核心的、我将称为"行动的反思性监控"概念，即如果我们暂时悬搁了意识和实践等概念的话，我们便不可能理解这种实践知识所具有的意义。[①]

2. 通过考察施特劳斯对莫斯（Mauss）[②]礼物交换理论的评价，我们可以给这种批评以更具体的形式。在他看来，莫斯的理论涉及许多应该被抛弃的"现象学"要素，我们不能因为参与交换本身的人的经验或者观念发生偏离；相反，我们必须把礼物交换看作一种"被建构起来的对象"，这种对象受互惠原则这个"机械法则"的支配，并且与"统计时间"（statistical time）相分离。然而，正如布迪厄所说的那样，把礼物交换过程看作形式性结构的做法与其说澄清了礼物的本质，毋宁说排除了礼物所具有的本质特征。用布迪厄的话来说就是：

> 观察者的总体性理解使之用本质上可逆的客观结构取代了客观上同样不可逆的连续礼物交换过程，这种过程在形体上（mechanically）并不与他们所接受或者持续要求的

---

① 相关讨论可参阅 Maurice Godelier, "Mythe et histoire: réflexions sur les fondements de la pensée sauvage," *Annales*, vol. 26 (1971).
② 马塞尔·莫斯（Marcel Mauss），法国社会学家、民族学家，潇洒游走于社会学与人类学之间。这位"摇椅上的人类学家"从未下过田野，但他依靠二手文献做出了甚至比一般人类学家更加伟大的研究，其中最著名的要数《论礼物》。列维-施特劳斯曾为莫斯专门写作过《马塞尔·莫斯的著作导论》。——译者

礼物存在关联：任何有关礼物、言辞、挑战甚至妇女的真正客观分析都必须考虑到这样一种事实：任何一种最初的行为（inaugural acts）都可能不奏效，而且这种行为通过对它做出的回应而具有意义，即使这种回应对它最初旨在传递的意义来说是一种失败。①

施特劳斯的分析去除了礼物的时间性要素，这种做法压制了这样一种事实：要发生礼物交换，以后特定时间必须还礼而且所还之礼必须不同于初始礼物，只有通过这样一种方式，"礼物"才不同于"交易"或者"借出"。更有甚者，因为时间维度的不可逆性，礼物交换实践中还广泛存在着各种战略可能性，而且这种战略可能性只是存在于礼物交换的实践中。这一点并不仅仅是为了补充施特劳斯有关编码交换的阐释，而是因为在概念上它们在他那里根本无迹可寻。

3. 这些观察结论直接与结构主义和解释学之间的冲突联系在一起。②索绪尔的结构语言学之所以能够避免直接暴露在解释学所提出的问题之下，是因为作为纯粹形式的差异

---

① Pierre Bourdieu, *Outline of a Theory of Practice* (Cambridge University Press, 1977), p. 5. 同样可参阅 Jean-Paul Sartre, *Critique of Dialectical Reason* (London: New Left Books, 1976), pp. 479ff。
② 参阅 Paul Ricoeur, "Structure and hermeneutics," in *The Conflict of Interpretations* (Evanston: Northwestern University Press, 1974)。利科是结构主义的最深刻批判者之一。另一方面，即使在其晚期著作中，他对于结构主义的评论也主要局限于索绪尔、形式主义者以及列维-施特劳斯身上。在我看来，利科对于如此界定的结构主义既太过注意，又太少注意。说太过，是因为他在给定的界限内似乎准备完全接受整个结构主义思想的主要特征，说太少，是因为当他试图把结构主义分析纳入更具包容性的解释学框架时，没有有效考虑结构主义思想对解释现象学所提出的激进挑战。1966 年在芒什省（Cerisy-la-Salle）召开的一次研讨会上，里卡多的报告表明了现象学与结构主义之间的某些差异，参阅 J. Ricardou, *Les chem. ins actuels de la critique* (Paris: Plon, 1967)。

社会理论的核心问题 | 035

思想和符码的任意性思想等使语言成为一个孤立的关系体系。在施特劳斯看来,这种观点站不住脚,而且他也不追求内容与形式的完全分离,但其声称的"封闭"程度实际上阻碍了他将"音位革命"的含义落实于人类学研究。对于持续支配了解释学的那些问题——意义的情境和转换问题,[1]他仅仅从"客观地界定的情境性结构"的角度加以处理。但礼物的例子表明,这种处理方式并不充分:把何者作为"礼物"不能从结构分析本身来内在地加以界定,因为这种做法预先假定了已经建构的"普通语言学概念"。在这一方面,利科无疑是正确的,因为在他看来,施特劳斯对于神话的结构性分析与其说排除了"叙述的意义",毋宁说注定要与它已实际预先假定的情境联系在一起。[2]由于解释学所关注的主要是对日常生活实践中主体间性(intersubjectivity)基础上的意义交流的解释和修正,结构分析预先假定了解释学的存在。

4. 在此关头,我们略微可以转到施特劳斯的历史观和认识论路径上来——这是一些紧密关联的问题,因为后者充当了他对于前者的看法的基础。乍看起来,现代西方文化中建立起来的主导思维模式在某些关键方面与其原初环境(primitive bricoleur)的观念形成分离,施特劳斯的这一观点再一次把我们带回到了解释学上来。如果这不是施特劳斯所要转入的方向的话,那是因为他所假定的所有人类思想——

---

[1] George Steiner, *After Babel*, *Aspects of Language and Translation* (Oxford University Press, 1975)。同时可参阅杜夫海纳的著作,当面临"极端多元化的语言所强加的问题"时,他指出,"比较而言,只有在表明语言要素层次的意义非常微小的情况下,才能在作为总体的语言层次上明确重申语言的任意性特征"。Mikel Dufrenne, *Language and Philosophy* (New York: Greenwood, 1968), p.35。

[2] Paul Ricoeur, *Interpretation Theory: Discourse and the Surplus of Meaning*, p.86.

不论思考所用的"质料"是什么——后面都具有同质的思维结构的观点所致。与涂尔干式的"原形"概念一样，这是"社会学康德主义"（而不是一种明确的认识论）的体现，因为它缺乏先验的主体。无论是通过那些关注神话传播的人还是通过人类学观察者，施特劳斯通常都否认存在任何可以进入神话结构的特殊路径。按照他的观点，"不论是南美洲印第安人通过我的思维媒介来进行思考还是相反，我通过他们的思维媒介来进行思考"，之间都不存在太大的差异。[①]

如果施特劳斯有关"思维过程"的结构性组成的观点可以通过某种类似于语言学假设的方式来得到解释或者证实，那么这是一种值得维护的立场。但正如库勒（Culler）指出的那样，这种解释是不可能出现的。语言学家利用了——部分作为过程和部分作为手段——语言的循环性质，这种性质使研究的开展成为可能。作为特定语言的言说者，语言学家利用自身或者他者的能力来发现和验证语言的这一性质。[②]对于神话的研究不能以这种方式来反复利用其对象，施特劳斯的"螺旋式"程序并没有取代它——尽管此时他离解释性循环已经近在咫尺了。因此，在理解神话的结构性对立方面，他的立场摇摆于相对主义和教条主义之间。与其自身提出的看法相反，他无力反击其批判者提出的他的分析反映了将西方社会中的某些范畴强加于其他文化之上的指责。

5. 正如萨特和其他一些批评者所指出的那样，既然施

[①] *The Raw and the Cooked*, p. 13.
[②] Jonathan Culler, *Structuralist Poetics* (London: Routledge, 1975), p. 48. 同时还可参阅 Tzvetan Todorov, *Poétuque de la prose* (Paris: Seuil, 1971), p. 247.

特劳斯的结构人类学完全把任何形式的反思性理解仅仅看作各种深层认知形式的"表面展示",那么,作为特定社会-文化条件下的产物,它也就无法反思其自身的起源。历史作为应用于人类社会发展的反思性意识,并不仅仅是诸多编码中的一种。而且这种编码也不可能通过施特劳斯的共时/历时区分来得到充分的理解,这种区分继承自索绪尔,并为雅各布森所修正。[①]后者有关历史音韵学的讨论与索绪尔观点的距离比有时所想象的要小。雅各布森认为,历时性产生不平衡,这种不平衡又导致共时层面上的调整,因此把两者联系在了一起。但这里的历史仍然被看作一个共时体系的继替,因此共时与历时并没有得到有效的协调,当然,也没有真正动摇到两者的分离状态。[②]

德里达的符码批判

无论符号语言学(semiotics)领域的某些一流思想家对施特劳斯著作的某些领域提出过何种批判,20世纪五六十年代他对于这一领域的发展所产生的影响都是巨大的。那一时期,结构被看作各种既定的编码,可以在各种封闭和孤立的系统中得到考察。例如,巴特有关符号语言学的早期阐述涵

[①] R. Jakobson, "Principes de phonologie historique," in N. S. Trubetskoy, Principes de phonologie (Paris; Klincksieck, 1964). 根据施特劳斯的观点,共时与历时的区分是"索绪尔学说——以及特鲁茨科伊和雅各布森——与现代结构主义形成严重分歧的最主要一面"。现代文献表明,大师的这方面思想经常为《普通语言学》的编者所明确化和系统化。Structural Anthropology, vol. 2, p. 16。

[②] 施特劳斯似乎经常同化共时与历时两个概念,相关例子在《结构人类学》和《神话学》各卷中均存在。

盖了各种各样的符码系统，那些符码被看作形形色色的神话，并认为，后者仅仅以一种笼统的方式反映了现代资产阶级文化。比如，他有关吃的分析与施特劳斯的相关阐述相当接近。菜谱上的菜名安排被看作表达了基本的对比项——"开胃的"/"甜的"——这些按语言结构顺序排列的菜名构成了菜谱。① 但是，巴特认为，现代社会的神话学还必须包括批判立场，因此部分找回了施特劳斯所不赞成的"作为虚假意识"的神话含义。根据前者的观点，神话在两个主要方面发挥着掩饰当代资本主义作为一种阶级支配体系的功能：一是在神话中，赖以表现特定社会形式的东西变成自然的、"不可避免"地要出现的东西；二是神话掩饰了它的生产条件。

这些方面已经是对施特劳斯的典型强调的逆转，从结构转向了作为积极历史过程的结构化（structuration）。② 随着这种思潮被巴特、德里达以由"左翼海德格尔主义者"组成的《原样》（*Tel Quel*）③ 群体不断推进和激进化，它既对索绪尔和施特劳斯的结构主义表现出高度的批判性，又继续延续了这一流派。施特劳斯吸收了索绪尔有关语言/言语的区分，并把它改造成编码/信息的区分。然而，刚刚提到的其他一些人更感兴趣则是作为各种意义要素的能指与所指的关系。

---

① Roland Barthes, *Elements of Semiology* (London: Cape, 1967), pp. 27ff.
② Structuration 是吉登斯自己生造的一个词汇，是 structure 和 action 两个词的结合，表示结构与行动的合一。在他看来，任何社会关系都是在结构与行动的互动关系当中通过行动者的实践联系起来的，实践在时空向度上的绵延使社会关系不断得到再生产。吉登斯很多时候把结构与行动之间的这种关系称作"结构二重性"（duality of structure）。更加详细的内容可参阅本书的后面章节或者 Anthony Giddens, *The Constitution of Society*, Cambridge: Polity Press, 1984. ——译者
③ 又译为《如何》或者《泰凯尔》，1960 年法国思想家菲利浦·索莱尔创办的一份批判文学杂志，并围绕该杂志云集了一大批著名思想家，如巴特、福柯、德里达、拉康等。——译者

乍看起来，施特劳斯与海德格尔之间有如形同陌路，而且德里达思想的兴起也似乎完全中断了后者的延续性。然而，两者之间还是存在着某种总体相似性——尽管公认这种相似性隐约不清。在施特劳斯看来，作为与自然相区分的"人"的概念是文艺复兴之后欧洲文化的产物，并且使这一概念与"自我""意识"等概念划清界限，这种做法与海德格尔试图打破将哲学置于已知主体之上的传统观念存在相似之处。两者的"存在"（being）尽管不可同日而语，但当前者声称结构人类学以"研究人类为目标，而不是以研究某人为目标"[1]时，这种观点显然与海德格尔所提出的立场存在模糊的亲和性。对海德格尔来说，"言说者"是先在的语言范畴所构建起来的人类主体，对施特劳斯来说，"神话自身产生于人类当中，但为他们自己所不知道"（Les mythes se pensent dans les homes, et à leur insu）。[2]

当一名评论者（詹姆逊）说到"结构主义最令人反感的一面"是其强烈的反人道主义精神时，他并不是要否定主体性，而是要求说明其起源。在施特劳斯那里，在其"地理学"分析之后，这种说明除了揭示了支配认知结构的无意识元素的运作方式之外，并没有取得其他进展。主体在其分析中仅仅被看作一系列结构性变化，而不是一名存在于历史当中的行动者，结构分析的主体观因此仅局限于一种解码过程（deciphering process）。从这一意义而言，胡塞尔（Husserl）的先验现象学尽管视角正好相反，但也造成了相同的困境。胡

---

[1] Lèvi-Strauss, *Tristes Tropiques* (New York: Atheneum, 1967), p.62.
[2] *Le Cru et le cuit* (Paris: Plon, 1964), p.20.

塞尔的分析集中在主体间性上以表明自我的认知类型,但无法从现象学角度令人满意地重构自我概念。为发现无意识的结构,施特劳斯搁置了反思性意识和历史,这种做法使之无法从概念上找回有目的的主体(purposive subject)——就其著作而言,这种主体被描述是抽象心智结构的结果。因此,较之于阿尔都塞(Althusser)、福柯(Foucault)、德里达这些拒绝"结构主义"名号的人来说,施特劳斯的人道主义批判并不成熟。

在强调"结构的结构化"①是一个连续的生产过程的时候,德里达以一种激进的方式同时打破了索绪尔有关语言与言语以及共时与历时的划分。他所关注的是能指和所指的关系及其差异,它们尽管可以追溯至索绪尔,但必然以一种改变了的形式出现。在他看来,索绪尔结构语言学的决定性贡献在于不同于已经建立起来的哲学传统,它表明了能指与所指之间不可分离的关系:它们是"同一生产过程的两个面向"②。索绪尔之所以不能理解这一点的全部含义,是因为仍然保留了符码这一既构的概念(established notion),把所指看作词汇与思想关联过程中形成的"思想"或者"含义"。因此,他的理论中的所指可以以一种独立于能指的"纯概念"(pure conception)或者"纯思想"(pure thought)的形式存在,就像传统唯心主义哲学家所认为的那样。重要的是必须看到,德里达对"在场形而上学"的批判支撑着他对"逻各斯中心主义"的批判和维护书写重要性的主张,而不是相

---

① Jacques Derrida, *L'Écriture et la différence* (Paris: Seuil, 1967), p. 411.
② Derrida, *Positions* (Paris: Éditions de Minuit, 1972), p. 28.

社会理论的核心问题 | 041

反。能指与所指的内在融合意味着，与各种"先验性所指"（transcendental signifieds）联系在一起的哲学无法继续维系，意义仅仅是符号化过程中各种差异作用下的产物。在德里达所使用的术语中，"书写"并不意指题写在书页上的、物理上"在场"的文字材料，而是以其差异概念为基础的内在区隔（spacing inherent）。就如在言说和阅读过程中所表明的那样，德里达假定了一种"空间"维度，这种空间维度同时也是一种"时间"维度，涉及各种线性的语言结构关系（syntagmatic relations）。他指出："空间存在于'时间'当中，是时间本身的纯粹离场，就如时间自我关系当中的'自身离场'一样。"[①]

德里达的著作因此既可以被看作赋予了索绪尔的形式主义以新的动力，也可以被看作拒斥了形式主义与语言和共时之间的联系：实质，或者说"具体"同时否定了符码（对于先验所指的否定）和指示物（一个可以通过概念来"刻画"的既定的客观世界）两个层面。对于这两个大致分别等同于唯心主义和实证主义的概念，德里达用意义链（chains of signification）的生产能力进行了取代。像海德格尔一样，德里达把自身看作内在于西方形而上学传统，同时又试图超越这一传统，因此与前者一样，其术语改革的倾向也表明了与各种既存语言学范畴之间的距离。"延异"（Différance）表明了一种我前文已经指出的整合"空间"与"时间"的差异：差异（difer）也就是延搁（defer）。一旦共时与历时的对比遭到摒

---

① Derrida, *Speech and Phenomena* (Evanston: Northwestern University Press, 1973).

弃，差异也就仅仅存在于延搁的时间过程中，即现在持续遁入将来和过去的过程中。显然，正是在这里，结构主义直面了自己必须援用的明显对手，即历史相对论（historicism）：德里达所采用的那些表达"持续消逝"（under erasure）含义的概念，表达了一种所有意义都蕴含的持续变异的过程。

现在，一旦被领会，也就成为过去：因此，对德里达而言，意义仅仅是通过"踪迹"而运作的，表现为发生于意义链中的差异时刻。德里达指出，Différance 中的"a"不能被听到——至少在法语中是如此——它就"像一颗炸弹一般"保持沉默。[①] 延异不是一个单词或者一个概念，而是否定的运作（the play of negation），它是一种否定（not），既没有存在，也没有"在场"。所有的符码，所有的文本，都包含了他者的踪迹。

> 这一链条过程意味着，每一个"要素"——不论是音素方面的（phoneme）还是字素方面的（grapheme）——都通过踪迹得到建构，踪迹自身承载着意义链或者系统中的其他要素……差异只存在于差异之间，只存在于踪迹的踪迹之间……作为一种结构或者运动，延异因此只有在在场与缺场的对立中才能够得到把握，延异是差异的系统化展演，是差异踪迹的系统化展演，是各种要素赖以彼此联系的区隔（spacing）的系统化展演。[②]

---

① 论"金字塔"——一个取自黑格尔的暗示——与"炸弹"，参阅 Derrida, "Le puits et la pyramide," in *Marges de la philosophie* (Paris: Minuit, 1972)。
② Derrida, "Le puits et la pyramide," in *Marges de la philosophie*, 第48页。

社会理论的核心问题 | 043

然而，这并不是历史的还原，这不过是和海德格尔哲学相同的观点。德里达的观点与列维-施特劳斯的观点仍然存在着共鸣之处——尽管有时两者也存在冲突的地方——那就是都秉持形而上学的"历史"观，认为充斥于历史中的是一种"完全压制差异的动机"[①]，其对于具有被决定性的事件的顺序的证明与在场形而上学脱不了干系。在德里达看来，艺术和文本并不是压制时间的机制，而是其表达。艺术作品的历史性（historicity）不是存在于导致其产生的事件或者踪迹之中，而是存在于差异的展演中，展演使之得到无穷无尽的重新解释。文本，就像更一般意义的书写那样，最为引人注目地表明了另一传统中所谓的客体的"解释学自主性"（hermeneutic autonomy）。

如果说德里达的著作试图以海德格尔的方式表明现象学与结构主义之间的某种"亲和性"的话，那么，这两大哲学传统之间的另一次接触则体现在克里斯蒂娃（Kristeva）[②]的著作中，后者从胡塞尔那里受益良多（德里达也进行了广泛的写作，其中包括对胡塞尔的批判性写作）。与《原样》杂志存在关联的其他人一样，克里斯蒂娃的创作力主要集中在文学理

[①] Derrida, *L'Écriture et la différence*, p.50。德里达令人信服地表达了列维-施特劳斯对于那些人的批判，他们赋予历史在社会科学和哲学中过于重要的地位。这里的历史"总是不可避免地成为目的论和来世论形而上学的帮凶；也就是说，令人反讽的是，成为在场哲学（philosophy of presence）的帮凶，这种哲学假定，历史是可以被反对的"（同上，第425页）。另一方面，德里达又补充道，施特劳斯只是用另一种在场形而上学来取代某种类型的在场形而上学，具体地说，是用某种古典形式主义来取代在场形而上学，尽管后者否认这一点。

[②] 茱莉亚·克里斯蒂娃（Julia Kristeva, 1941— ），法籍保加利亚裔哲学家、文学批评家、精神分析学家，出生于保加利亚，1960年代中期起定居于法国，1969年出版首部著作《符号学》（*Semeiotikè*）后，逐渐崛起于国际批评分析、文化理论和女性主义领域。——译者

论领域，但把言说者纳入结构主义理论作为其主要的目标之一。在她看来："符号学的某一阶段已经结束：这一阶段把使之从索绪尔和皮尔斯延伸到了布拉格学派和结构主义……倘若要对这一'系统符号学'(semiology of systems)及其现象学基础做出批判，那就必须以某种意义理论作为出发点，后者不可避免地是一种主体言说者的理论。"①

但这仍然是一种"去中心化"了的主体，与笛卡儿式的"我思"(Cartesian cogito)形成鲜明的对比，而且克里斯蒂娃也拒不接受胡塞尔现象学方案的主要特征。然而，根据前者的观点，对后者有关意向性(intentionality)的观点进行适当修正，将可以使我们把有关能指与所指的区分与一种意识理论联系在一起，这种意识理论把意识看作客体建构的精神行为。换句话说，意识并不是一种没有固定形式的"质料"，而是情境性主体(positioned subject)的肯定性活动。然而，对于主体卷入这些活动的能力的解释并不能像胡塞尔那样从现象学的角度进行化约，而是必须从其掌握的语言的角度加以解释：我们必须用意识认同发展的发生学解释取代胡塞尔抽象的先验性自我，前者既与无意识之间相互依赖，又反映了无意识的碎片化性质。因此，克里斯蒂娃强调现象学"生活经验"及其"冲动"与弗洛伊德意义上的生产性/破坏性冲动之间的根本差异，后者是以"主体"和"客体"的区分为前提的②。

在探索后一主题的过程中，克里斯蒂娃强烈依赖于拉康有关精神分析理论的解释，认为它提供了一种有关"主体生

---

① Julia Kristeva, *Semiotike: Recherches pour une séminalyse* (Paris: Seuil, 1969).
② Kristeva, *La révolution du langage poétique* (Paris: Seuil, 1974), p.33.

成"的解释。有关心理发展的精神分析理论把"我"的出现与儿童进入意义系统的过程联系在一起,从而与能指和所指的关系联系在一起。胡塞尔将他所谓的"判断性命题"(thetic)看作心灵的一种内在性质,克里斯蒂娃把其看作儿童发展的一个阶段:正是在这一阶段,主体与客体的划分开始得到建立。儿童自身把象征性的"我"与众多潜在谓词区分开来的能力,与将来自母亲的基本动力转移到外在事物上的能力同步发展。因此,这同时是一个含意生成的过程,在这一过程中,符码开始内嵌于现实关系中。儿童同时进入一个语言表达(paradigmatic)和语言结构(syntagmatic)的双重意义之中,前者通过"言说主体与外界"的符号关系得到建构,后者则通过"主语与谓语"的关系得到建构。[1]

区隔、抽象与实用:德里达与维特根斯坦

在本节中,我拟对德里达的观点与晚期维特根斯坦的观点进行对比,以表明后者的哲学有助于阐释德里达立场存在的某些薄弱之处,这一立场总体上站在结构主义思想的立场上。德里达对于在场形而上学的批判,甚至其解构的技艺,与维特根斯坦的晚期哲学存在着诸多重要的共同特征。两者都反对把意义或者所指看作某种程度上伴随言语而发生的事件、思想或者精神过程。

延异对于维特根斯坦哲学来说并不是一个相异的概念:

---

[1] Kristeva, *La révolution du langage poétique* (Paris: Seuil, 1974), p.114ff.。

可以说，对于维特根斯坦来说，意义是通过"使用中"的差异的展示而得到建立和维持的。当然，我们也不应夸大维特根斯坦与德里达在这一点上的相似性，因为前者没有像后者那样把差异明确地看作一个否定的概念，前者也不会同意索绪尔把语言看作一个"不存在积极性质"的系统的观点。维特根斯坦把语言看作一个由差异所组成的体系，是因为在他看来，词汇的含义并不是通过作为孤立单元的言说（utterances）或者标记（marks）来得到建构的，而是通过它们作为语言游戏的要素之间的差异而获得自身身份的方式来得到建构的。与德里达一样，维特根斯坦对于重复在维系语言身份方面的作用也进行过大量的强调。与许多评论者倾向于认为的相反，维特根斯坦对于语言的解释并不是一种非时间性的解释，相反，时间是语言的内在组成性因素。[①]术语的含义从来就不表现在其言说或者发音当中，而是仅仅"存在于"其生命形式的持续现实化过程当中：就像德里达表明的那样，这里的差异总是同时意味着迁延（deferment）。根据维特根斯坦的观点，西方形而上学的传统关注总是集中在对虚幻本质的追求上，追求涵容"符码的丰富性"。这一点德里达也进行过大量的论述。但是，符码并不表达预先形构的意义和概念，词汇和言说也不"负载"思想。

因此，两者所采取的路径都背离了西方哲学的形而上学成见。维特根斯坦的名言——这种成见出现于"当语言休假之后"——并不是要反对词语的误用，而是在强调语言会不

[①] 参阅 Stanley Cavell, *Must We Mean What We Say?* (Cambridge University Press, 1975), p. xix and *passim*。

可避免地与社会生活的实践行为交织在一起。我认为我们从中可以看出,这里隐含着维特根斯坦早期与晚期著作之间的一个最主要的延续性,同时也存在着一个根本性对比:语言与"不能言说之物"的共存。在《逻辑哲学论》(Tractatus)中,"不能言说之物"是该书仓促的结尾,表明了一个我们无法通过语言进行逻辑说明的失色空无。因此,解读维特根斯坦早期与晚期哲学之间转变的一种方式就是,认为他已经形成了"语言局限"无须依托此类空无的观点。语言仍然可以被看作紧密依赖于非语言性的"不能言说之物",或者说紧密依赖于不能表达成词汇的"不能言说之物"。但这种不能言说之物不再是一种神秘的形而上学,一种神秘得根本无法被讨论的形而上学。相反,不能言说之物是世俗而平凡的,是一些必须做的事情:语言单位的意义本质上与组成生活方式的实践联系在一起。按照我的理解,这是具有重大意义的一点,可以与结构主义的发展方向一致,这把"不能言说之物"等同于无意识或者德里达那里的书写。维特根斯坦的观点为下述对德里达观点的批判提供了主要源泉。

1. 既然德里达不是在通常意义上使用"书写"的,对于他的批判也就不可能通过重申言说词汇(spoken word)对于书写(written)的优先性而取得丰富的成效[①]。德里达非常清楚地表明,对于语言而言,书写比言说更重要的观点并不依赖于这样一种预先假设,即言说词汇只是一种暂时的现象,文

[①] 参阅"signature, événement, contexte",这主标题表明了对利科文章的某些回应。载 Derrida, *Marges de la philosophie* (Paris: Éditions de Minuit, 1972);该译文载 *Glyph*, vol. 1 (1977)。

本则是一种更加永久的现象。相反，它依赖的是这样一种假设：书写表明了延异，区隔本身就使说话成为可能。延异就是那种不能言说之物，因为它先在于言说行为，并赋予它以形式——或者说赋予纸张上的文字标记。但是，正是在这里，索绪尔的语言学偏见似乎再一次回到了他的批评者中间：德里达的"书写"区隔仅仅起源于把时间注入正式语言差异的区隔当中。[①]语言的延异说明了结构化(structuration)，但它不像维特根斯坦那样把不能言说之物与必须做的事情重新结合在一起。德里达的延异仅仅承认能指的区隔，语言作为一种"情境性产品"仅仅存在于标记(mark)或者标记踪迹的排列当中。但对于维特根斯坦来说，语言作为一种情境性产品与语言活动的时间、材料以及社会性空间联系在一起——正是因为这一点，我想对维特根斯坦加以阐释。

2. 与其他结构主义者一样，在德里达那里，能指与所指的区分取代了意义与参照物的区分，这一点在维特根斯坦那里也非常明显。所有结构主义思想存在的一个事实上的重大局限在于，它传承了索绪尔对待所指时的内在缺陷，这种缺陷起源于符码的任意性。通过符码的任意性，索绪尔旨在创建符码与参照物之间的区隔。但正如我已经指出的那样，由此导致所指有时意指"想法""观念"或者"思想"，有时又意指参照物或者客体。词汇与客体之间的联系不反映任何形式的能指与客体之间的共通性，包括那些非常清晰明显的参

---

① 参阅德里达在讨论法国哲学的发展趋势时所作的评论。他认为，当代哲学的目标"既不是要废除也不是要破坏意义，而是确定意义赖以产生的'形式'组织的可能性问题，这种组织本身不存在任何意义……"，*Marges de la philosophie*, p.161。

照物。当然,晚期维特根斯坦也反对语言学术语的本质可以或者通过客观世界的"相应"特征,或者通过清晰的参照物来加以解释的观点,但其把不能言说之物看作社会生活的实践性组织的观点表明,这种反对并没有导致他离却客体而向着观念的方向发展。不论晚期维特根斯坦哲学中有关参照物的解释存在着多么模糊的地方,对他而言,非常明确的一点是,理解语言也就是获得有关客观世界与实践关系的知识。[①]理解某种语言就是能够参与语言在其中已经得到表达和经常得到表达的各种生活形式。维特根斯坦有关意义起源的"社会空间"的讨论表明了一种结构主义没有涉及的"语言"(langue)与"语图"(langage)[②](而不仅仅是言语)之间的关联,这种关联必然为打通语言学与解释学分析架起了桥梁。因为语言"空间"仅仅出现在不同社会实践的组织过程中,而不是出现于能指与所指的抽象秩序中。与从各种生活形式的关系体系中建构意义的观点一样,解释学,或者说作为语言游戏的中介的语义秩序问题,也是维特根斯坦主义的基本观点之一。

如果奎因(Quine)和戴维森(Davidson)正确,意义与参照物之间就可能存在着比维特根斯坦表面承认的更大的联系,[③]

[①] 从这一意义而言,维特根斯坦并没有获得其追随者的良好支持,后者已经把他的这一强调转化成了某种类型的唯心主义,尤其是温奇(Winch)。

[②] Langue,相应于英语中的 language;Langage 则为吉登斯生造的一个词汇,其意思大体相当于英语中的 language,但同时也表达了某些不同的含意,如语言的表达、词汇的选择、句式的表现、语调的构成等,故这里译为"语图",以表示除语言以及语言使用之外的总和。——译者

[③] 参阅加雷思·艾文思和约翰·麦克道尔所作的各种讨论,见 Gareth Evans and John McDowell, *Truth and Meaning: Essays on Semantics* (Oxford: Clarendon Press, 1976)。同时可参阅帕特南在《意义与道德科学》(*Meaning and the Moral Science*, London: Routledge, 1978, pp.97ff)所作的相关分析。

但这一点实际上并不与这里所讨论的论点相关联。结构主义思想对于参照物的忽视，并不能在结构语言学本身得到修复，就像胡塞尔对于先验现象学的化约不可能通过主体间性得到恢复那样。这一点没有什么地方比德里达那里表现得更清楚。书写是一个纯粹的结构化过程，丧失了回归情境或者语义的可能性。文本的"解构"（deconstruction）被看作展示其生产性特征的过程，但这种生产被看作"纯粹差异"的展示，除此之外，别无其他。在德里达的表述中，书写驱逐了任何可能使文本与客观世界产生关联的事物："作为意识交流的交往视域"、"作为……意义视域……的语义和解释学视域"以及"概念的情境"等。这种驱逐是从"建构书写的符码"——申称"见之于所有语言中"[1]——的区隔中得出的。

3. 因此，在德里达那里，形成差异的符码身份来自编码（code）本身的构成，无论符码是书写性的还是言说性的。编码的内在含义使符码与其所指对象的任何含义分离开来。但是，通过这种方式，德里达再一次以一种新的形式陷入了索绪尔试图把差异看作纯粹形式所遭遇的问题。前者似乎没有注意到或者有意忽视了这样一种事实，即即使是符码身份的简单提及也都假定了指示物的某些要素：这些要素与表明符码的"声音""标记"等要素联系在一起。德里达所秉持的符码或书写通过其"内在身份"而得到建构的观点完全消除了符码与指示物之间的相关性。书写的区隔使符码具有无尽的可重复性和"可传播性"："含义形式（signifying form）的一致

---

[1] "Signature, événement, contexte," pp. 181-182.

社会理论的核心问题 | 051

仅仅是由于其可重复性，由于在'指示物'……缺场的情况下它能够被重复的可能性而形成的。"①

通过这种方式，德里达在"含义形式"中似乎吸收了言说时无须指示物"在场"和根本无须任何指示物的含义的情形。②显然，两者根本不是一回事，即使是在符码区隔本身这一最形式化的识别中，指示物也总是顽强地涉入其中。如果它能够被遗忘或者免于被提及，那也是因为存在着这样一种持续性同化，在这种同化中，书写者受索绪尔有关指示物（referent）③与所指（signified）之间区分的影响。正如我已经指出的那样，在符码任意性学说的动力驱使下，作为结果，索绪尔那里已经预示了融合两者的倾向。

4. 意义的本质在于观念"在场"，德里达对于这一点的公然抨击使之尽可能远离了所指而遁入能指当中，但总体而言，他并没有采取更为激进的措施反对能指与所指的区分。如果维特根斯坦有关意义的论述遵循了正确的路线，那么，能指与所指的区分也就必须被抛弃，因为语言以及更加一般层面上的意义的本质无法根据诸如此类的二重性概念得到说明。问题不能仅仅关涉能指——正如我已经表明的那样，这一问题可以追溯至索绪尔。结构主义文献最为重要和最具启

---

① "Signature, événement, contexte," p. 183.
② 德里达（在 *L'Écriture et la différence*）指出，这里因为我们最终无法逃脱所指不能完全被消除这样一种形而上学的结果："其中的困境在于，对符号的形而上学化约需要（能指与所指之间的）对立，而这种对立同时又是其必须减少的。"同时参阅德里达在接受吕塞特·菲纳斯（Lucette Finas）访谈时所作的评论，载 Lucette Finas *et al.*, *Écarts* (Paris: Fayard, 1973), pp. 303-312。
③ 这里的指示物即"能指"（signifier），关于索绪尔就能指与所指所作的区分，参阅费尔迪南·德·索绪尔：《普通语言学教程》，高名凯译，北京：商务印书馆，1999年，第100—106页。

发性的贡献在于它表明，任何类型的物质形式都可参与指号过程，也就是说，都"负载"了意义。这是关于所指的问题。索绪尔所倡导的"从客观中隐退"而进入差异的内在表演中无法取得成功，因为所指的本质或者变得模棱两可，或者被含糊地用来既指概念又指其所指的客体。对于维特根斯坦来说，能指、概念及其所指的客体只有在组成日常生活形式的实践中才能得到说明。"无须寻找意义，无须问寻用途"不是表示意义和用途是同义词，而是说语言单位的意义与用途只有在它们所表达和它们得到表达的实践中才能得到理解。

去中心化的主体

摒弃能指与所指的区分即意味着对拉康精神分析的"结构主义文本"（structuralist reading）的批判性评估，他的文本深刻影响了此后结构主义哲学中"主体理论"的发展。我将在其他地方就这种影响进行直接评估，这里将仅仅集中在与"去中心化的主体"相关的一般性论题上。

结构主义文献对于人文主义特性的"可耻"抛弃根源于其对意识或者"主体性"的不信任，这一点在索绪尔有关语言高于言语的个体性和主体性特征的论述中已经有所预示。对于这一点，我们还必须加上马克思、尼采和弗洛伊德等对笛卡儿式的我思（cogito）的激进批评者，他们都以非常深刻的方式对作为"自我明晰"（transparent to itself）的意识提出了质疑。主体性在语言中和通过语言而得到建构的观点支配了结构主义对于意识主张的去神秘化理解。正如利科所言："纯粹的自我行为是空洞的，必须通过符码世界的媒介作用才有其意义，并且通过这些符码而得到解释。"[1]这一立场的含义不仅多重，而且重要。它不把意识看作给定的，而是强调需要对其起源做出解释，意识没有被看作统一和不可分割的物质，而是细碎和脆弱的过程，并且承认，"我"只有通过"与他者的对话"也就是说只有通过意义才能形成。

这些观点在克里斯蒂娃的著作中以一种有趣的方式得到发展，她非常实质性地背离了列维-施特劳斯或者德里达所强调的观点。在对目的性意识作现象学处理的过程中，在其对"主体定位"（positioning of the subject）的解释中，她背离了结构主义的早期观点。但是，即使在她的著作中，对于人类能动性的分析也所见无多——人类能动性在盎格鲁-撒克逊哲学家那里通常被理解为行动。其"行动主体"（predicating subject）并没有远离无意识/意识这一二元论，并且主要被看作一种语言学关系，这一关系支配了结构主义的主体理论。这些理论总是倾向于保持它们力图抛弃的笛卡儿主义要素："我思"表明了一种先在于或者存在于主体的自我意识或者反思性能力中的语言学结构。就像拉康所说的那样："索绪尔理论体系中的能指与所指并不处于同一个层次，如果人们相信自己的真正位置处在能指与所指相交的轴心上——根本不存在这样一种轴心，这是对于自身的欺骗。"[2]但是，这里的主体性仅仅表现为各种含义结构（signifying structures）交汇时所

---

[1] Ricoeur, "The question of the subject," in *The Conflict of Interpretations*, p. 244.
[2] Jacques Lacan, "The agency of the letter in the unconscious," *Écrits* (London: Tavistock, 1977), p. 166.

催生的一系列时刻,反思性、行动性的主体在这种分析中依然身影朦胧。

在批判西勒(Searle)的言语行为(speech acts)理论的过程中,与她的总体立场相一致,克里斯蒂娃认为,言语行为"应该被看作含义实践",并通过"含义活动的一般理论"而得到解释。①但是,如果这一分析没有强调必须把对言语行为的分析与维特根斯坦的观点结合起来,用"实践"来取代"行为"也就只能徒有其表。因为并不存在什么含义实践,含义必须被看作总体社会实践中的内在要素。

我们必须以一种比克里斯蒂娃更加彻底的方式拒斥我思概念,同时承认这一主题的极端重要性,即在意识中,存在相对于主客体关系而言具有优先地位。对于它的理解不能通过重构我思来得到实现,而是必须通过将存在与行动关联在一起。

这里,简单勾勒一下行动主体(acting subject)理论的总体轮廓具有重要的意义,这一理论在随后的章节将得到更加详尽的阐述。这一观点依赖于强调作为社会生活常规特征的"行动的反思性监控"(reflexive monitoring of conduct)的重要性。在这一术语中,理性和意图并不是人类社会活动后面要素的特定"呈现",而是(在日复一日的生存绵延中)例行性地和常规性地具象于这些活动中。②人类行动的目的性特

---

① Julia Kristeva (interview with J.-C. Conquet), "Sémanalyse: conditions d'une semioticque scientifique," *Semiotica*, vol. 4 (1972), pp. 328 - 329.
② 参阅西勒就德里达对于奥斯汀的讨论(载 Signature, événement, context 一文中)所作的评价,载"Reiterating the difference: a reply to Derrida," *Glyph*, vol. I, p. 202。

征体现在：（a）不应把目的看作分离的和不连贯的，而是时间中连贯的目的流；（b）不应把它看作某种程度上为行动所"伴随"的一组意识状态。只有在反思性行为中，目的才得到有意识的表现：通常体现在对话当中。[1]行动的反思性监控吸收了"默会知识"（tacit knowledge）[2]，这种知识只能部分地和不完全地表现在对话当中，具有明显的实践性和情境性特征。然而，这种知识并不是结构主义文献中所经常使用到的无意识。语言在这里主要表现为一种社会实践的媒介，舒茨（Schutz）和维特根斯坦已就"知识储备"（stocks of knowledge）的实践性质进行了着重的强调。作为娴熟活动的社会生活的生产和再生产过程所运用到的知识储备很大程度上是"无意识"的，因为当社会行动者被问及时，他们通常只能"就其所知"提供非常零碎的解释，但是，他们绝不是结构主义意义上的无意识。

以默会知识为背景的行动的反思性监控具有重要的意义——它是日复一日社会活动的核心，与结构主义毫无共同之处——这一点在布迪厄早期有关礼物关系的讨论中已经得到很好的阐述。如果人们屈服于这种观点，认为对于人类能动性的阐述与弗洛伊德意义上的无意识不相容，这仅仅是一种原生性社会学谬见。这种谬见假定，由于主体和自我意识只能通过一系列发展过程才能形成，因此反思性主体不论对

---

[1] 参阅我在《社会学方法的新准则》（*New Rules of Sociological Method*）第 81—84 页中所作的进一步讨论。

[2] "默会知识"首先为波兰尼在其名著《个体知识》中所提出，用以挑战传统实证主义将知识看作完全客观的、静态的观点，默会知识主要表现为只可意会不可言传的知识，它经常被使用却又不能通过语言文字符号予以清晰表达或直接传递。——译者

于哲学还是社会科学来说都不是"既定"的,它们仅仅是隐藏结构的附带现象,就像被批判的意识哲学一样,去中心化的主体也非常有害,如果它只用结构的决定性作用取代主体性。

文　本

与解释现象学相一致,[①]结构化理论所着重强调的论点之一是,坚持认为作为特定语言表达形式的文本与书写这一文本的作者所持的各种目的之间存在着某种隔阂。在列维-施特劳斯那里,神话被看作特别适合用来从事结构分析,因为神话"没有作者","它们仅仅作为文化的化身而存在"。[②]德里达明确地将文本的自主性与书写-交流之间的分离——从而与作者分离——联系在一起;具有大量知识的作者可以以一种重要的方式阐明文本所负载的意义,这种假设被作为在场形而上学的另一个例证而遭到摒弃。[③]《原样》群体强调,文本解读不能被等同于识别文本作者所提供的核心意义,而且这种意义与文本所由创建的"情境"联系在一起。不存在某种单一的文本解读,只有复数的解读,这是书写内在生产性所导致的结果,用德里达的话来说就是"文本的本质漂移"

---

① 尤其是伽达默尔(Gadamer)所阐述的解释现象学,参阅 Hans-Georg Gadamer, *Truth and Method* (London: Sheed and Ward, 1975)。然而,伽达默尔反对这样一种观点(这种观点与华勒维联系在一起):"文本的每一次阅读都是某一层次的新生产,并为其提供正当的理由。这在我看来是一种站不住脚的解释虚无主义……(华勒维)把绝对创造的权威赋予读者和解释者,他自己也就不再指望成为一名专家了。"(第85页)
② *The Raw and the Cooked*, p. 18。后一词汇是伽达默尔的明显回声。
③ "Signature, événement, context," p. 182.

社会理论的核心问题　｜　057

(essential drift)所导致的结果。

当然,对于作者意图在文本阐释以及更广泛意义上意义阐释中的重要性问题,这一点已经在从文学批评到观念史等一系列学科中得到了诸多讨论。[①]我这里无意探讨在对文本进行批判性阐释时作者意图所扮演的角色问题,而是将探讨如何将目的性活动进行概念化的问题,而且此类文献已经假设了这种活动的存在。在这一方面,从维特根斯坦批判人类行动的目的性特征这一传统观点的角度来看,此类文献中的大部分被认为是过时了的。换句话说,目的或意图被看作不连贯的精神活动,这些活动以某些方式与文本的创建关联在一起。重要的是必须看到,维特根斯坦对于这一观点的拒斥同时引申出了另一个为德里达所批判的"在场形而上学"问题,即存在无数支配着意义解释的"解释性规则"(rules of interpretation)。维特根斯坦所发现的"规则遵循"现象标示了表现社会生活反复性特征的实践,社会生活正是在这些实践中并且通过这些实践而得到建构,这些规则因此从来就不是固定的或者既定在场的。

只有通过这种反复性,我们才能在生产与再生产的连续性过程中把握社会实践的本质。从这一角度而言,社会实践不是"表现"社会行动者的意图,也不是反过来社会实践"决定"行动者的意图。意图只有在行动的反思性监控过程中才能形成,后者只有与行动未被认识到的条件和行动的后

[①] 集中讨论之一涉及伽达默尔、贝蒂(Betti)和西斯奇(Hirsch),西斯奇对于这一点的最新贡献可参阅 E. D. Hirsch, *The Aims of Interpretation* (Chicago University Press, 1976)。

果结合在一起才能运转起来。从这一角度出发，我们开始重置文本，不是把文本仅仅看作具有内在生产力的语言的产物，而是本身是情境的结果，而且也不否认"文本的自主性"。对于文本解释，结构主义并没有提出这样一种观点，即必须从日常生活构成中的主体间性的角度来解释文本。它只是把注意力集中在文本的内在结构上，去除文本的参照性要素，从而取代了语言游戏中对意义的参与性和实践性的介入。由此产生的结果是，主体间性只是以一种没有被认识到的方式加以利用，在文本分析中被默许性地假定，从来没有得到理论化。在某种程度上，这无疑是由于文本被置于结构主义思想之核心的结果，或者说，是由于特定类型的文本观念的结果，即把文本"建构"为某些关系形式（relational forms），而与胡塞尔所说的"作为生活世界基础的、未得到明确表达的原始主体间性"分离开来。

必须注明的是，我所提出的观点与卡勒（Culler）在批判结构主义过程中所提出的"文学能力"（literary competence）概念[①]毫无共同之处。后者认为，文学能力可以被看作由"一组默会的关于文学文本阅读的惯例所组成"，体现为"规则支配下的意义产生过程"。[②]我们当然可以接受卡勒的观点，认为与作者和读者所具有的语言知识相比，他们可以赋予文本

[①] "文学能力"是乔纳森·卡勒（Jonathan Culler）在《结构主义诗学》（*Structuralist Poetics*）一书中提出的核心概念。他认为，语言是第一层次的符号系统（semiotic system），文学则是以语言为基础的第二层次的符号系统。学语言的人要懂"语法"（安排语汇使之成为正确语言的方法），学文学的人则是要懂"文法"（安排正确语文使之成为文学的方法），文学能力就是这样一种用文法来组织语文的能力。——译者
[②] Culler, *Structuralist Poetics*, p.126.

以更多的意涵。他们带来了各种社会习俗的知识，或者更准确地说，他们对于语言的知识与使语言得以构成和重构的社会实践之间不可分离。然而，知识不能被简单地看作如规则一般的语义学。如果"常人语义学"(ethno-semantics)可以被理解为某种方式上的古迪纳夫(Goodenough)和朗兹伯里(Lounsbury)[①]的话，那么，卡勒的观点就等于是在提倡某种文学文本阅读上的常人语义学。[②]根据古迪纳夫的观点，常人语义学的任务是要说明文化的内涵，"一个社会的文化由个体必须理解和相信以使其举止为其他社会成员所接受的内容组成"，这些知识通常表现为一套特定和稳定的规则。[③]但是，用强调语义规则的重要性来补充结构主义所典型强调的符号优先性的做法并不能令人满意，除非我们同时从这样一种角度加以理解，即规则与实践在日复一日的活动中紧密地契合在一起。这就要求我们承认，"常人方法学"(ethno-methods)的意义在于它是使可解释性(accountability)得以维系的手段。在文本解释方面，每一个结构主义理论家都暗暗地依赖于常人方法学，无论他们对经受分析或解构的文本可能提出何种辩解，他们都假定对于不特定的听众来说，使观点得以表现的文本是可以被理解的。

接下来，我将就我所提出的观点的主要因素概括如下：

---

① 古迪纳夫(W. H. Goodenough)和朗兹伯里(F. G. Lounsbury)均为20世纪中期美国著名的语言学家和人类学家，他们受布拉格学派的音位分析法的启示，建立了分析亲属词的"义素分析法"(Seme Analysis)。——译者
② Ward, Goodenough, *Description and Comparison in Cultural Anthropology* (Chicago: Aldine, 1970).
③ Goodenough, "Cultural anthropology and linguistics," in Dell Hymes (ed.), *Language in Culture and Society* (New York: Harper, 1964), p.36.

1. 文本的生产与社会实践的生产一样,并非某种"目的"或者"目的聚合"的结果,相反,各种行为的目的性特征必须被看作行动反思性监控的固有特征。因此,不能把文本看作某种"固定的形式",从而总体上与特定的目的联系在一起,而是必须把它看作生产过程的具体媒介和结果,这一生产过程受文本作者或者读者的反思性监控。

2. 研究文本的生产过程必须从总体上研究我下文所提出的"行动的理性化"(rationalization of action);[1]不仅体现在目的性要素上,而且包括进入生产过程——作为一种娴熟的技艺——的理性和动机等。因此,作者所使用到的"知识"很大程度上表现出默会和实用的特征:精通特定的文体,意识到预期或者潜在读者的特定特征等。更有甚者,它为无意识的运作留下了巨大的空间。

与我早期提出的观点相一致,克里斯蒂娃对于"装饰文本"(pheno-text)与"本源文本"(geno-text)的区分并不能为理解这些现象提供扎实的基础,她把 chora 看作指号过程之起源的观点看似价值非凡,但是,实践意识的特征在于,潜在"运作"的无意识与装饰文本的交织在一起。[2]

3. 所有这些都承载了何谓"作者"——作为行动主体——的问题。作者既非各种目的的集合,也非以某种方式隐含在文本中的一系列"踪迹"。福柯认为,写作"主要旨在

---

[1] *New Rules of Sociological Method*.
[2] 克里斯蒂娃写道:"文本并不是一种语言学现象,换句话说,结构性意义并不会作为某种单一的结构层出现在语言学主体上……可以通过两种方式来把握意义的产生过程:其一是语言素材的建立;其二是'我'的创建,后者的出现催生了意义",*Semiotike*, p.280。

创建某种使写作主体能够无限隐遁的出路(opening)"。[1]从特定意义而言,研究文本的生产同时也意味着研究其作者的生产。作者不仅是"主体",文本也不仅仅是"客体",作者还通过文本和文本生产过程建构了自身。如果我们把现代小说或者诗歌的"个性化"作者与神话或者中世纪传说的"匿名"作者相比较,这一点的重要性再明显不过了。

4. 将文本视为情境性产品可以对文本进行具有启发性的研究,这种观点也就是坚持英语中通常使用的"意义"的两种含义之间的关联: 意义一方面指人们打算说明、写作和做某事的含义;另一方面又指所说、所写和所做本身所负载的含义。[2]但是,这并不意味着重新回到某种主体主义(subjectivism)的形式。文本或者任何种类的文化产品研究的主要任务之一在于,必须准确地考究这样一种已经建立起来的分歧: 一是它们得以产生的情境;二是文本所荷载的意义,这种意义超越了文本建立者或者建立者们原有的视界。这些意义从来不是"包含"在诸如此类的文本中,而是如其最初产生时的情况那样渗透在变动不居的社会生活中。考察文本的"自主性"或者考察文本意义超越作者原初赋予的含义,有助于将文本解释的问题与更为广泛的社会理论议题重新结合在一起。因为在更加一般意义上的社会实践中,行动

---

[1] Michel Foucault, "What is an author?" in *Language, Counter-Memory, Practice* (Oxford: Blackwell, 1977), p.116. 同时可参阅威廉斯对于"作者"术语起源的评论,载 Raymond Williams, *Marxism and Literature* (Oxford University Press, 1977), pp.192 – 193。
[2] 与这一点相关的是德里达与西勒在《字形》(*Glyph*)第一二卷中的戏剧性交流,为了防止后者的攻击,德里达在该书中以一种极为扭曲的方式避免使用"我的意思是……"等诸如此类的术语。

的结果总是逐渐地脱离行动者在客体化过程中秉持的目的。

前述讨论使我们可以在当前有关主体消失或者"个体终结"的修辞中采取某种立场。当今社会理论所面临的紧要问题不是如何在概念上进一步消灭主体的问题，而是相反，如何进一步恢复主体而又不陷入主体主义的问题。[①]我要指出的是，这种恢复涉及对作为实践的"不能被言说（或者思考）的东西"的把握。除开某些例外（其中最著名的是符号互动主义），盎格鲁-美国的社会学迄今主要为实证主义所支配，在这种背景下，主张彻底取消主体的观点听起来的确有点反讽的意味。但是，实证主义哲学对反思性主体缺乏任何论述，就如它们对制度和历史缺乏理论化一样。笛卡儿哲学的"我"在实证主义那里从未出现过，这是其现象论前提所导致的结果：我们可以指出的是，取消主体的最激进和最彻底的尝试不在结构主义或者德勒兹（Deleuze）、加塔利（Guattari）的《反伊底帕斯》（*Anti-Oedipe*）那里，而在马赫（Mach）的实证主义中。这一过失又为这种趋势所强化：结构主义者倾向于将笛卡儿式的自我、各种形式的唯心主义、实证主义或者经验主义都作为这一问题的哲学形态而加以综合。在尝试取消主体的过程中，结构主义与实证主义从而共享了某些重要的共同要素，在英语世界的社会科学背景下，更有必要强调的是，去中心化的主体不能被等同于主体的消失。作为一条

---

① 参阅 Frederic Jameson, "Imaginary and symbolic in Lacan: Marxism, psychoanalytic criticism, and the problem of the subject," *Yale French Studies*, no. 55/56 (1977), p. 382 及全书各处。

哲学原则，作为当代社会变迁所导致的悦人心意或者不可避免的运动，任何将去中心化的主体与个体目标融合在一起的社会科学，都将遭到批判者赖以用来对准结构主义的意识形态的责难。这里，对福柯与阿多尔诺和霍克海默略加比较或许有所裨益。个体的终结或许标示着资产阶级自由主义时代的最终消逝：但这并不是一种硕果累累的历史转折，而是陷于不断扩张的极权主义泥沼中。如果社会理论屈从于其本应该深刻理解的过程，对这些现象的任何批判性评估都将变得不可能。

结构主义：历史与前瞻

我要指出的是，结构主义思想对于当代社会理论的重要性主要体现在它推向前台的某些重大问题上，但是，这些主题无法在结构主义的前提下得到进一步发展，就如我在本章中已经指出的那样。在我看来，结构主义思想总共在七个方面有着重要的意义，比照盎格鲁-撒克逊社会学所典型关注的问题尤其如此。我这里将只是粗略地列举这些方面，但它们预示了本书随后章节中我所提出的所有关注点。

第一，结构主义强调了语言和社会建构过程中通过差异而形成的区隔的意义。这一强调以各种不同的方式散见于索绪尔、列维-施特劳斯和德里达的著作中。德里达的延异概念在社会理论中具有重要的意义，但它与书写区隔（spacing of writing）的联系太过紧密。较之于德里达的区隔概念，维特根斯坦著作中的区隔概念更胜一筹，它指涉语言与社会实践的结合。社会实践不仅发生在虚拟差异秩序的转型中（维特根斯坦规则），或者发生在时间秩序的各种差异中（重复性），而且发生在物理空间中。在接下来的一章我将提出，社会系统的结构化理论必须建立在三重延异含义的基础上。

第二，与前一点紧密关联，结构主义思想试图把时间维度置于其分析的核心。这一点在索绪尔的语言表达性中已见踪迹，尽管其共时与历时的著名划分将时间维度从语言学变迁中割裂了开来。功能主义缺乏语言表达和语言构成的对立，它只是把时间纳入历时性分析或者动态分析中。通过以一种未向功能主义开启的方式超越共时与历时的划分，结构主义理论建立起了某种类型的结构化概念。[①]当然，我们必须认识到其中的局限，它没有能够对社会变迁提供某种解释性说明，在德里达那里，则导致了某种形式的以历史之名来否定历史可能性的历史主义。为了避免德里达的"在场形而上学"，海德格尔等人则试图通过承认万物皆处于永恒的运动中以驱除历史性解释。在列维-施特劳斯那里，历史理解概念仅仅是诸多符码当中的一种，从而同样有效避免了把历史理解作为解释社会变迁的手段。因此，作为一种知识传统，结构主义没有能够就其自身生产的条件形成某种"自我理解"，正因为如此，它无法抵挡列斐伏尔（Lefebvre）、戈德曼（Goldmann）等人发起的频繁攻击，在他们看来，它仅仅是发达资本主义的某种意识形态。[②]

---

① 参阅"Functionalism: après la lutte"。
② 参阅 Henri Lefebvre, *L'idéologie structuraliste*(Paris: Anthropos, 1971)。另一起对于结构主义和马克思主义的更加有趣的讨论则可参阅 Lucien Sebag, *Marxisme et structuralisme*(Paris: Payot, 1964)。

第三，不论对列维-施特劳斯有关历史的解释存在多少反对意见，它都包含着某些极有价值的见解。历史相对主义对于历史变化持如此激进的态度以致很难逃避它的影响——即使旨在形成历史解释的时候也是如此，正因为如此，它最终典型地变成了这种或者那种形式的相对主义。作为对历史相对主义的抗拒，列维-施特劳斯指出，"时间伸延"在某些重要的方面就是"种群伸延"。更重要的是，在强调以下两种社会类型——运转于"可逆时间"中的，尽管"为实质历史所围困……但试图对历史保持封闭"的社会，与把历史作为自身发展的动力的社会——之间的对比时，[①]列维-施特劳斯帮助奠定了社会再生产理论的基础。

第四，就对社会总体形成某种令人满意的理解而言，结构主义比其头号对手功能主义更加提供了这种可能性，尽管这一点目前还没有被充分认识到。在功能主义看来，社会可以被看作由各个"部分"（个体、群体、制度等）所组成的关系模式。与此相对，索绪尔的结构语言学认为，社会像语言一样应当被看作一个具有递归性质（recursive properties）的"虚拟系统"。然而，正如我将要指出的那样，对于这一点的理解需要某种无法见之于结构主义和功能主义的概念区分，即"结构"与"系统"之间的区分。

第五，我们可以在结构主义那里发现对社会理论具有重要意义的一项举措，那就是尝试超越主客体二元划分。尽管这一点并非为结构主义所独有，在解释现象学、晚期维特根

[①] Charbonnier, *Conversations*, p. 39.

斯坦哲学等不同视角中也有近似的观点，结构主义思想家对这一点做了最详尽的解释。我们可以承认这一点的重要性，但仍然必须强调，如果我们仅仅用某种类型的客体主义来取代主体主义，那将不会有什么收获。只有认识到主客体之间是一种二重性（duality）而不是二元论关系，两者之间的二元论才能真正得到摒弃。

第六，对于人文主义的批判和去中心化的主体论点必须小心处理，但它们对于社会理论而言具有根本重要性。去中心化的主体意味着避免这样一种哲学立场，它或者把意识看作既定的，或者把它看作自明的。但是，这不应导致人类行为反思性要素就此消失的结果，或者把它看作深层结构的某些附带现象。反思性在社会理论的话语中必须得到重建，它不仅关系到其行为成为研究对象的社会成员，而且关系到作为一种人类活动的社会科学自身。

第七，结构主义理论对分析文化产品的生产作出了长远的贡献。但是，这些贡献的进一步发展以及符号学研究与其他社会理论的结合，需要抛弃来自索绪尔的大部分（如果不是全部的话）对立性词汇，包括语言与言语、共时与历时、能指与所指，同时也需要抛弃符码任意性观念。在抛弃这些语汇的地方，我们有望建立起某种符码和符码生产理论，[①]它们建立在更加广泛的社会实践理论的基础上，并且重新与解释学联系在一起。

---

① Umberto Eco, *A theory of Semiotics* (London: Macmillan, 1977), pp. 4ff.

第二章　能动性与结构

本章我将关注的首要问题是在社会分析中将人类行动的概念与结构性解释联系在一起。我将提出，建立这种联系要求如下要素：人类能动者或者说主体理论；对行动条件和结构的说明；对某种程度上同时卷入那些条件和结果的"结构"的解释。①

行动理论与制度理论

"行动"与"结构"作为一对自相矛盾的词汇同时出现在社会学和哲学文献中。一般说来，那些致力于行动的思想流派对结构性解释或者社会因果关系并没有投以多大的注意力，或者找到应付后者的方法，同时，他们也没有能够将其行动理论与制度变迁理论联系在一起。这一点对于盎格鲁-撒克逊行动哲学来说尤其如此，无论这种哲学是维特根斯坦式的，还是较少受他影响的。尽管维特根斯坦晚期哲学就社会科学中的语言与实践关系投以了巨大的注意力，但我们仍然很快就能发现其在制度的理论化方面的局限。制度当然出现在维特根斯坦哲学中，并且以一种非常根本的方式出现，因为从其早期哲学向其晚期哲学的转变实际上就是从自然向社会的转变：在《哲学研究》中，语言和社会习俗不可分割地缠绕在一起，对其中某项的解释同时意味着对另一项的解释。但表现在生活形式中，制度分析仅仅是就他们形成了某种共识性背景而言的，在这一背景下，行为互动得以产生，行动的意义得以形成。维特根斯坦哲学没有导致对社会变迁、权力关系或者社会冲突的任何形式的关注。其他行动哲学与这些议题之间的距离则甚至更远，几乎完全集中在对理性的性质或者人类活动的目的关注上。[2]

在更加正统的社会学传统中，符号互动论最为强调社会生活是有目的的、有丰富知识的行动者的积极行动的产物，米德（Mead）在说明反思性意识的社会起源时，也提出了特定版本的"主体理论"。但米德笔下的"社会"仅局限于家庭成员和"一般性他者"（generalized other），而没有说明分化的社会，更没有为社会变迁提供任何解释。这种情况在这一传统的此后演进中几乎如出一辙，它没能成功地提出制度分析的某些模式。由此导致的结果之一是必须在美国社会学中的符号互动论和功能主义之间进行适度调节：前者主要被看作处理小规模"个人间"关系的"微观社会学"，更加广延的"宏观社会学"任务则留给了后者。

功能主义和结构主义在把客体置于主体或者说把结构置于行动的优先地位方面立场相似。功能主义作者通常是从总

---

[1] 这里我所讨论的大部分概念已经以一种初步的方式在《社会学方法的新准则》和"结构化理论的几个注释"（载 *Studies in Social and Political Theory* 一书）中进行过介绍。
[2] 例如，参阅 G. E. M. Anscombe, *Intention* (Oxford: Blackwell, 1963); Theodore Mischel, *Human Action* (New York: Academic Press, 1969); Richard Taylor, *Action and Purpose* (Englewood Cliffs: Prentice-Hall, 1966); Arthur C. Danto, *Analytical Philosophy of Action* (Cambridge University Press, 1973)。

体的"整合特性"(emergent properties)来思考社会的,这不仅造成了社会与其个体成员之间的分割,而且还使前者对后者的行为产生支配性的影响。从涂尔干的著作主要与功能主义而不是结构主义联系在一起的角度来看,他在这一点上也体验到了巨大的困难。他希望强调社会具有与个体行动者分离开来的总体性特征,强调"社会"外在于其个体成员的各种意义:每个人都出生在已经得到建构的社会中,他在这个涉及众多他者的联系体中仅仅是一个个体。他不论在其早期还是晚期著作中都设法以一种可行的方式概念化社会的外在和客观特征。涂尔干的早期立场与外在约束联系在一起,体现在其《社会学方法的准则》一书中。但是,这一立场存在着两大错误:一是把社会约束理解成类似于物理约束的做法是错误的;二是把约束看作"社会"或者"制度"的标准的做法也是错误的。作为结果,这些关于主客体关系的观点导致涂尔干自身都认为存在着严重的缺陷。社会变成了行动者活动于其中的居住环境,并通过限制他们行动的压力而感受到其存在。为了解释社会事实的"外部力量",涂尔干在其早期著作中援用的那些类比存在着明显的缺陷。他有时把与其成员相对照的社会的特性比作自然要素的结合,氧与氢的结合产生了水,它具有其构成性要素所不具有或者从它们那里衍生而来的特性,社会与其构成性行动者的关系也一样。[1]但是,这些类比只有对涂尔干旨在批判的特定视角来说才有效,比如功利主义的个人主义。如果完

---

[1] Emile Durkheim, *The Rules of Sociological Method* (London: Collier-Macmillan, 1964), pp. xlvii-xlix.

全成熟的社会个体聚焦在一起,并且通过他们的联合而建立起了某些新的社会特性,就如社会契约论所表明的那样,那么,这种类比或许也能站得住脚,但它并不完全支持涂尔干的观点。

后来,涂尔干修改了自己对于约束的看法,强调社会事实的道德性质,从而把物理约束与社会对其成员产生的诸如此类的压力区分开来。正是这一"晚期涂尔干"——承认道德现象在其原初意义上兼具积极的激励作用和约束性作用——成为帕森斯的主要灵感来源。较之于帕森斯在《社会行动的结构》一书中所承认的对其他人作品的综合,其"行动参考框架"其实更加受惠于涂尔干。[1]他从其所说的"唯意志论"(voluntarism)的角度来理解行动,并且尝试把后者与承认社会系统的"整合特性"协调起来。这种协调通过两个层次的规范性价值的影响得以实现:人格因素和社会的核心要素。在个人层次上,人格所内化的价值给行动者的行为提供了需求倾向;在社会系统层次上,价值则给社会总体的整合提供了道德共识。因此,这里的"唯意志论"很大程度上成了给社会理论提供空间以容纳对动机的说明,动机通过规范而且与社会系统的特征联系起来。行动者在社会中的行为因此被看作社会和心理决定因素相结合的结果,通过对规范性因素所形成的决定性影响,前一种决定性因素支配了后者。但正如我后文将要指出的那样,这种做法有效地排除了

---

[1] Talcott Parsons, *The Structure of Social Action* (Glencoe: Free Press, 1949);同时参阅 "Durkheim's contribution to the theory of integration of social systems," in Kurt H. Wolff, *Emile Durkheim* (New York: Harper, 1964)。

行动理论的某些根本性要素。[1]

我刚刚勾勒的行动与结构矛盾同样典型地见之于马克思主义哲学,在某种程度上,这种矛盾甚至可以追溯到马克思自身著作的矛盾性内容上。在马克思那里,黑格尔主义的遗产、积极意识的弦外之音和历史主体的自我来临与行动者为历史规律所驱使的决定论主张,以一种紧张而无法调解的方式混杂在一起。卢卡奇的《历史与阶级意识》与阿尔都塞的马克思主义之间的鸿沟表明了阅读马克思著作所能催生的巨大分歧。接下来我将提出,更加适当的比较或许见之于阿尔都塞的观点与帕西(Paci)的现象学马克思主义之间。人们通常认为,帕森斯的功能主义与阿尔都塞版本的马克思主义之间存在着许多相似之处,而且这些相似性不难发现:前者关于价值内在化的理论与后者对意识形态概念的重构如出一辙,前者对于社会系统的功能性问题的识别与后者有关组成社会体系的区域的观点大同小异——尽管前者把"文化看作最后的决定性因素",而后者则把它归结为经济。但最大的相似性无疑是两大思想体系都旨在超越主客体关系上的二元论:帕森斯企图通过行动的参考框架来达到这一目的,阿尔都塞则企图通过其"反人道主义理论(theoretical anti-humanism)"来达到这一目的,但是,两者最终都走向了主体为客体所支配的立场。帕森斯的行动者是文

---

[1] 然而,根据霍利斯(Hollis)的观点,"行动的参考框架"将导致某种形式的"弱行动主义"(weak actionism),这种行动主义"把行动者看作是具有可塑性的,其行动为需要它们的规范性结构所催生"。Martin Hollis, *Models of Man* (Cambridge University Press, 1977), p. 85。

化呆子，阿尔都塞的行动者则是更加平庸的结构呆子。正如后者所直率地承认的那样，阿尔都塞理论中"真正的表演主体"是行动者"所占据的位置和所履行的功能"。①

帕西则持一种与阿尔都塞尖锐对立的立场，他试图从胡塞尔晚期著作所提供的角度来阅读马克思。②帕西所关注的主题也主要是人类主体性在资本主义中的异化。与卢卡奇一样，他对物化（reification）或者作为对象化的物化问题倾注了大量的精力，这一点必须被看作各种现象学马克思主义所作出的最重要贡献之一，它们把物化问题作为意识形态批判的核心，这一点在阿尔都塞的方案中根本无法企及。③但是，作为对技术理性的物化特征的批判，帕西所关注的主要是激进胡塞尔时期的《欧洲科学的危机》（*Crisis of European Sciences*），其基本观点与现象学紧密关联，并且为阿尔都塞和其他受结构主义影响的思想家提供了反对的借口，后者的理论锋芒非常合理地瞄准了诸如此类的思想。

上述论述表明，马克思的著作仍然代表了试图阐释能动性与结构问题的最重要的思想来源。马克思在《大纲》（*Grundrisse*）中写道，具有"固定形式的一切东西"，在这个

---

① Louis Althusser and Etienne Balibar, *Reading Capital* (London: New Left Books, 1970), p.180.
② E. Paci, The Function of the Science and the Meaning of Man (Evanston: Northwestern University Press, 1972)。对于试图将帕西的著作置于普通社会学背景下进行分析，请参阅 Barry Smart, *Sociology, Phenomenology and Marxian Analysis* (London: Routledge, 1976)。
③ 在各种非马克思主义的社会学中，贝格尔（Berger）和卢克曼（Luckmann）的《现实的社会建构》（*Social Construction of Reality*, London: Allen Lane, 1967）最接近于这一立场。但是，他们所采取的途径完全缺乏意识形态批判的观念，更有甚者，他们所提出的某些观点尽管引起了关注，他们的著作在强调价值"内化"对于既存"秩序"至关重要这一点上，与帕森斯主义非常接近。

社会理论的核心问题 | 073

运动中只是作为"转瞬即逝的要素"出现,并继续说道:"生产过程的条件和物化本身也同样是它的要素,而作为它的主体出现的只是个人,不过是处于相互关系中的个人,他们既再生产这种相互关系,又新生产这种相互关系……"①这些评论正好是我在本章希望表达的立场。

时间、能动性与实践

我这里要提出的是,行动与结构概念在社会理论中互为前提,承认两者之间的相互依赖关系(辩证关系)必然涉及对一系列与之相连的概念以及这两个概念本身的重构。

在本节中,在将能动性概念与结构分析概念联系在一起之前,我将首先探讨与行动理论相关的某些问题,并将吸收英美哲学家过去二十年来有关行动的分析哲学的某些观点。但我要指出的是,这些哲学家提出的行动哲学存在着一系列明显的空白。其中之一我已经指出过,并且也是我接下来将主要关注的内容,那就是行动的分析哲学缺乏对制度的理论化。其他两个方面的空白则对这种理论化至关重要:一是必须把时间纳入对人类能动性的理解中,二是必须把权力纳入社会实践的内在构成中。

我把下述观点作为本章及至全书的核心主题:社会理论必须像以前那样承认,所有社会存在本质上都涉及时空交汇(time-space intersections)。所有社会分析(及其本身的发生)都

---

① Marx, *Grundrisse* (Harmondsworth: Pelican, 1973), p.712.

必须认识到延异不仅仅是二维的，而是我在前一章已经初步指出的是三维的。社会活动总是由三种相互交汇的延异时刻所组成：时间性的（temporally）、表达性的（paradigmatically）（只有在具体发挥作用时，结构才会在场）和空间性的（spatially）。无论从何种意义而言，所有社会实践都是情境性的。

我将在本书的随后章节对时空关系问题作更详细的分析。这里我将把注意力主要集中在能动性问题的时间性上。对于这一问题，没有谁像海德格尔那样进行过大量的阐述。在评估康德的超验主义主张的时候，海德格尔注意到，康德的先验（priori）一词蕴含了时间与存在的相互关系，这种相互关系造就成为该事物"之前"的事物。但是，康德哲学的目标是要把古典哲学原理的基础（即只有时间和空间才是真实的）转化成为显象（appearance）存在于时间和空间之中这样一种命题。莱布尼茨在这方面的观点更令人满意，他认为，我们不能把时间和空间看作"装载"经验的容器，因为只有与客体和事件结合在一起我们才能理解时间和空间：时间和空间是客体和事件的"存在"方式或者"发生"方式。与此类似，海德格尔把 seiend（存在着）作为动词形式使用：每一种存在物（existent）都是时间性的存在。正如一位评论者所指出的那样："在我们看来，存在即是时间，就像发生（Becoming）就是可能一样……将来就是进入我们视野的可能性……时间是可能的超验性本体。"[1]海德格尔似乎忽视的一点——正是这一点，使对其著作进行历史相对主义的理解变得极为可

---

[1] Charles M. Sherover, *Heidegger Kant and Time*（Bloomington：Indiana University Press, 1971），p.284.

能——是，必须在时空关系上插入表达性维度（paradigmatic dimension）。我将在接下来有关社会理论创建的方法中提出，时间、空间和"虚拟时空"（或者结构）——即延异的三重交汇——是构成社会现实的必要维度，或者以另外一种方式来表达：具有差异和延异性质的语言表达必然是结构性的，尽管后者总是反复依赖于前者。

A. N. 怀特海（A. N. Whitehead）在某个地方指出："我们所观察到的现实是这样一种生动的记忆，这种记忆的边缘被期望所濡染。"海德格尔也强调Andenken（记忆，字面上是"思考"的意思）与denken（思考）之间的关系，认为时间体验并不是现在（Nows）的继替，而是在作为存在的当前当中植入了记忆和期望。时间或者时间体验并不是瞬间的累积，强调这一点具有各种不同的理由。其中之一与分析哲学对于行动的处理直接相关，着眼于行为（act）、意图、目的、理性等的概念化。在普通英语用法上，我们似乎把它们看作在行动中以某种方式累积或者串联在一起的独特的整体或者要素。大部分探讨行动的英美哲学家都以一种不加质疑的方式接受了这种用法，但这种做法所导致的结果是：使他们不明智地把能动者从其所处的时间位置中抽象出来，从日常行为的时间性中抽象出来。这些文献所忽视的是关注（attention）和对话中产生的反思性时刻，这种反思性贯穿于构成人类主体日常活动的行动流中。[①]这种反思性时刻甚至参与到构成生活绵延的"某一"行动（an action）或者"某一"行为（an act）的构

---

① 参阅 *New Rules of Sociological Method*，chap. 2。

成当中。①

因此，我所使用的"行动"或者能动性并不是指结合在一起的一系列孤立的行为，而是指连绵不断的行为流，借用一个在我以前著作中提出的论断来说就是，"行动是作为肉体存在的人对世界中的事件过程进行的、实际的或想象的、因果性介入流"。②关于这一点必须提出某些评论。第一，行动概念参照了行动者的大量活动，并且不能脱离自主自我（acting self）这一更广泛的理论来单独加以考察。坚持这种明显的目的性是必要的，因为在绝大部分哲学文献中，行动的本质主要是参照"移动"（movement）这一概念来得到探讨的，作为主体的行动者的特征却没有得到探讨或者保持含糊。③我这里所倡导的能动性概念涉及对潜在具有可塑性的客观世界的"干预"，并且与实践这个更为一般性的概念直接关联。我将在后文把规律性行为（regularized acts）称作情境性实践（situated practices），并且把后者看作连接行动理论与结构分析的主要纽带。第二，行动者无论在哪一时间点上都能"换一种方式行事"是行动的必然特征：或者积极而主动地干预"事件世界"的进程，或者克制和消极地干预这一进程。"能够换一种方式行事"的感觉显然是一种非常困难和复杂的感觉，本文能否对其做出详细而合理的解释并不重要。

---

① 这一点为舒茨所指出，参阅 Alfred Schutz, *The Phenomenology of the Social World* (Lodon: Heinemann, 1972), pp. 8ff。关于绵延（durée）概念的论述，请参阅 Henri Bergson, *Time and Free Will* (London: Swan Sonnenschein, 1910)。
② *New Rules of Sociological Method*, p.75。我对最初表达进行了某些修正。
③ 例如，参阅 R. S. Peters, *The Concept of Motivation* (London: Routledge, 1958), pp.12ff。

但是，如果认为行动概念可以在活动的历史情景模式之外而得到解释，那将是一个错误。①

图2.1描绘了行动的"层级化模式"，如果脱离了后文我所提供的有关结构性质的讨论，这一模式的含义便不可能得到充分的理解。行动的反思性监控指的是人类行动的目的性或者意图性特征：它强调作为过程的"意图性"（intentionality）。这种意图性是人类行为的例行化特征，并不是说人们在其行为过程中总是怀有特定的目的。在日常英语用法中，它与想要（meaning）或者打算（intending）做某事有着完全不同的意思，后者表示"有目的地"（purposefully）做某事，表示在追求某一目的时候具有不同寻常程度的精神意识。②当普通行动者就某一特定行为而彼此询问对方的意图时，他们通常将自己的行为与对方或者客观世界联系在一起，并从一个连续不断的监控过程加以总结。与动物的行为相比，人类行动者反思性监控的典型特征体现在加芬克尔（Garfinkel）所谓的人类行为的可说明性（accountability）上。我把可说明性看作行动者能够就自己的行为提供某种解释的意思，它与行动的生产和再生产一样共享着相同的知识库存。正如哈瑞（Harré）所言："正是这些相同的社会知识和技巧同时卷入到行动的生产和说明中……个体不论对于何者的能力都依赖于其社会知识储存。"③但我们必

---

① 这也是我所犯过的错误，参阅 *New Rules of Sociological Method*，p.75。我没有看到，行动者"可以以另一种方式行事"的观点在逻辑上不同于对社会制约条件或者强制性反抗的观察，通过对这些情况的观察，我后来提出，行动概念在逻辑上要求权力。
② J. L. Austin, "Three ways of spilling ink," *The Philosophical Review*, vol. 75 (1966).
③ Peter Marsh, Elisabeth Rosser and Rom Harré, *The Rules of Disorder* (London: Routledge, 1978), p.15.

须对哈瑞所持的观点进行某些重要的修正。"提供解释"表明了行动者的话语能力(discursive capability)和意向,但并没有穷尽"知识库存"与行动之间的关联。哈瑞论述中所缺失的因素是实践意识(practical consciousness):这是一种在行为实施过程中能够被娴熟运用的默会知识,行动者很难对这种知识进行话语形式的表达。

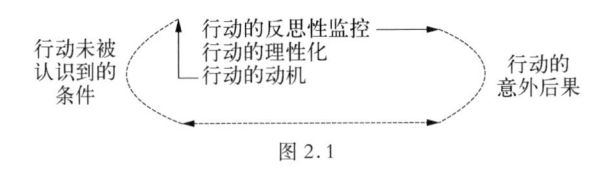

图 2.1

行为的反思性监控在行动理性化和实践意识这一更具"包容性"的背景下运作。对于前者,我所指的是人类行动者能够做出"解释"的能力,即行动者能够就其为何如此行事而提供某些理由。与"意图"一样,"理性"在面对询问——这种询问或者来自其他行动者,或者作为自我检查过程的要素来自行动者自身——时只能提供某些零散的说明。非常重要的是,必须强调,行动的反思性监控还包括对互动场景的监控,而不仅仅是监控特定行动者的行为。加芬克尔表明,这一点是作为社会互动之日常构成所涉及的常人方法的基本特征。[①]作为日常行为固有特征的行动理性化是有能力的社会行动者行为的周期性特征,它成为其他社会行动者判断其"能力"的主要基础。但这并不意味着像某些哲学家

---

① 参阅 Harold Garfinkel, *Studies in Ethnomethodology* (Englewood Cliffs: Prentice-Hall, 1967)。

所声称或者暗示的那样，理性可以与规范或者习俗等直接联系在一起。理性不仅包括引用和诉诸规范，假定这样一种立场实际上意味着把行动哲学重新拉回到帕森斯的行动参考框架中去，行为从而变成了"内化的"规范性规则驱使下的行为。①

在日常社会生活的背景下，行动者在面对实际询问的过程中能够为自身行为提供零散的理由说明，这一事实与表现在行动者行动流中的行动理性化存在着某种张力关系。关于这一点的最平凡或者最琐屑方面体现在存在有意矫饰的可能性上，即行动者声称做某事的理由实际上并不是引导其行为的理由。更为重要的是实践意识的灰色地带，它存在于行动的理性化与行动者的知识库存之间或者行动的理性化与无意识之间。舒茨所说的知识库存或者我所说的*共有知识*是在社会交往的生产过程中行动者所使用到的知识，但并不是以明确编码的形式为行动者所明确知晓，此类知识的实践性特征与维特根斯坦所提出的知晓某一规则大致相符。行动者能够为自身提供的理由解释是有限的，从不言而喻地使用互通知识的角度而言，它还不同程度地受制于表达的可能性。②对日常活动给出理由这一点与行动的道德责任（moral accountability）紧密联系在一起，它不可避免地与社会交往过程中的需求和冲突相关联，并且表现后者。但是，

---

① 在涂尔干社会学家背景下有关这一点的讨论，可参阅拙作"The 'individual' in the writings of Emile Durkheim," in *Studies in Social and Political Theory*。
② Garfinkel, *Studies in Ethnomethodology*。同时参阅加芬克尔对罗伊·特纳（Roy Turner）的献礼，载 *Ethnomethodology* (Harmondsworth: Penguin, 1974), pp. 15 – 18。

理由的说明和表达同样也受动机层面的无意识因素的影响，这一点涉及弗洛伊德意义上的理性化的可能性，即将无意识的影响纳入理性计算这一有意识的过程。

行动的动机因素指的是行动者需要（wants）的组织，它横跨认知和情感领域中的意识和无意识层面。心理分析的整体重要性表明，动机具有其内在的等级。我将在随后的章节指出，无意识概念在社会理论中至关重要，并且我将以一种不同于经典弗洛伊德观点的方式提出其整体方案。当然，只有从有意识的角度出发才能使无意识得到探讨，即必须从以实践意识为基础的行为的反思性监控和理性化的角度出发。关于无意识，我们必须防备制度还原论，即防备这样一种理论，它在将社会生活形式与无意识过程联系在一起的时候，没有充分注意到自主社会力量的作用——弗洛伊德自身的"社会学"著作在这一方面留下了诸多值得想望的东西。[1]同时，我们还必须防备意识还原论，这一理论强调无意识的作用，认为行动的反思性特征不过是无意识过程中苍白一撇，后者真正决定了前者。

盎格鲁-撒克逊思想家提出的行动理论回避了图 2.1 两边所表明的问题。就无意识而言，这种疏忽不仅意味着接受维特根斯坦所怀疑过的心理分析的逻辑地位，[2]而且还意味着导致对理性与意向性行为之间关系的集中关注，当大部分作者提及"动机"一词时，所指的意思几乎都是理性。动机理

---

[1] 参阅 Jerome Neu, "Genetic explanation in Totem and Taboo," in Richard Wollheim, *Freud, a Collection of Critical Essays* (New York: Doubleday, 1974)。
[2] Cyril Barrett, Wittgenstein: *Lectures and Conversations* (Oxford: Blackwell, 1974).

之所以重要，在于它在行动的理性化与表现为制度的习俗框架之间架起了概念性桥梁——尽管在随后的章节中我将指出，相当大领域的社会行为并不是直接由动机激发的。动机理论同时必须与行动未被认识到的条件联系在一起，无意识的动机运作于行动者自我理解的范围"之外"。无意识仅仅包含了此类条件中的一种，这些条件还与图表的另一端即行动的意外后果所表达的含义联系在一起。

如果行动哲学相当大程度上回避了无意识问题的话，它本质上对目的性行为的意外后果也兴趣无多。①造成这种结果的原因某种程度上当然与行动哲学与社会科学中的制度理论之间的分离以及由此造成的鸿沟有关。如果功能主义者无法对目的性行为做出充分说明的话，②他们却非常正确地注意到了活动不断逃避行动者目的范围的情况。对于社会理论来说，行动的意外后果具有核心重要性，因为它们系统地与制度再生产的过程结合在一起。关于这一点我将在随后的篇幅中进行更详细的论述。但这里有必要指出的一点是，行动的意外后果与动机理论所详细阐明的行动未被认识到的条件直接联系在一起。因为这些意外后果同样进入社会再生产的过

---

① 戴维森（Dividson）所讨论过的一个著名例子这里非常切合。我按下开关，打开灯，照亮整个房间，但同时也惊动了一个小偷。戴维森这里的兴趣完全局限于对行动问题的描述：我是不是做了四件不同的事情，或者只做一件事，但可以以四种不同的方式加以描述。载"Actions, reasons and causes," *The Journal of Philosophy*, vol. 60 (1963). 在其他少数有关行动的哲学讨论中，涉及意外后果的成果之一是 Alvin I. Goldman, *A Theory of Human Action* (Englewood Cliffs: Prentice-Hall, 1970), pp. 22ff. 在那里，他从其他行为或者"行为象征"（act-tokens）的角度分析行动的"产生"。

② "Functionalism: après la lutte," pp. 106 - 109.

程中，成为行动的条件。①但是，在进一步探讨这些之前，我们必须转向结构概念。

时间、结构与系统

在社会科学中，"结构"术语主要出现在两类文献中：一是功能主义文献，其当代版本通常被称作"结构功能主义"；二是最为彻底地包含了这一概念的结构主义思想传统。就第一种思想传统而言，"结构"通常与"功能"连带出现。斯宾塞以及19世纪的思想家通常以非常直白的生物学类比的方式来使用这些概念，研究社会结构就像是研究生物的解剖体，研究社会的功能就像是研究生物体的生理机能，目的在于表明结构是如何"运作"的。尽管晚近功能主义作者对使用直接或详细的生物学类比持非常谨慎的态度，结构与功能之间相同的假定关系依然非常明显地出现在他们的著作中。结构被理解成社会关系的"模式"，功能则是这些作为系统的模式实际是如何运作的。这里的结构实际上是一个描述性概念，主要的解释性负担落在了功能身上。这也许是为什么不论是同情还是批判性结构功能主义文献都过于关注功能概念而很少认真对待结构概念的原因。无论如何，这一点都可以通过功能主义的批判者从其对手那里所接管的参量得到

---

① 在有些情况下，区分行动的意外后果（unintended consequences）与行动未被认识到的后果（unacknowledged consequences）也非常重要，但这种区分与能动性与结构之间的关系联系在一起，因为行动的意外后果会"反过来"在实践意识和话语意识发挥作用之前构成行动的条件。当然，行动"意料之中"的后果与"已知"后果之间区分则涵盖了行动的反思性监控与行动的理性化之间的区分。

说明。

与此相对照,"结构"在结构主义那里则更具解释性的功能,同时还与变迁概念联系在一起。结构分析不论是与语言、神话、文学艺术以及更为一般意义上的社会关系联系在一起,结构都被看作渗透进了表层之下。在结构主义那里,符码与信息的区分取代了结构与功能的区分。乍看起来,与功能主义作者所作用的结构概念相比,结构主义所使用的结构以及其他与之相连的概念很少甚至几乎没有什么共同之处。但正如我在前面章节试图表明的那样,尽管结构主义与功能主义是内在不同的思想传统,它们的确共享了特定共同的主题和特征,这一事实某种程度上反映了涂尔干对双方所产生的影响。有两项共同的特征值得在这里重申一下:一是两者最初都信守共时与历时或者静态与动态的划分;二是两者都不仅关注"结构",而且关注"系统"。显然,它们之间是相互联系的方面,因为方法论上将共时维度分离出来是对结构特征或系统特征进行认识的基础。共时与历时的划分构成了结构主义和功能主义的基本要素,但两者又都试图超越这种划分。就后者而言,最为有趣和最重要的尝试体现在将功能与功能失调概念联系在一起上,从而从整合与解体之间张力的角度来分析社会过程。我在其他地方就这一点的不足之处进行过评论。[1]在结构主义的思潮范围内,超越共时与历时划分的尝试催生了对结构化或者德里达所说的"结构的结构化"概念的强调。由于我在前面详细论述结构主义的过程

---

[1] R. K. Merton, "Manifest and latent functions," in *Social Theory and Social Structure* (New York: Free Press, 1957)。相关评论请参阅 "Functionalism: après la lutte"。

中所指出的那些原因，结构化概念仍然主要停留在结构性要素之间的"内在"关系上。

接下来我将详细阐述结构化概念，这一概念直接与前面有关人类能动性的说明联系在一起。但在展开这一论述之前，简要考察一下结构与系统之间的关系是必要的。尽管两个概念都出现在了结构主义和功能主义的文献中，两大思想传统对于它们的区分却并不是那么固定，以致其中一方大有瓦解另一方之势。索绪尔所使用的主要是"系统"概念而不是"结构"，系统表示语言要素之间形成的依赖关系的集合。叶尔姆斯列夫（Hjelmslev）和布拉格群体（Prague group）所引入的"结构"概念并没有成为系统的补充性概念，而是用前者取代了后者。结构主义的随后历史暗示，有其中的某一个概念已经足够，由于它们的用法存在着太多的重叠：系统经常被看作结构具有的内在特征。①乍看起来，通过结构与功能的对比，功能主义似乎建立在系统与结构区分的基础上。结构表示社会关系的"模式"，系统则表示这些关系的实际"功能"，这种区分在功能主义的作品中的确经常出现。但这种区分站不住脚是一点也不奇怪的，因为它把这种区分建立在生物体研究中解剖和生理类比的假设基础上。从特定意义而言，生物体的"结构"是"独立于"其功能而存在的，即使有机体死了或者"功能"已经停止了，我们还是可以研究其身体的组成部分。这一点对于社会系统来说却说不通，如果社会系统的功能停止了，社会也就不存在了，只有在社

---

① 例如，列维-施特劳斯在《结构人类学》（第 1 卷）中就结构分析的主要特征进行了系统的阐述。

会关系组织成为系统的条件下，社会关系"模式"才能存在并能够跨越时间而得到再生产。因此，结构与功能在功能主义那里也倾向于彼此消解对方。

我所提出的结构化理论概念依赖于结构与系统的区分（但毫无疑问，两者有着密切的联系），但它同时也涉及对这两个概念的不同理解，这些理解可以溯源至结构主义和功能主义对于它们的典型用法。

结构、系统、结构化都是社会理论中极为必要的概念，并且必须很好地将它们概念化。要理解为什么这些概念中的每一个都具有用处，我们必须回到我前面已经介绍过的时间性主题。在功能主义和结构主义等思潮中，它们试图将时间（更准确地说是时空交汇）从社会理论中排除出去，替之以共时与历时的区分。然而，社会系统在这两大理论传统中是以不同的方式被"抽离出时间"的。在功能主义以及更一般意义上的盎格鲁-撒克逊社会学和人类学那里，主要以对社会进行"拍快照"或者"冻结"瞬间的方式来排除时间的。这种做法的逻辑缺陷显而易见，如果它有什么可取之处的话，那主要体现在它背后的隐含假设上。但是，当其通过身体解剖学、建筑物框架以及诸如此类的方式来想象结构概念时，它总是给人以"在场"的感觉，但"社会结构"实际上并非如此。与此相适应，共时与历时的划分在这种思维方式下也并不稳定。时间拒绝被抹杀。社会结构因此包括两个不存在明确区分的要素：一是表示个体与群体之间关系的互动模式；二是互动在时间中的延续性。弗斯（Firth）在《社会组织的要素》（*Elements of Social Organisation*）一书中写道："社会结构的思想……必须从部分与整体之间的有序关系的角度来加以考察，社会生活的要素通过这种有序关系而彼此联系在一起。"但他随后又说道："结构性要素贯穿于整个人类行为"，它们"真正存在于持续或者重复性的人类行为中"（强调为本人所加）。①

这一问题最终指向的是对社会分析中的言语表达维度(syntax dimension)（时空的模式化）和语言结构维度（持续性生产，或者要素的虚拟秩序）的含蓄承认，尽管它没有对它们之间是如何彼此联系在一起的提供说明。既然列维-施特劳斯正好对它们进行过区分（尽管仍然存在某些混淆，参阅前文），我们或许可以期待可以采取他的结构概念来简单地取代社会科学中功能主义版本的"社会结构"概念。我的确将提出一种接近于施特劳斯而不是功能主义的结构概念，但施特劳斯的结构概念至少也存在着五个方面的局限以至限制了它的用途。

1. 列维-施特劳斯认为，结构是一种由观察者所建构的模式，用他的话来说就是，结构"与经验现实没有太多的关联"。②我不想接受施特劳斯依稀提倡的唯名论与理性主义相结合的奇怪混合物，在我看来，结构作为瞬间或者片刻是一种"虚拟的存在"，但这并不意味着把结构仅仅看作一种由社会学或者人类学观察者所发明的模式。尽管我将不为这一

---

① Raymond Firth, *Elements of Social Organisation* (London: Watts, 1956), pp. 30 and 39.
② *Structural Anthropology*, vol. I, p. 27.

社会理论的核心问题 | 087

主张提供辩护，但我把接下来将在下文提出的那些概念看作与现实主义认识论相容的。

2. 列维-施特劳斯的结构主义是一种缺乏结构化的结构概念。换句话说，施特劳斯把结构化过程看作其持续提到的音符模式，是一种由外在演奏者催生的结合形式（在施特劳斯那里演奏者是无意识的）。然而，一种关注所有类型的社会过程和再生产模式的结构化理论尽管不否认无意识的精神作用，但同时把话语意识和实践意识在社会实践再生产过程中的作用置于核心地位。

3. 在把结构看作由一组推断性要素（inferred elements）或者成分所形成的关系和把结构看作由这些要素或者成分所形成的各种转型规则时，列维-施特劳斯对两者关系的看法显得模棱两可。这种模糊性也出现在数学中的结构概念上——结构是一个可进行转换的矩阵集合。结构既可以理解为一个矩阵，也可以理解为转换规则，但是往往把两者结合起来。从最基本的意义而言，我将不以集合（set）的形式来看待结构，而是把它看作社会再生产过程中"联结时间"的规则（和资源）。因此，下文将要使用到的"结构"概念首先是一个属概念，但是，结构可以理解为资源—规则特性的集合或矩阵。

4. 在把实践看作语义区隔方面，列维-施特劳斯所使用的结构概念与我所提出的整体结构主义思想的基本缺陷联系在一起。在我看来，严格地说，根本不存在"转型规则"诸如此类的东西，从社会单元的经验相似性并不表明结构这一点而言，所有的社会规则都是转化性的。①

5. 如果结构（在时空中）仅仅存在于其在场的情况下的话，那么，在我看来，它还必须参照现象，这些现象完全异质于列维-施特劳斯所旨在超越的形式主义——通过强调形式是内容的现实化，现象与权力联系在一起。从我将详细阐明的支配和权力概念的意义而言，接下来将要说明的能动性、能动性与结构的关联等概念都在逻辑上假定了这些概念。

就如我将使用的那样，"结构"指的是"结构的性质"（structural property）或者更准确地说是"结构化的性质"（structuring property），后者将社会系统的时间和空间"束集"在一起。在我看来，这种性质可以被看作社会系统再生产过程中反复使用到的规则和资源。作为差异的集合而抽象存在的结构，会在其发挥作用的时候出现在时间中，从而构成社会系统。就如我已经表明的那样，把结构看作延异的"虚拟秩序"并不意味着必须接受列维-施特劳斯的观点，把结构完全看作观察者所构想的各种模型。相反，它意味着承认：(a) 作为记忆踪迹的知识，即行动者如何使"事情得到处理"（说或写）的知识；(b) 社会实践，它通过反复动员上述知识而得以组织；(c) 能力，即催生预期中的实践的能力。

社会科学中的"结构分析"涉及对社会系统的结构化的考察。在我所使用的术语中，系统一词也具有"社会结构"

---

① 在我看来，我这里所提出的结构概念非常接近于鲍曼（Bauman）的结构概念，除了后者把结构或多或少看作"文化"的同义词这一点之外，参阅 Zygmunt Bauman, *Culture as Praxis* (London: Routledge, 1973)。

通常隐含的"可视模式"的弦外之音，就如盎格鲁-撒克逊社会学在使用"社会结构"一词时所表明的那样。但必须附加的一个至关重要的条件是，社会系统是通过持续不断的社会再生产而在时间和空间中被模式化的。一个社会系统因此是一个"结构化的总体"。结构除社会系统建构的时间外并不存在于时间和空间中。但是，我们可以从实践的历史绵延及其空间广延的角度来分析"最为深层的"结构是如何得到反复组织的，即它们跨越各种互动的范围到底有多广泛和普遍。从这两种意义而言，社会系统中最为深层的构成性实践是制度。

重要的是必须理解，当我把结构看作规则和资源的时候，我没有说规则或资源可以被看作孤立的规则或能力的集合体而得到有效研究。在从索绪尔到维特根斯坦再到胡塞尔的哲学文献中，国际象棋游戏总是被当作分析语言和社会规则的参照点。但正如我下面将指出的那样，这种游戏比附是高度误导性的，那些哲学家的比附方式尤其如此。在后者那里，规则成了与特定"动作"（moves）联系在一起的孤立的公式。就我所知，这些哲学文献从未把国际象棋的历史（它起源于战争）或者真实的国际象棋游戏置于研究的核心。然而，较之于诸如此类的类比，后一种研究对于我旨在阐明的立场更加重要，它把规则看作社会系统再生产的媒介和结果。实践过程中反复使用的规则只有在社会总体历史发展的背景下才能得到理解。这一点具有双重意义上的重要性：（a）"活动"与"规则"之间不存在单一的对应关系，不是像国际象棋中"支配王后运动的规则"所表明或者暗示的那样。活动或者实践是在各种彼此重叠和联系的规则束的背景下进行的，如果这些规则在社会系统构成的时间演化过程中是内在一致的话。(b) 规则不能完全根据其内容(如规定、禁令等)而得到描述或分析，因为除了规则赖以存在的各种条件之外，它只有与实践彼此关联才能存在。

规则与资源

作为开始，我们可以以一种非常快速的方式来阐明图2.2中三个概念之间的联系。社会系统涉及个人与群体之间相互依赖的规律性关系，这种关系最好被看作循环往复的社会实践而加以分析。社会系统是社会互动的系统，它们涉及人类主体的互动性活动，并以组合的方式存在于时间流中。在这个术语体系中，系统中存在结构，或者更准确地说，系统具有结构的性质，但其本身不是结构。结构必然（逻辑上）承载系统或者集体的特性，体现"主体缺场"条件下的性质。研究社会系统的结构化就是研究社会互动的生产和再生产方式，这种互动以意外后果为背景，通过使用存在于系统中的生成性规则和资源而得以实现。

结构	作为社会系统特征而得到组织的规则与资源，结构仅仅作为"结构性特征"而存在
系统	作为常规社会实践而得到组织的行动者或集体之间的再生产关系
结构化	支配着结构的存续或者转换，从而也支配着系统再生产的条件

图 2.2

社会理论的核心问题 | 091

所有这些概念都要求有更详细的解释，但让我们以规则和资源作为起点。"规则"一词的意思在晚近哲学文献中当然多有讨论，但就其用法建立某些主要的限制性条件是重要的。

1. 我反对如经常出现的那样，在"构成性"(constitutive)规则与"管制性"(regulative)规则之间进行明确区分（这种区分可以追溯到康德那里）。[①]对于他们来说，所有社会规则都具有构成性和管制性（制裁性）的方面。例如，就管制性规则的情况而言，经常举到的例子是"不要取他人的财物"，与此相对照，构成性规则体现在前面提到的国际象棋中"王后行走的规则"例子上。前一种规则帮助形成了"诚实""得体"等观念，后一种规则则意味着制裁（不能以其他的方式走棋）。

2. 在使用象棋一类的游戏规则来阐述社会规则的一般特征时，我们必须保持警惕。只有那些"知道规则"的特征才能用这种方式进行阐释，因为象棋之类的游戏规则显然是一些在词汇上已经非常固定和正式的规则，而且它们的合法性通常也不像社会规则那样长期处于争论中。根据维特根斯坦的观点，知道某一规则就是"知道如何进行"，知道如何根据规则来行动。这一点非常重要，因为它将规则与实践联系在

---

① 例如，约翰·R. 塞尔在《言语行为》(John R. Searle, *Speech Acts*, Cambridge University Press, 1969, pp. 33ff)和雷蒙·D. 古柏在《规则支配下的语言行为》(Raymond D. Gumb, *Rule-governed Linguistic Behaviour*, The Hague: Mouton, 1972)中都得出了我所提出的相同结论，在语言规则方面，"所有语言学规则都具有管制性和结构性的方面"（第25页）。其他相关的讨论可参阅 Joan Safran Ganz, *Rules*, *a Systematic Study* (The Hague: Mouton, 1972)和 Hubert Schwyzer, "Rules and practices," *Philosophical Review*, vol. 78 (1969)。

了一起。规则催生实践,或者规则是实践生产和再生产的媒介。规则因此不是人们所作所为的总结,也不是例行实践的总结。对于试图抛弃规则概念转而支持后面那些倾向的作者(比如齐夫)来说,这些思考极为重要。①那些倾向通常以这样一种观点为基础:规则对于大多数并非约定俗成的社会生活来说是陌生的。奥克肖特(Oakeshott)的观点就堪为以例,他写道,在语言和实践性社会生活中,

> 无疑……我们所学到的东西(或者其中某些部分)可以被形构成规则或者规程(precept),但无论在哪种情况下我们都不是在学习规则或者规程……我们不仅完全可以在没有意识到规则的情况下操作某种语言或者行为,而且即使我们掌握了某些规则,除非我们忘掉那些有关规则的知识或者不再试图把言说和行为看作规则在某种情况下的应用,否则我们将不可能进行言说和行动。②

这里对知道某些规则与知道如何构成规则进行了区分,它们是两件不同的事情。"知道如何进行"通常未必清楚规则是如何构成的。一个以英语作为第一语言的孩子,在其讲英语的过程中可能知道英语使用的规则,但未必知道这些规则

---

① 参阅保罗·齐夫的《语义分析》(Paul Ziff, *Semantic Analysis*, Ithaca: Cornell University Press, 1960)和皮埃尔·布迪厄的《实践理论大纲》(Pierre Bourdieu, *Outline of a Theory of Practice*, Cambridge University Press, 1977)。必须指出的是,规则概念也经常出现在符号互动理论的文献中,但与哲学文献中的规则概念基本没有什么共同之语。后者例如可以参阅乔治·麦克科尔的《社会关系》(George J. McCall et al., *Social Relationships*, Chicago: Aldine, 1970)。
② Michael Oakeshott, *Social Relationships*(Chicago: Aldine, 1970).

是如何构成的。因此,奥克肖特的观点并没有危及"规则"的总体效用,尽管他的确将注意力集中在了维特根斯坦主义的重点上,即规则遵守的实践性特征。

3. 根据上一点的含意,我们可以认为,相对于象棋等具有固定和确定规则的游戏来说,维特根斯坦对于儿童游戏规则的参考在某些关键方面更具有启发性。他实际上提出了与奥克肖特相同的观点,认为大部分生活形式中所涉及的规则更类似于后者而非前者:"记住,我们总体上并不是严格按照规则来使用语言的——我们也不是通过严格规则的方式来学会某种语言的。"在儿童游戏中,至少是在那些儿童群体自己玩的游戏中,或者在那些世代相传的非正式游戏中,根本不存在有关正式规则的词汇。那些游戏规则的根本特征是它们根本不可能以严格的方式得到界定。在维特根斯坦看来,普通语言中使用到的大部分概念都是这样,我们无法在词汇意义上对它们进行清晰地界定,"这不是因为我们不知道有关它们的真实定义,而是因为它们根本就缺乏真正的'定义'。假定它们一定存在某些定义,就像假定儿童是按照严格的规则来玩某种游戏一样。"[1]这里,重申一下前文有关民族语义学的观点是有意义的,即实践意识在实践绵延过程中将规则与对规则的"方法论"解释融合在一起。[2]加芬克尔有关解释工作总涉及可说明性的观点在这里也非常重要,其所谓的"附加条款"(etcetera clause)、"暂且不谈"(let it pass)等"特别"考虑长期性地渗透在规则的现场化过程中,同时

---

[1] Wittgenstein, *The Blue and Brown Books* (Oxford: Blackwell, 1972), p. 25.
[2] Wittgenstein, *Philosophical Investigations* (Oxford: Blackwell, 1972), pp. 80 - 81.

与这些规则的意指不可分离。

我强调资源作为社会系统结构性特征的意思是要强调权力在社会理论中的核心重要性。与"规则"一样,权力不是对事物状况的描述,而是一种能力。在我看来,社会学思想传统中几乎没有哪个重要思想家赋予权力在社会理论中以核心地位,这一点或许并不言过其实。尼采、韦伯等思想家认识到权力的核心重要性,但他们是以一种非理性规范(normative irrationalism)的立场——我拒绝接受这种立场(尽管我不会在这里提供理由)——来赋予这种重要性的。例如,韦伯认为,如果缺乏一种理性的方式来评判"最终价值"要求,那么唯一的求助手段将是权力或者力量:最强者通过压服他者而使自己的价值变得有效。[①]更加普遍的做法是把权力当作相对于社会生活的意义或规范而言的次要因素,或者根本就忽视权力的存在。例如,权力在现象学传统(舒茨)或者维特根斯坦主义的社会思想(温奇)的著作中所受到的压制,与在其他社会思想传统(例如涂尔干或者帕森斯的功能主义)中受到的压制一样严重。从某种程度而言,权力在马克思主义那里也同样受到压制(尽管是以极为不同的方式),因为马克思将权力与阶级利益直接联系在一起,从而可能得出这样的推论:随着阶级分裂的消失,权力关系也将消失。

在社会和政治理论的众多权力论述中,主要存在着两种视角。其中之一可以被概念化为行动者实现自身意志的能力,甚至以反对者的这种能力为代价。在诸多此类视角的使

[①] 参阅 Georg Lukács, *Die Zerstörung der Vernunft* (Berlin: Aufbau-Verlag, 1965)。

用者当中，韦伯的权力定义最为典型。①视角之二把权力看作集体的特性，帕森斯的权力概念就属于这种类型。②但我要说的是，这两种孤立地思考权力的方式都非恰当，我们应当把它们结合起来，把它们看作结构二重性的表现。我把资源看作包含在支配结构中的权力的"基础"或者"途径"，它为互动各方所利用，并且通过结构的二重性特征而得到再生产。与社会实践中使用到的规则——的确，规则是那些实践中不可或缺的要素或者方面——相类似，特定的支配形式产生权力（有关权力与支配的扩展性讨论，请参阅下文）。

结构化理论

结构化概念涉及结构二重性，结构二重性与社会生活循环往复的基本特征联系在一起，表明能动性与结构之间的相互依赖。我所说的结构二重性指的是：社会系统的结构性特征既是构成这些系统的实践的媒介，又是其结果。因此，结构化理论抵制共时与历时、动态与静态的划分，同时也抵制将结构等同于制约的观点：结构兼具使动性和制约性。社会理论的特定任务之一就是要研究社会系统组织过程中将两者结合在一起的各种条件。根据结构化理论的观点，结构性特

---

① 韦伯权力概念的本质仍然存在着某些争论。他说道："权力也意味着机会。"（*Wirtschaft und Gesellschaft*, Tübingen：Möhr, 1956, p. 28）尽管大部分英语译者把"chance"译为"能力"，把它理解为"机会"或者"能性"可以使这一定义不像表面上看上去那么具有个人主义的特征。参阅 Niklas Luhmann, *Macht* (Stüttgart：Enke, 1975)。
② "'Power' in the wrings of Talcott Parsons," in *Studies in Social and Political Theory*.

征渗透进主体（行动者）和客体（社会）之中，同时形构了"个人"（personality）和"社会"。但是，由于行动没有意料到的后果以及行动没有认识到的条件所具有的重要影响，结构没有穷尽个人和社会的全部内容。恩斯特·布洛赫说道：Homo semper tiro，意思是人总是一个初创者（beginner）。从每一个行动过程都是一次全新行为的产物这一点而言，我们或许应当同意这一点，但同时也必须意识到，所有行动都存在于过去的绵延中，过去包含了创新的手段。结构因此不应当被看作行动的障碍，而是本质上包含在行动生产之中，即使是最为激进的社会变迁也和其他社会变迁一样，发生在时间之中。与最为恒常的社会变迁模式一样，最为断裂模式的社会变迁也包含结构化的过程。因此，根本不存在如古维奇（Gurvitch）等人所建议的去结构化的必要和空间。① 只有在把结构仅仅当作制约的同义词——因此把结构与自由看作一对反义词——的条件下，去结构化的观念才有必要（古维奇是这样做的，萨特也难出其右）。

强调后面这一点非常重要，因为有些强调社会生活或然性的作者采取了一种过于唯意志论的立场。这方面的例子之一是夏克尔（Shackle）的经济学——尽管它作出了某些有趣的贡献。夏克尔反对人类经济行动的决定论主义，强调其临时和偶然的性质；他之所以得出这样的结论在于他赋予其所谓的人类社会生活中的"决定"以过分的重要性。过去已然逝去和"被决定"，但现在总是为人类行动者的自由创新保持

---

① Georges Gurvitch, *Déterminismes sociaux et liberté humaine* (Paris: Presses Universitaires, 1955).

开放。①这种观点尽管在某些方面值得称道，但它完全无法让我们理解过去是如何使自身在现在得到感知的，即使是在现在与过去完全背道而驰的条件下。在这一方面，夏克尔与萨特在《辩证理性批判》（*The Critique of Dialectical Reason*）一书中阐述的观点存在着许多共同之处——的确，把夏克尔的著作看作某种类型的萨特经济理论并没有什么不当。萨特尽管强调历史在理解人类境况中的重要性，他维持了过去与现在之间的鸿沟，认为过去是"给定的和必然的"，现在则是自由和自发创造的领域。从这一意义而言，他没有能够逃脱"物质"与"实践"之间的二元性。

根据结构二重性的观点，行动者在互动的过程中使用规则和资源，同时它们也通过互动而得到再生产。结构因此是瞬间（moment）与总体（totality）之间关系在社会再生产过程中表现自身的模式，这种关系不同于功能主义理论在协调社会系统中的行动者与群体时形成的"部分"与"整体"之间的关系。也就是说，社会系统之间的差异反映在时空当中在场与缺场之间的辩证性上。但这些差异的形成和再生产是通过不同结构之间的虚拟秩序得到实现的，表现了结构二重性的特征。那些差异——它形成结构和得到结构性建构——将"部分"与"整体"联系在一起，就像一个文句的表达预先假定了一本（不在场的）构成该语言整体的句法词典那样。对于社会理论来说，瞬间与总体之间的关系不应被夸大，因为这一关系包含了在场与缺场之间的辩证法，这一辩证法将最

---

① G. L. S. Shackle, *Decision, Order and Time* (Cambridge University Press, 1969).

微小和最琐碎形式的社会行动与社会整体的结构性特征联系在一起(从逻辑上说，与作为整体的人类发展联系在一起)。

这里需要强调一个具有根本重要性的观点，那就是制度并不是在生产和再生产自身的社会行动者"背后"发挥作用的。每一个有能力的社会成员都拥有大量有关那一社会制度的知识：此类知识对于社会运转来说不是附属性的，而是必然渗透于社会运转中。不同社会学思想流派的一个共同趋势在于，通过采取这样一种方法论策略来开始它们的分析：通过低估行动者对于自身行为的理性——我更乐意把它称作行动的理性化——来发现行为的"真正"刺激(它们对这种刺激完全无知)。但是，从社会理论的角度来看，这种立场不仅是有缺陷的，而且具有强烈限制性和潜在冒犯性的政治意涵，即对于普通行动者的贬损。如果把行动者仅仅看作文化呆子或者"生产方式的承载者"，他们对自身的环境或行动的情境缺乏很好的理解，这种做法马上就会导致这样一种假设：在任何能够得到落实的实践方案中，完全不必考虑行动者自身的观点。这不仅仅是一个如部分社会分析家所认为的那样"站在谁那边的问题"，[1]尽管处于掌权地位的人或者与他们联系在一起的专家们无疑会把社会无能归结到处于更低社会经济地位的群体身上。

如帕森斯和阿尔都塞思想所表明的那样，各种形式的社会理论及其背景都倾向于夸大支配性符号系统或者意识形态对于从属阶级的影响，各种社会理论都没有给行动者理解自

---

[1] 参阅 Howard S. Becker, *Sociological Work* (London: Allen Lane, 1971)。

身留下多少概念性空间,这种情况的出现并非偶然。有关这一点的一个很好的例子是,认为只有支配性阶级集团曾经强烈忠诚于支配性意识形态。[1]这并不仅仅是因为不同亚文化的发展——例如,在19世纪英国,与资产阶级文化相比照的工人阶级文化的发展——而且因为所有社会行动者,不论其地位如何低下,都在某种程度上洞察到了压迫他们的各种社会形式。[2]在局部封闭性和地方性文化很大程度上不再可能存在的地方——就如发达资本主义社会越来越表现出来的情况那样——对于"官方"观点的怀疑主义将会以各种"疏远"或者幽默的形式来得到表达。智慧得到了展现,幽默被全社会用来攻击或者防卫那些否则无法对之进行轻易应对的各种社会力量。

即使是对于支配阶级或居于统治地位的那些人而言,我们也不应高估他们对于意识形态象征系统的接受程度。但下述假定或许不是没有道理,那就是,在某些情况下和在某些方面,社会中处于从属地位的人可能比支配他们的那些人更大程度地参与了社会再生产的条件。这一点与我后面将要讨论到的社会系统中的控制**辩证法**联系在一起。那些人以一种无可置疑的方式接受特定支配性观点,他们可能比其他人更加深陷在这些观点之中,即使那些观点导致的结果是使他们的被支配地位继续得到维持。这里讨论的观点与莱茵(Laing)所讨论的精神分裂症极为类似:尽管精神分裂者的言语和行

---

[1] 参阅 Nicholas Abercrombie and Bryan S. Turner, "The dominant ideology thesis," *British Journal of Sociology*, vol. 29 (1978)。
[2] 有关这一主题的最精彩的研究报告之一,可参阅 Paul Willis, *Learning to Labour* (Westmead: Saxon House, 1977)。

为表现出扭曲的特性，但他们在某些方面"看透"了大部分人不加质疑地接受的日常存在的特征。

前文已经说过，我们必须对这一命题所包含的意思加以详察：每一个有能力的行动者都对自身作为其成员的社会拥有广泛、熟悉而细致的知识。首先，"知识"必须同时从实践意识和话语意识的角度加以理解：即使是渗透着实质性话语意识的各种制度形式，话语也未必且通常表现为命题的形式。在把类型化称为"烹饪手册知识"的时候，在将烹饪手册上的知识与社会科学家所使用的抽象的、理论性的知识进行比较时，舒茨某种程度上阐明了类似的观点。① 但他没有在话语意识与实践意识之间做出令人满意的区分。实践意识体现在行动者"知道如何做"的知识上，话语意识则体现在行动者能够"讲出"——不论以何种方式或者外观——的知识上。

第二，所有个体行动者都只是社会其他行动者中的一员：从当代工业化社会的情况而言，其他行动者的数量显然是庞大的。我们必须认识到，作为一个有能力的行动者和作为处于特定历史和空间中的社会成员，行动者所掌握的知识随着情境不断超越其日常活动的范围而"递减"。第三，实践意识与话语意识的参数以特定的方式结合在一起，即与行动者活动的情境性特征联系在一起，但不能化约为后者。这可以通过图 2.1 的方式得到表达：行动的无意识条件、行动没有意料到的后果。所有这些现象都必须与我在接下来一章

---

① Alfred Schutz, *Reflections on the Problem of Relevance* (New Haven: Yale University Press, 1970), pp. 120ff and *passim*.

加以讨论的意识形态问题关联在一起。

社会系统的结构性特征

与结构相对照,社会系统存在于时空当中并通过社会实践而得到建构。社会系统概念从最广泛的意义来理解指的就是再生产的行动相互依赖。换句话说,指的是"这样一种关系:某个或者多个组成要素的变化引起其他组成要素相应发生变化,这些变化反过来又使最初发生变化的那些要素发生变化"。[①]最小型社会系统的变化也是二人群体系统(dyadic)。但我们必须认识到,二人群体系统是更具包容性的社会系统的微型缩影,因此,二人群体系统可以用作对后者的性质进行理论化的基础,就像帕森斯在《社会系统》(*The Social System*)一书中所使用的程序那样。[②]下文我将区分社会整合与系统整合,原因之一在于理解行为互动在不同层面所表现出来的对比。

我们不能对"系统"术语不加考察,更不用说能动性和结构术语了。系统概念进入社会学主要是两大渊源:一方面,系统概念总是功能主义的一个重要因素,而且如我在前面所言,总是与有机体的类比相去不远,即通过与生物系统类比的方式来构想社会系统。另一方面,来源于"系统论",它与"信息论"或者"控制论"存在着难以分割的关系,它们很大程度上都兴起于社会科学之外。

[①] Amitai Etzioni, *The Active Society* (New York: Free Press, 1968).
[②] Talcott Parsons, *The Social System* (London: Routledge, 1951).

贝塔朗菲（Bertalanffy）在一次有影响的讨论中区分了系统理论的三副面孔。"一般系统论"关注于探索整个自然和社会科学中总体或者整体之间的相似性。根据贝塔朗菲的观点，现代思想中普遍存在的一种主要趋势是重新发现与集合体相对照的整体、与还原（reduction）相对照的自主（autonomy）。[①]他承认，这种再发现从现代技术的发展中获得了直接的动力。现代技术催生了第二类系统——"系统技术"（systems technology）。系统技术不仅仅指计算机、自动机器等，而且指在特定控制系统中与人及其活动的整合。信息论和控制论的发展很大程度上得益于此类技术的发展。最后一副面孔是"系统哲学"，它与系统论的广泛哲学含义联系在一起。贝塔朗菲自己认为，系统哲学在现代背景下具有广泛的重要性，认为它可以催生一种适当的哲学以取代逻辑实证主义：系统哲学可以为逻辑实证主义所致力追求的科学统一性提供新的基础。[②]

我将不对第三副面孔加以讨论，在我看来它也不存在任何特定的旨趣。但第二副面孔至关重要：因为在把系统理解为一系列技术进展的时候，系统论已经对社会生活产生了大量的实际影响，这种影响的全部含义只有在将来才能被充分感知到。社会科学中对于系统论概念的任何理论挪用都必须坚决抵制将第一类系统装入第二类系统的做法。第二种意义

---

① Ludwig von Beralanffy, *General System Theory* (London: Allen Lane, 1968) p. xvii. 同时可参阅 John W. Sutherland, *Systems: Analysis, Administration, and Architecture* (New York: Van Nostrand, 1975)。
② 对于这一点评论，可参阅 Russell L. Ackoff, "General system theory and systems research: contrasting conceptions of system science," in Mihajlo D. Mesarovic (ed.), *Views on General Systems Theory* (New York: Wiley, 1964)。

社会理论的核心问题 | 103

的系统论在当代世界是一种有力的意识形态力量;[1]只有保持两类系统论之间的区分,我们才有可能将系统技术置于意识形态的批判之下。同时,在我看来,这种可能性的获得还涉及对贝塔朗菲以及其他一些人观点的抵制,他们认为必须将一般系统论用于分析人类行为。我这里所采取的立场与理查德·泰勒(Richard Taylor)阐述的立场非常接近:如果从技术原理应用于机械系统的角度来理解人类行动者对于行为的反思性监控,那它将不可能得到充分的理解。[2]系统理论家通常从反馈的角度来理解有目的的行为。[3]我将接受巴克利(Buckley)的下述观点:包含反馈过程的系统与功能主义者置于突出地位的系统机械主义迥然相异,后一种是"更低"层次的系统。[4]但与此同时,我也将在系统反馈过程与社会系统中"更高"等级的反思性自我调节之间做出区分。

功能主义者一直强调社会学与生物学之间联系的紧密性,其中最大胆和最广泛的尝试可以见之于孔德的科学等级体系。如我在全书中所做的那样,质疑与这种立场联系在一起的自然主义框架和拒绝"功能"术语所承载的任何特殊技

---

[1] 参阅 Jürgen Habermas and Niklas Luhmann, *Theorie der Gesellschaft oder Sozialtechnologie?* (Frankfurt: Suhrkamp, 1973)。贝塔朗菲强调系统论方法与"人文关怀"之间的重要性,认识到真正的"担心在于系统论是一个使人类迈向机械化和贬值的最后步骤,是迈向技术化社会的最后步骤"(*General System Theory*, p. xxi),同时可参阅 Bertalanffy, *Perspectives on General System Theory* (New York: Brazillier, 1975)。

[2] Richard Taylor, "Comments on a mechanistic conception of purposefulness," and "Purposeful and non-purposeful behavior: a rejoinder," *Philosophy of Science*, vol. 17 (1950).

[3] 例如,参阅 W. Ross Ashby, *An Introduction to Cybernetics* (London: Chapman and Hall, 1956)。

[4] Walter Buckley, *Sociology and Modern Systems Theory* (Englewood Cliffs: Prentice-Hall, 1967).

术意涵，不是要否认自然科学与社会学之间可能存在某些重要的连贯性，而是必须重构这些连续性可能具有的各种形式。就本章所讨论的问题而言，生物理论与社会理论之间关联的最重要源泉并非功能主义在社会学历史上表现出来的如此强烈的类比，而是系统的循环往复或者*自我再生产*。这里涉及两类相关的理论：其中之一是由图灵机所模拟出来的自动装置理论(the theory of automata)。[①]但最近通过细胞的自我再生产（自动创生）来理解社会再生产并没有太大意义——尽管断定它与社会理论之间的关联最终有多紧密还言之尚早，但最重要的一点无疑将是由自创生组织推导出来的循环往复性。自创生组织可以理解为要素生产之间的联系，这些要素"循环往复地参与了产生自身的同一个要素生产网络……"瓦雷拉(Varela)认为，自创生系统控制论中最近出现的理论议题表明了一种与辩证法非常接近的逻辑框架。罗素(Russell)、怀特海(Whitehead)尝试将数论归结为集合理论模式(set-theoretical format)——这一模式建立在零集合的基础之上，就像各个类别的范畴并不是它们其中之一那样——这一尝试导致了非常矛盾的结果。罗素和怀特海因而禁止自我指涉式(self-referential)的表达。但是，自我指示(self-indication)是自创生组织理论特质的逻辑属性，它们因而也意

---

① F. G. Varela et al., "Autopoiesis: the organization of living systems, its characterization and a model," *Systems*, vol. 5 (1974). 同时可参阅 M. Gardner, "On cellular automata, self-reproduction, the Garden of Eden, and the game 'life'," *Scientific America*, no. 224 (1971); M. Zeleny and N. A. Pierre, "Simulation of Self-renewing systems," in E. Jantsch and C. H. Waddington (ed.), *Evolution and Consciousness* (Reading: Addison-Wesley, 1976).

味着一种矛盾的结果。[1]但这只是生物系统中的特性,我在接下来的章节将表明,社会系统的自我调节属性必须通过系统矛盾的理论才能得到理解。

社会整合与系统整合

我在前文已经指出,在行动理性化发生在有限条件的背景下,通过结构二重性而得到再生产的社会互动系统,是通过行动者或者群体之间的相互依赖而构成的。这里使用的整合概念指的是存在于任何系统再生产模式中的行动相互依赖或者"系统化"程度。因此,这里的"整合"可以被界定为行动者或者集体之间经常发生的联系、交换或者实践的交互性。"实践的互惠性"涉及行动参与各方之间经常性的相对自主与依赖关系。无论从何种意义上说,这里使用的整合不是"凝聚"的同义词,当然也不是"共有知识"的同义词,强调这一点极为重要。

这里之所以引入社会整合与系统整合之间的划分以及冲突与矛盾的划分,主要在于它是分析社会分化的基本特征的一种手段(参阅图 2.3)。我们可以把社会整合看作面对面互动层次的系统性,系统整合指的则是各种社会系统或者集体之间关系的系统性。[2]我在本书所做的区分中,这种区分最接近

---

[1] G. Spencer Brown, *The Laws of Form* (London: Allen and Unwin, 1969)。我也借鉴了下列未出版的论文的观点,参阅 Hayward R. Alker, "The new cybernetics of self-renewing systems," Center for International Studies, MIT。

[2] David Lockwood, "Social integration and system integration," in George K. Zollschan and W. Hirsch, *Exploitations in Social Change* (London: Routledge, 1964)。但是,我没有用与洛克伍德相同的方式来进行区分。

于承认"微观"社会研究与"宏观"社会研究之间的区分。然而，面对面互动的特殊意义不在于其包含各种小规模的群体或者代表"社会的缩影"，实际上，我们必须对后一点的含义保持高度的警觉，因为它意味着更加广泛的社会系统或者社会显然可以通过这种社会关系而得到理解。相反，"面对面互动"强调空间与*在场*在社会关系中的意义：在直接生活世界中，社会关系受不同于空间上（也许时间上）缺场的那些要素的影响。

社会整合	行动者之间的交互性 （自主与依赖的关系）
系统整合	群体或者集体之间的交互性 （自主与依赖的关系）

图 2.3

社会整合层次的系统性典型地通过行动的反思性监控而出现，后者与行动的理性化联系在一起。我在后文将讨论社会整合是如何与规范性制裁（normative sanctions）和权力的运作联系在一起的。强调这一点极为重要，因为我全书中提出的一种观点就在于强调，*社会整合的系统性是作为整体的社会的系统性的基础*。系统整合不可能通过社会整合的各种模态而得到充分的理解，但是，通过结构二重性中制度的再生产，后者是前者的主要支柱。我在后文将对这一点进行详细的分析。结构二重性将最小形式的面对面行为与远为广泛的社会系统的属性联系在一起：当我在偶然的对话中说出某个英语文句时，我促进了作为整体的英语的再生产。这是我说这个句子所带来的意料之外的后果，但这种后果与结构二重性的循环往复性直接联系在一起。在这个例子中,社会整合与系统整合发生于同一过程,但是,如果所有系统再生产过程都表现为这种类型,那么我们根本就没有必要在社会整合与系统整合之间做出区分。因为行动的意外后果延伸到结构二重性的循环效应之外,它产生了一系列可以从系统整合角度加以理解的更加深远的影响,图2.4所区分的正是这些影响。

系统 =	行动的相互依赖
被构想为	(1) 自我平衡的因果循环
	(2) 通过反馈而形成的自我调节
	(3) 反思性调节

图 2.4

在功能主义者那里,系统要素之间的相互依赖通常被看作自我平衡的,[1]这种平衡又被看作包含了某些因果循环的运作,也就是说,某一要素的变化带来了一系列影响其他因素的后果,这些后果最终又反过来影响了引起变化的初始要素,从而修复它,使它回到原初状态。因此,功能主义著作中"系统"术语的使用以及自我平衡性质的识别,使自我平衡观点似乎穷尽了系统整合中行动相互依赖性的全部含义。但是,就如功能主义批判者——受系统论影响——指出的那样,自我平衡仅仅是这种相互依赖的一种形式或者层次,这种形式借助于生理或者机械模型,其所包含的动力很大程度上是"盲目"运作的。[2]它不同于通过反馈形成的自我调节模

---

[1] "Functionalism: après la lutte," pp. 114ff.
[2] 参阅 Buckley, *Sociology and Modern Systems Theory*。

式，而且是一种更为"原始"的过程。

显然，自我平衡的因果过程似乎是社会系统再生产的重要特征——尽管在我看来，这些过程通过功能主义的语汇将不能得到很好的理解。自我平衡的社会系统或许区别于那些更高层级的社会系统，后者包含通过反馈而形成的自我调节，反馈则通过选择性的"信息过滤"而运作。在生理系统中，最简单的反馈模式包括三大要素：接收器、控制装置和效应器，信息贯通于三者当中。反馈机制可能提升静态平衡，但与自我平衡过程不同，它们也可能指示和促进有控制的变化。在此类反馈效应与社会系统过程之间可以形成非常直接的类比。但反思性自我调节显然是一种独特的人类现象，具有诸多重要的意涵。

作为对系统三个层次的一种阐述模式，我们可以探讨一下所谓的"贫困周期"：例如，物质剥夺→教育程度差→低级工作→物质剥夺。如果这些因素中的每一种都参与了这个相互影响的序列，没有哪一个因素为其他因素进行"控制性过滤"，那么，这个贫困周期将形成一个自我平衡的循环。

如果我们追踪小学教育对上面提到的其他因素的影响，我们或许可以发现上面这样一种循环。但是，如果我们考察儿童的整体教育生涯对其他因素的影响，可以发现，进入中等教育的入学考试可能是对这一循环中的其他因素产生控制

社会理论的核心问题 | 109

性影响的一次重要过滤。(特定例子是否有效这里并不重要。)在这种情况下,考试相当于机械反馈系统中的信息控制机制。这里的反馈效应可能对一个系统化的定向变化过程形成支配:例如,伴随着白领阶层的相对扩张,它逐渐使孩子从工人阶级背景转变为白领职业。现在让我们假定,在研究社区、学校和工作的基础上,教育部以对贫困周期的认识来干预这一周期的运作:这种情况下,行动的反思性监控再次进入社会系统组织,并在其中发挥导向性影响那样。

系统整合层次上反思性调节的扩张,显然是当代世界的主要特征之一。这种现象后面潜藏着现代社会最为普遍的两种社会动员类型:"法律—理性"的社会组织和世俗的社会运动。同时,通过"系统技术"的引入,反思性自我调节的努力又促进了反馈过程的进一步扩散,认识到这一点极为重要。我前面已经强调过,把反思性自我调节理解为纯粹技术控制可能造成一种强大的意识形态力量,哈贝马斯在这一方面也进行过有力的论述。

我前面已经提出,制度可以被看作实践在时-空当中的深度沉积。也就是说,它们是一些在"横向"意义上具有持久性和包容性的实践,在共同体或者社会成员中具有广泛的散播。这里,我希望区分一对本书随后部分将频繁提到的范畴,那就是制度分析与策略行为分析。它们并不对应于社会整合与系统整合的区分,因为我打算在方法论意义而不是在实质意义上区分这对范畴。区分它们的意义在于表明社会科学中有关系统特性的研究可以通过以下两种主要方式来进行——但只有从方法论意义上才能将它们区分开来。研究作为策略行为的社会系统构成就是要研究行动者在其社会关系中利用结构性要素(规则与资源)的方式。这里的"结构"是作为行动者在社会活动中对实践意识和话语意识的动员而出现的。另一方面,制度分析则悬置策略行为而把规则和资源看作社会系统再生产的恒久性特征。[1]重要的是必须认识到,这仅仅是一种方法论上的分类,它们不是某种二元论的两个方面,而是表明了一种二重性,即结构二重性。这种分类没有出现在自然主义的社会学中,自然主义的社会学倾向于把社会因果关系看作是结构性制约的同义词。这方面的经典例子是涂尔干的《自杀论》,他在该书中把自杀行为看作由诸如"弱社会整合"(和与之关联的心理原因)等因素造成的。涂尔干的论述中缺少对自杀行为——作为反思性监控行为——及其中涉及的社会互动的理解模式。[2]

比较涂尔干与戈夫曼的社会学特质,为集中分析作为策略行为的社会互动,后者含蓄地排除了制度分析。戈夫曼的大部分著作可以被解读为对默会知识库的探索,这种默会知识为普通行动者在日常社会活动中所使用。他是从维特根斯坦意义上的"知道规则"的角度来分析"知识"的。读者在阅读其著作时经常会从其明确表达的内容——一旦他将它们指出了的话——中获得一种强烈的启发,那就是我们可以意识到那是实践意识的要素,这种意识在社会生活中通常以一种没有认识到的方式得到应用。另一方面,与维特根斯坦哲

---

[1] Anthony Giddens, *Class Structure of the Advanced Societies* (London: Hutchinson, 1973).
[2] 参阅 "A theory of suicide," in *Studies in Social and Political Theory*。

学一样，戈夫曼的社会学没有对制度、历史以及结构转型加以论述。制度似乎作为一些没有得到解释的参数而出现，行动者通过这些参数来组织其实践活动。①因此，这不仅仅是一个方法论"悬搁"的问题，而是反映了前文所说的行动与结构的二重性。由于存在着这些局限，戈夫曼的社会学也忽视了理解在场与缺场之间辩证关系的可能性，这种辩证关系将行动与整体的各种特性联系在一起，对于这一点的理解涉及形成一种日常生活的制度理论。

互动中的结构二重性

根据前文所提出的各种观点，接下来我们将讨论互动中结构二重性的更加具体的形式。

我这里所说的各种结构化"模态"代表了互动构成中结构二重性的核心维度。这些模态为行动者在日常互动中所应用，同时也充当了互动系统中各种结构性要素再生产的媒介。如果把制度分析暂时悬搁起来，模态可以被看作作为有技巧和知识的行动者在互动过程中所使用到的知识和资源的储备库，行动者是在行动理性化的有限条件下进行互动的。如果把策略性行为暂时悬搁起来，那么，模态则代表了作为社会互动系统制度性特征的规则和资源。模态化的程度从而提供了某些连接性要素，通过这些要素，对于策略分析或者制度分析的搁置将有利于促进对行动者相互关系的认识。

---

① 尤其参阅 Erving Goffman, *Frame Analysis* (Harmondsworth: Penguin, 1975)。

图 2.5 的分类不代表某种互动或者结构的类型学，而是描绘了社会实践中以不同方式联系在一起的各种维度。互动中意义的沟通不会脱离权力关系的运作而单独发生，同时也不会发生在规范性制裁的背景之外。[1]所有社会实践都涉及这三种要素，但如前文在分析规则时已经指出的那样，没有哪一种社会实践表现了某种单一的规则或者某种类型的资源，也没有哪一种规则或者类型的资源可以单独说明社会实践，记住这一点非常重要。相反，社会实践处在各种规则和资源集彼此交错的地带，这些规则和资源交互组合最终表现了社会的总体性特征。

互动	交流	权力	制裁
（模态）	解释框架	设施	规范
结构	意义	支配	合法化

图 2.5

解释框架（指意义交流）与规范（指行动制裁）之间的差别可以通过参考温奇在《社会科学的观念》(*Idea of a Social Science*)一书中有关规则遵守的讨论而得到澄清。根据温奇的观点，遵守规则的行为是一种"有意义的行为"，在行为存在以"对"或者"错"的方式来实施的条件下，其是否遵守规则的标准在于行为实施者是否可以被问及那一行为。[2]从中可以看出，这里包含了两种意义的规则遵守或者说规则在社

---

[1] 我在前文的讨论中把互动的第三个维度称作"道德"维度，当时主要是受涂尔干有关道德义务分析的影响。我现在认为最好从"规范性制裁"的角度进行描述，把道德规范看作规范的一种类型。
[2] Peter Winch, *The Idea of a Social Science* (London: Routledge, 1958).

会实践过程中呈现出两副面孔：其中之一与意义的构成联系在一起，另一副面孔则与社会行为中的制裁联系在一起。在语言中，词汇的使用存在正确或错误的方式，规则在这些方面的呈现涉及意义的构成；同时，行为方式也存在正确或错误之分，这一事实暗示了互动过程中的规范性制裁。尽管从概念上将它们区分开来非常重要，在真实的社会实践构成中，这两种意义的对或错却总是交织在一起。因此，"正确"的语言使用总是得到认可，认可这一行为而非话语（speech）的重要性在于它不可避免地与从意义层面理解那一行为联系在一起。我们可以援用麦金太尔（MacIntyre）讨论过的有关"散步"的例子[1]来讨论第一种含义，"散步"正确或者错误地与某一特定的活动联系在一起：那就是，"散步"在语言中所表达的内容和它在日常生活实践中所表达的内容。"散步"的第二种含义则涉及"正确""可欲"和"适当"行为的规范：在人行道上悠然漫步不同于罔顾交通行为（和个人安全）管理的规章或法规而漫步于公路中央。区分蕴含在社会实践中的这两类规则（同时抵制这样一种观点，认为它们是构成性规则和管制性规则等两类不同的规则）的意义在于，它使我们能够真正理解它们之间的彼此关联。换句话说，对行动的理解以各种重要的方式与规范性思考交织在一起（反之亦然）。这一点在正式法律文本中表现得最为明显和最为正式，就制裁而言，法律文本在"谋杀""一般杀人"等之间进行了详细的区分。

---

[1] Alasdair MacIntyre, "The idea of a social science," *Aristotelian Society Supplement*, vol. 41（1967）.

仅仅强调在社会科学中必须将意义的构成和交流与规范性制裁联系在一起是不够的，所有这些反过来还必须与权力的执行（power transaction）联系起来。从结构二重性所表明的双重性意义来看也是如此。权力表现在行动者有能力使特定的"理由变得重要"上，表现在他能够实施或抵制某些制裁过程上，但这些能力是通过利用内嵌于社会系统中的支配模式而获得的。

我所说的"解释框架"指的是行动者在互动过程中所应用到的知识储备中的标准化因素。解释框架形成了共有知识的核心，通过在互动过程中利用这些知识，可以理解的普遍性意义得以维持。在加芬克尔那里，可说明性（accountability）依赖于对语言的常人方法式（ethno-methods）把握。理解加芬克尔提出的这一点极为重要，它迥异于哈贝马斯的观点，后者认为，仅仅从"单独的"（monological）的角度来理解这种掌握是非常不充分的。这里还涉及哈贝马斯所提出的一个命题，即从乔姆斯基的句法学那里不能推演出下列令人满意的语义学途径：这种途径指向语言与"使用情境"之间关系的各种特征，这一点对于社会理论来说具有核心重要性。在意义的互动过程中，情境不能仅仅被看作语言使用的"环境"或者"背景"。在互动交流的过程中，情境在某种程度上是以作为互动过程的内在组成部分而得到形塑和组织的。在互动过程中，行为的反思性监控习惯性地利用物理、社会和时间情境，这些情境使可说明性得到维持，但是，对于情境的利用又再创造了与情境相关的那些因素。因此，社会互动过程中所使用到和再建构的"共有知识"可以被看作一种媒介，这种媒介将语言中交织在一起的非语内表现因素（locutionary）和语内表现因素（illocutionary）得到组织。

像情境的其他方面一样，互动过程中意义的交流不仅仅"发生"在时间之中，通过在面对面互动中例行化地将"往昔的情形"与"下一步预期"联系在一起，行动者维持其所说和所为的意义。[1]互动的指引性因此表现出德里达意义上的延异的特征。同时，语言使用也通过指称情境的特征而以另一面为基础，即与那些"所不能言说的东西"关联在一起。齐夫（Ziff）有关情境的分析在这里非常重要。[2]在有些语言学家看来，语言原则上可以与情境的所有特征分离开来，因为那些特征本身可以通过语言来得到表达。这种观点与结构主义的某些核心主张不谋而合。例如，当有人说出"桌子上那支钢笔是由金子制成的"时，作为日常交流背景下的使用和理解，它可以被解析成一种陈述或者一组陈述，这种陈述描绘了参与各方彼此都知道的背景性因素，这些因素必然是言说这一句子的各种指引性属性（indexical properties）。因此，这种观点认为，对于"桌子上那支钢笔"的说法，我们可以把它替换成"1978年5月9日11点30分在剑桥米林顿路2A号后面那个房间的桌子上唯一的那支笔"。但是，这种观点实际上并不站得住脚。那个替代性句子实际上并没有像原初那个表达和指称性特征那样说出能够形成相互理解的背

---

[1] 参阅 Astri Heen Wold, *Decoding Oral Language* (London: Academic Press, 1968)。
[2] Ziff, *Semantic Analysis*，同时可参阅 Ziff, "About what an adequate grammar could not do," in *Philosophical Turnings* (Ithaca: Cornell University Press, 1966); Yehoshua Bar-Hillel, *Language and Information* (Reading: Addison-Wesley, 1964), pp. 175 - 176。

景性特征。在互动过程中，为理解各句话语的意思，没有哪个参与者会需要他们所在房子的地址以及话语表达的时间和日期等信息。同时，如齐夫所指出的那样，假定在日常语言使用中，第一个句子将需要用上述第二个替代性句子来取代，只有这样才能获得准确的意思，否则不可能得到准确的信息，这也是一种错误的假设。

当然，对于为社会科学提出一个完备的语义学理论而言，前面这些讨论并没有涵盖所有必须面对的问题。但是，重申下述观点依然重要，那就是，这里所讨论的互动过程中意义形成的途径，对于下列日常英语中的两种"意义"任何一种都极为重要：一是行动者说话或者做事情的目的；二是行动者所说或者所做的含意。从意义理论越来越趋向还原论的角度而言，这些思考具有极为重要的意义，所谓意义理论的还原趋势，即试图把意义还原为言说者打算或者希望表达的意思，或者反过来，假定行动者希望表达的意思与意义性质的澄清不相关。这种区分在某些方面将话语与文本分裂开来，前者关注的主要是言说的话语或者行动的识别，后者则主要集中在文本阐释上。前一类型的有些作者（比如格丽斯）试图从交流意图的角度详细阐述意义理论，后一类型的作者［"意图谬误"（intentional fallacy）的批判者］在勾勒意义的时候则试图从总体上回避对交往意图的参考。与这两种观点相对照，我把交往行动——其中的要素之一是：旨在与他者进行交往的反思性行动——中的意义看作原则上可以与赋予该行动的其他意义区别开来。其他意义来自语言实践中所表现出来的各种差异，并通过这些差异而得到维持，但是，作为人类主体积极成果的那些实践，是通过和在行动的反思性监控中得到组织的。作为交往目的的意义与作为延异的意义交织在一起，代表了意义生产过程中的结构二重性。

规 范 与 实 践

在从解释框架转向规范的时候，再一次强调这两种意义的区分是分析性的而非实质性的或许仍然必要。与互动过程中涉及的所有结构性因素一样，意义交流所凭借的各种惯例（conventions）具有各种规范的面孔。前文所说的"可说明性"在普通语言中的双重含义实际上已经表明了这一点。作为行动理性化的规范性因素，赋予行为的"说明"与行为"可说明性"紧密地结合在一起。[1]

社会实践的规范性特征可以被置于帕森斯所说的社会互动的"双重偶然性"（double contingency）的基础上。[2]也就是说，在互动过程中，每一方的反应都依赖于对方或他者的偶然反应，因此，对于前者来说，后者的反应具有潜在的制约性，反之亦然。但是，互动过程中的双重偶然性不仅像帕森斯所说的那样与行动的规范性制度化联系在一起，而且与权力的现实应用联系在一起。规范性制裁在权力关系中是一种普遍被利用的资源。

---

[1] 参阅 Andrew Mcpherson et al., "Social explanation and political accountability: two related problems with a single solution" (unpublished paper, Centre for Educational Sociology, University of Edinburgh)。

[2] Parsons, *The Social System*.

互动的规范性构成可以被看作权利的现实应用和义务的落实。但是，互动的双重偶然性也表明了互动行为之间的对称关系，这种对称关系在现实社会行动中实际上很可能被打破。这是一个非常重要的领域，这种"双重偶然"的偶然性在帕森斯的行动参考框架中几乎不再可见。对于他来说，规范性制度化为互动过程中的行动者的行为设定了可以预见的控制（表现为各种角色）。但从本书提出的结构化理论的观点来看，社会互动系统中所应用到的各种规范同时也在社会交往流中得到维持和再生产。从结构的角度来看，它表现为一种得到规范协调的合法性秩序——如果暂时悬搁策略性行为的话。从策略性行为（表现为各种要求）的角度来看，这些要求的实现依赖于各种义务的成功落实——以其他行动者的反应作为媒介。

通过双重偶然性方式运作的制裁与"技术指令"所产生的后果之间存在着本质的区别，在后者那里，行动与制裁之间的关系是"机械"的。也就是说，例如，在"不要喝污染了的水"之类的指令中，制裁（中毒的风险）与后果——表现为各种自然事件的形式——联系在一起。涂尔干在区分"实用"制裁与"道德"制裁的时候也承认此类差别。但他进行区分的方式使之不能从非常基本的意义上进行理论化，那就是必须在概念上将被行动者以"实用"方式对待的规范与行动者理性化要求的偶然性特征联系在一起。在作为道德约束而加以接受的规范性义务与以承认制裁为基础的服从之间，可能存在着一系列"细微的差别"，前一种情况在涂尔干那里表现得非常典型，制裁则应用于规范性指令被违反的时候。换句话说，社会互动的双重偶然性所包含的社会生活的规范性特征，并不必然把实用模式的定位归结为对行为——其后果不是由社会性原因造成的——的制裁。行动者在进行特定形式的社会活动时可能进行"风险计算"，可能考虑制裁实际降临的可能性，也可能为现实特定目标而以接受制裁作为代价。这一点具有重大的理论意义，因为它从两个方面使探讨合法化与服从的问题变得可能。第一个方面是它使合法化理论远离了"价值—规范—道德共识内在化"的法则，这一法则被看作涂尔干、帕森斯等"规范功能主义"的显著特色。[①]第二个方面则是它把注意力转向了制裁的谈判性质，把意义的生产与规范秩序的生产联系在了一起。对于规范的"计算性"态度可以扩展到"自我呈现""谈判"等过程中，在这些过程中，（具有服从或者违背规范性指令倾向的）行动者可以在一定程度上根据其行动的情境而交涉哪些规范必须得到服从，哪些则可以被违反，这些行动反过来又影响了他们所直面的制裁。

可以从产生制裁效果的那些要素的角度来区分不同类型的制裁，要素之所以具有效果，是因为它们总是在某些意义上抑制了行动者的欲望（有意识的或者无意识的欲望）——涉及暴力工具使用的制裁，也是如此。但是，如前文已经指出的那样，认为制裁仅仅体现在行动者试图公然把参与各方以某种特定的方式形成"秩序"的话，那将是一种错误。不论互动过程中存在多么普遍或者微妙的相互调节过程，制裁和

[①] 参阅"The 'individual' in the writings of Emile Durkheim," in *Studies in Social and Political Theory*。

制裁的运作都是所有社会交往的持久性特征。从某种基本的意义而言，这一点当然也适用于意义的生产。包括句法规则在内的语言交流中所使用到的知识储备具有强烈的"强迫"性，它不能运作于规范性背景之外，更不用说互动系统的结构性特征之外了。作为日常语言使用的手段和结果，对语言规则的遵从根本上得到了保障，而且这里的主要规范性责任就是维持加芬克尔所说的"可说明性"。

权力：自主与依赖的关系

像其他的结构化模态一样，权力可以在两种意义上与互动形成关联：一是权力制度性地参与了互动过程；二是权力被用来成就策略行为的结果。即使是最偶然的社会交往，也都包含了作为某种支配结构的整体的各种要素，但是，这些结构性特征同时又利用了互动系统中参与者的各种活动，并通过它们而得到再生产。我在其他地方曾经提出过，在把权力概念理解为转换能力（transformative capacity）的条件下，行动与权力在逻辑上捆绑在了一起。[①]这一点在行动哲学中只是被模糊地捕捉到，在行动哲学中，行动通常从"能"、"能够"或者"权力"的角度来加以讨论。但是，在那些从"权力"角度来分析人类能动性的文献中，几乎没有哪一部文献对互动过程中的权力关系进行过社会学探讨。从策略行为的层面来说，可以将行动与权力之间的关系阐述如

---

① *New Rules of Sociological Method*.

下：行动指的是对世界中各种事件的干预，因此能够产生特定的后果；有目的的行动是行动者旨在从事或者避免的那类行动，权力则是行动者用来达到其目的的能力，体现为转换能力。①

即使是对有关权力概念及其在社会科学中的应用的浩瀚文献作最偶然的一瞥，都可以发现，有关权力的研究同样存在我在诊断总体社会理论时所得出的行动与结构之间二元性的问题。方式之一是把权力看作有某种意志的或者有目的的行为，此类观点见之于霍布斯、韦伯那里，在达尔的晚近著作中则以一种稍微不同的方式得到反映。②在这种方式中，权力被界定为行动者能够实现其渴望或者理想结果的能力或者可能性。另一方面，根据其他一些作者的观点，权力则被看作社会共同体的特定属性，一种使共同利益或者阶级利益得到实现的媒介，阿伦特、帕森斯和普朗查兹等属于此列。因此，实际上存在着两种如何形构权力结构的视角，存在着两种关于"支配"的视角（每一种都可以在逻辑上将权力概念与冲突联系在一起，但权力与冲突并不存在必然的联系）。前一种权力观倾向于把支配看作一种决策制定网络，它运行于未经审核的制度背景下。后一种支配观则把支配看作一种制度性现象，或者完全不考虑权力与行动者积极才能之间的关联，或者把这种才能看

---

① 参阅 Bertrand Russell, *Power: a New Social Analysis* (London: Allen and Unwin), p. 25。
② 达尔对于权力的早期观点是："A 对 B 有权力是因为他能够使 B 去做某些否则他是不会去做的事情。" Robert A. Dahl, "The concept of power," *Behavioural Science*, vol. 2 (1957)。但这一观点后来被修订和重释。

作以某种方式为制度所决定。

众所周知,在揭露"把权力看作决策制定网络"的局限的基础上,存在着各种试图融合这两种权力观的尝试。[①]根据巴克拉奇(Bachrach)和巴拉兹(Baratz)的观点,行动者在与他者互动过程中实现其渴望结果的能力仅仅是权力的"一副面孔",权力还存在着另一副面孔,那就是内嵌于各种制度中的"偏见的动员"(mobilization of bias)[②]。第二副面孔是"非决策制定领域",是一个含蓄地得到接受和不存在争议的实践领域。

但是,在分析权力是如何被内嵌于制度之中和如何从行动的视角(一种被认为应受到批判的视角)来建构权力概念时,"非决策制定"的观点仅仅是一种偏颇和不充分的方式。非决策制定本质上仍然被看作行动者而非社会制度的特性。

对于这些议题的最佳批判性评估或许来自卢克斯(Lukes)。[③]根据他的观点,权力远不是双面的,不是只有两副面孔,而是具有三副面孔。这是其论点的核心部分,但我将从一开始就抵制这种观点。遵循加利(Galie)的观点,[④]他

---

① Peter Bachrach and Morton S. Baratz, "The two faces of power," *American Political Science Review*, vol. 56 (1962); "Decisions and non-decisions: an analytical framework," *American Political Science Review*, vol. 57 (1963); *Power and Poverty* (New York: Oxford University Press, 1970).
② 所谓"偏见的动员",这里的偏见指存在于政治系统中的规范、惯例、法则、历史伤痕和程序等,经由这些偏见,可以抑制任何具有威胁性的需求或者初期性问题。例如,政治系统可以通过给某些要求改变现状的运动冠以"动乱""暴乱""分裂主义运动""共产主义运动"的名号而进行抑制。——译者
③ Steven Lukes, *Power, a Radical View* (London: Macmillan, 1974).
④ W. B. Gallie, "Essentially contested concepts," *Proceedings of the Aristotelian Society*, vol. 56 (1955-1956)。在第 171—172 页,加利提供了"基本争议"的五个标准。

说道，权力"本质上是一个有争议"的概念，具有"根深蒂固的价值相关性"。在我看来，这种观点要不就是一个错误，要不就毫无启发。如果其含义指的是社会科学中的某些概念本质上是有争议的，其他一些则没有，因此我们可以从根本上拟出一份有争议或者没有争议的概念清单，使之与其他概念分离开来，那么，这完全就是一种错误。社会科学中的概念和理论之所以长期存在争议或者争论，某种程度上是因为它们被自身指称的内容（即社会生活本身）所纠缠，我将在本书的结尾一章就如何解决这些问题提供思路。权力概念当然会引起特别深层的争论。但本书中以一种重要方式得到探讨的一系列其他术语——如阶级、意识形态、利益等——在这一方面也同样如此，而且我要指出的是，特别容易引起争议的概念远不止这些，社会理论的整个概念光谱在某种意义上都具有"根深蒂固的价值相关性"。当然，这些情况并不意味着卢克斯所分析的权力的三副面孔或多或少与不同的政治立场存在紧密的关联，在我看来，像卢克斯那样将权力区分为三个维度实际上毫无益处。

在卢克斯看来，非决策制定的视角标示了比决策制定的视角（或者其所谓的"多元主义"的视角）更进一步。与后者相比，前者是二维的，因为它不仅集中在决策的落实上，而且指向了那些根本无法决策的议题。如卢克斯非常正确地指出的那样，权力二维观的特定局限性在于它与其反对的立场联系得过于紧密。他指出，"（社会）系统的基础不仅仅通过一系列单个选择性行为得到维持，更为重要的是，它还通过社会结构化和文化模式化了的群体行为以及制度实践得到维持……"①与此相适应，作为对二维权力观的替代，他提出了三维权力的概念。三维权力概念借助了利益概念，把权力概念重新界定为行动者或者团体以一种与他者利益相反的方式影响另外一方的能力。现在看来，这种权力观似乎并不有效，至少从直觉来看似乎没有理由假定，权力仅仅是 A 以与 B 利益相反的方式来影响 B，或者更为重要的是，A 以与 B 利益一致的方式来影响 B。②如果 B 总是按照自身的利益行动而不考虑任何他者的干预，那么，后者是唯一可以从权力关系中排除的情形。但是，人们并不总是按照自身的利益行动。作为对卢克斯观点的反驳，我要提出的是，就像冲突概念一样，利益概念与权力概念之间根本不存在逻辑性关联，尽管在现实日常社会生活中，两者之间彼此关联的现象的确大量存在。但求助于利益来说明权力的观点是一种奇怪的扭曲，因为把利益观念添加在"一维"或者"二维"权力观上这是卢克斯的基本策略——实际上并没有说明"社会性建构的行为"是如何被纳入总体权力分析的，因为卢克斯没有暗示利益是一种群体或者结构性现象，而不是一种与个体行动者联系在一起的现象。与其在决策制定与非决策制定之外增加另外一个维度，我们需要做的实际上是卢克斯所倡议但实际上没有完成的事情，那

---

① Lukes, *Power, a Radical View*, pp. 21 - 22.
② 在我的记忆中，卢克斯在其著作的第 33 页只是非常粗糙和不充分地讨论过这一点。对于试图使用卢克斯的著作而又不将权力与利益逻辑性关联在一起的尝试，可参阅 Peter Abell, "The many faces of power and liberty: revealed preference, autonomy and teleological explanation," *Sociology*, vol. 11 (1977); 以及 K. 托马斯所作的评论，载 K. Thomas, "Power and autonomy: further comments on the many faces of power," *Sociology*, vol. 12 (1978)。

就是尝试超越"唯意志论"权力与"结构性"权力概念之间的传统分裂。

卢克斯在其后来出版的著作中直接着手这一问题。[①]在他看来(我也同样这样认为),社会理论中的权力本质上与人类能动性关联在一起,一个行使权力的个人或者团体能够"换一种方式行事",如果权力没有被使用的话,权力行使所针对的个人或者团体也能够换一种方式行事。"提出这一点的含义是,我们可以假定,行动者尽管是在结构性制约的限制下行事的,他们或多或少拥有一定程度的自主性,能够以一种不同的方式行动。"[②]但是,在把结构看作对行动者活动所施加的限制或者制约时,卢克斯再一次陷入了我前文已经提到过的行动与结构之间的二元论。因此,他说道:"结构决定论终止的地方,也就是权力开始的地方。"[③]正因为如此,他既不能令人满意地处理结构在权力关系中的含意,也不能令人满意地处理权力关系在结构中的含意。

在我看来,如果承认权力问题只有在结构二重性的背景下才能得到解决,承认支配的存在和权力的使用都依赖于资源,而且同时把资源看作社会系统的结构性要素,上述问题就能得到令人满意的处理。权力的行使并不构成一种行动类型,权力体现于行动中,这是一种常规和例行化的现象。更有甚者,像许多理论家那样,把权力本身看作一种资源的做

[①] "Power and structure," in Lukes, *Essays in Social Theory* (London: Macmillan, 1977).
[②] Ibid., pp.6–7.
[③] "Power and structure," in Lukes, *Essays in Social Theory* (London: Macmillan, 1977), p.18.

法是错误的，资源是权力行使和支配结构再生产的媒介，图 2.6 表明了这一点。

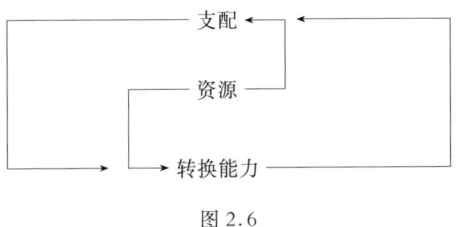

```
┌──────────→ 支配 ←──────┐
│            │           │
│            资源          │
│            │           │
└──────────→ 转换能力 ────┘
```

图 2.6

在结构化理论中，作为社会结构性要素的资源概念充当了权力分析的关键性概念。同时作为转换能力（主要是从行动者行为的角度来分析权力的那些人持有的典型观点）和支配（主要是把权力看作结构性特征的那些人持有的观点）的权力概念，依赖于资源的使用。在我看来，每一种权力观都暗示了对方的存在。在例行化的社会互动过程中，资源是作为权力的转换能力得以行使的媒介，但资源同时又是社会系统的结构性要素，通过在社会互动过程中的应用而不断得到重构。因此，从权力的角度而言，结构二重性将意义交流和规范性制裁彼此联系在一起，对于它们来说，资源不是附带性的因素，而是意义交流和规范性制裁得以实现的手段。"权力"在概念上与转换能力和支配等更加广义的概念交织在一起，它是一个关联性概念，但只有通过转换能力的使用以及支配结构才能产生和运作起来。

再重复一下前文已经提出过的观点，权力作为转换能力内在地与人类能动性联系在一起。行动中"能够换一种方式

社会理论的核心问题 | 127

行事"是权力理论的必然要素。如我在其他地方已经表明的那样,[①]能动性概念不能像在大量行动哲学著作中那样被界定为意图,能动性概念必须被看作先于主体与客体的逻辑划分。这一点对于权力来说也同样如此。韦伯以及许多其他思想家将权力与"意志"或者意图联系在一起,但在我看来,权力概念与它们并不存在内在的关联。乍看起来似乎有点奇怪,认为行动者可以在没有打算甚至没有想过的情况下就能行使权力,但我希望表达的是权力概念与意图或者想法并不存在逻辑性关联。这一点听起来尽管有点奇怪,实际上却并不奇怪,奇怪是因为大部分有关权力的讨论都发生在政治背景下,在这种背景下,行动者想要追求的某些目的明显被表达为"决策"。在这种背景下,从更加广泛的能动性领域来看,包含了有目的的行为或者反思性监控行为的权力存在着一系列特定的形式,比如"顺从""讨价还价"等。

尽管从转换能力的意义来看,权力的含义已经在行动中得到了表达,我因此把"权力"看作"转换能力"的一种,指的是行动者在互动过程中能够使其他人服从其想法的能力。从这种意义的角度来看,权力指的是行动者能够获得其理想结果的能力,这些结果的实现依赖于其他行动者的能动性。互动过程中的权力因此可以从功能资源(facility)的角度来加以理解,即行动者在进行互动的过程中所带来和动员的各种要素,它们影响了互动的过程。社会系统通过常规性的实践得到建构,社会系统中的权力因此可以被看作社会互动

---

① *New Rules of Sociological Method*, pp. 110 - 113 and *passim*.

过程中自主与依赖关系的再生产。[①]权力关系因此总是双向的，即使在社会关系中某一行动者或者团体的权力相对其他行动者而言非常微不足道的情况下也是如此。权力关系是自主与依赖的关系，即使是最自主的行动者某种程度上也是一个依赖者，即使是最依赖的行动者或者团体在权力关系中也拥有某些自主性。

在互动系统内部或者之间，维持权力关系的支配结构则涉及资源利用的不对称分配。

如我在前面章节已经表明的那样，在各种制度化形式的社会互动中，存在着两种不同类型的资源，我们可以将它们与两种主要形式的制裁结合起来，如图 2.7 表明的那样。权威性资源或者配置性资源可以单独或者同时与两种类型的制裁联系在一起，或者以一种更好的方式来表达，与两种制裁方式联系在一起。显然，两种类型的制裁之间不存在泾渭分明的分界线，它们可能以各种不同的方式结合在一起。这种区分本质上是积极制裁与消极制裁或者奖赏与惩罚之间的差别，但是，威胁要取消已经答应的奖赏也属于惩罚的范畴，反过来，避免遭受强制或者从强制措施中获释则属于诱导的表现。

强调权力不能从冲突的角度加以界定这一点非常重要，由于前面提到的韦伯的权力定义有时被广泛解读为权力与冲

[①] 重要的是，必须将这里所表明的观点与交换理论(尤其是布劳的理论)区分开来，交换理论(exchange theory)从资源的角度来分析互动中的自主与依赖关系，资源改变了自我用来达到其目的(资源)所有权。但是，它没有把权力纳入结构二重性理论中，而是倾向于把自己与实用主义的个人主义捆绑在一起。

社会理论的核心问题 | 129

```
资源                制裁

权威性资源           强制
  ↕                 ↕
分配性资源           诱导
```

图 2.7

突之间存在着必然性联系,似乎权力仅仅存在或者行使在其他人进行抵制的时候,权力就是对这些抵制的克服。非常明显,这也不是韦伯本人的意图,但尽管如此,还是必须强调,这里所提出的权力概念根本不存在诸如此类的意涵。当然,权力的使用有时的确会引起冲突,权力在斗争背景下的使用有时的确会产生冲突,但这不是因为权力与冲突之间存在着必然性联系,而是因为在权力、冲突与利益之间经常形成各种实质性的关联。我把利益看作建立在需要的基础上,而不管行动者本人是否意识到了那些需要(也就是说,行动者或者团体可能存在某些他们没有意识到的需要)。就像权力与利益之间的关系那样,权力与冲突也经常彼此偶然性地联系在一起。

方法论个人主义:简要的补记

作为总结,简要评论一下本章所提出的各种观点对社会理论中的方法论个人主义讨论所具有的意义将大有裨益。当然,"方法论个人主义"不存在某些统一的观点,这一术语被用来涵盖一系列不同的见解。韦伯的著作突出了某种见解,但我这里要讨论的是波普尔所作的阐述，他或许是现代阶段方法论个人主义的最重要倡导者。波普尔简洁地将其立场描述如下："所有社会现象，尤其是所有社会制度的运作，必须总是被理解为人类个体的决定、行动和态度等的结果……从所谓集体的角度来进行解释从来不会令人满意。"[1]这一论断中存在着三个需要得到解释的关键术语：个体、集体以及作为决定等结果的制度。就第一个术语而言，波普尔的观点反映了方法论个人主义文献的典型趋势，那就是假定（或者从正反角度进行辩论）"个体"是一个根本无须加以说明的术语。在这种假定看来，认为社会是由个体组成的，这根本就是一种陈词滥调——这也是对波普尔观点的一种解读。[2]但是，它之所以是一种陈词滥调，是因为我们把个体仅仅看作"生物有机体"之类的东西（从某种通俗而无趣的意义来说，的确如此）。然而，如果我们把个体看作我在本章中所分析的"行动者"，情况将会变得大不一样。波普尔论断的前一部分反映了行动理论存在的各种不完善性，这一点我在前文已进行过分析。制度的确是人类能动性的结果，但它们之所以成为行动的结果仅仅是因为它们同时也反复充当了行动的媒介。因此从制度的角度来看，"集体"必然是一种行动现象。

这里所采取的立场可以归纳如下：

1）社会系统通过行动者之间的交往而产生，而且可以在策略行为的层次上得到分析。从制度分析在这里被悬搁的意

---

[1] Karl Popper, *The Open Society and its Enemies*, vol. 2 (London: Routledge, 1966), p. 98.
[2] 就像卢克斯所认为的那样，参阅 Seven Lukes, "Methodological individualism reconsidered," *British Journal of Sociology*, vol. 19 (1968)。

义来说，这种立场仅仅是"方法论"意义上的，但是，作为社会互动所利用的模态，结构性要素一定会进入对行动的描述。

2）另一方面，制度分析则悬搁了行动，集中关注作为社会系统再生产之媒介的各种模态。但这也完全是方法论意义上的，与前面一种立场一样，如果我们忽视了结构二重性概念的本质重要性，这种立场也就不再能够得到辩护。[1]

---

[1] 卡特勒（Cutler）等人近来对于这些议题作出了特殊的贡献，参阅 Cutler et al., *Marx's "Capital" and Capitalism Today* (London: Routledge, 1977)。他们说道："行动者（agent）概念中没有什么东西保证所有行动者都必须被看作人类主体……"（第266页）因此，资本主义可以被看作一个与法律相伴的行动者。但是，行动者范畴不仅仅局限于人类个体，而且还包括商业公司等。"合资公司是一个法定行动者和进行商业决策的场所，这种决策不同于其股票持有者的决策……如果该合资公司要成为资本主义所有制方式运作的行动者，那么，它还必须获得其他一些作为整体的特性。但非常明显的一点是，这些并不要求所有行动者必须是人类个体"（第277页）。这些观点不会招致反驳，但同样也完全不具有启发性，他们完全没有谈及能动性（agency）的哲学性问题。公司在法律上可以成为一个行动者，这一点完全正确。但法律需要解释和应用，这些需要人类行动者来做，而且最重要的是，需要人类行动者来制定法律。当这些作者更加直接地面对能动性这一问题时，他们的主张在我看来完全就是错误的。他们说道，如果我们把这些普遍属性归结于人类主体，那么，"社会关系就成为主体之间的关系，它存在于主体的意志和意识之中，并通过它们而得到运作"（第268页）。但情况实际上并非如此，尽管忽视人类主体意志和意识的方法在社会理论中当然也不会有太大的作用。

第三章 制度、再生产与社会化

我在前一章推迟了有关制度分析问题的探讨，在本章以及接下来的章节，我将集中在这一主题上。我在"制度"与"社会系统"或者"集体性"之间进行区分。引用拉德克利夫-布朗的话来说，制度可以被看作"行为的标准化模式"[1]，并且在社会系统的时空构成中起着基础性作用。如我在接下来的讨论中将会强调的那样，时空当中的标准化行为涉及在日常社会行为这一偶然背景下的持续再建构。时间性以三种方式进入社会系统的再生产：

1. 与行动者偶然进行或者"完成"的互动的直接联结，这是社会再生产的最基本意义。

2. 社会系统的人员再生产，它当然以生物再生产为基础，体现在具有有限生命周期——即向死而生（Sein zum Tode）——的人类再生产上。

3. 沉淀在历史时间中具有长久时间绵延的制度再生产。

在本章的结尾部分，我将考察社会再生产的时间背景是如何与社会化的分析联系在一起的。在本章接下来的章节里，我试图进一步发展人格"分层模式"的某些因素。但在具体考察这些问题之前，我将进一步扩展前文有关结构的讨论，并以此为基础勾勒制度的分类。

含意与编码

在探讨作为社会系统结构性特征的含意的时候，重要的规则或者规则的重要性质是编码或者编码的方式。对于各种支配形式的分析涉及对我所说的权威性资源与配置性资源之间联系的考察。对于合法性的研究则必然涉及对各种规范性调节（normative regulation）模式的把握，通过这些调节模式，"合法性秩序"得以维持（参阅图 3.1）。

含意	编码理论
支配	权威性资源和配置性资源理论
合法性	规范性调节理论

图 3.1

我在探讨含意的时候将局限于非常抽象或者正式的层次，同时强调将符号语言学的某些核心观点纳入社会理论的重要性。另一方面，我也强调将它们与更充分的有关能动性的分析——结构主义传统对于能动性所述无多——结合起来的重要性，以及与对支配和合法性的考察结合起来的必要性。

符码可以被看作含意的基本要素，但与我对结构所持的保留态度一样，符码仅仅存在于含意中，并通过它而得到再生产，就像结构仅仅存在于结构化过程中，并通过结构化过

---

① A. R. Radcliffe-Brown, "On social structure," *Journal of the Royal Anthropological Institute*, vol. 70 (1940), p. 9.

程而得到再生产那样。我在前文已经表明，社会科学的大部分领域都深陷于主体与客体的二元划分之中，含意理论（the theory of signification）也必须从这一二元论中解放出来。在含意方面，这种二元论表现出某些尤其尖锐的形式，体现在各种语言观念和不同的哲学立场上。从主观唯心主义的角度来看，语言及其含意一般被看作行动者进行交流的手段：符码传递了某些信息或者意义。这里所缺少的是没有从交往背景本身的构成性特征的角度来把握符码的含意。[1]另一方面，语言结构主义理论则把符码的含意看作符码系统的"既定"属性。这种观点有时还体现这样的弦外之音，即既然符码具有"固定"和"有限"的属性（哪怕只是在方法论上进行共时层面的概括也是如此），因此倾向于取消符码与信号（signal）之间的区分。[2]作为对这些观点的反驳，我们必须再一次用二重性来取代二元论：作为结构的生成性特征，含意与互动过程中的意义交流反复交织在一起。含意是社会系统的结构性特征，它被行动者以解释框架的形式所利用，并通过他们而再得到再生产。我因此无法同意埃科（Eco）的观点，他把符号学界定为"一门研究所有为了用来撒谎的东西的学问"，既然撒谎必然是一种有目的的行为，因此它也就只是运作于策略行为的层次。但是，埃科立场的总体特征也与这点相符，他

---

[1] 参阅 Dean MacConnell, "The past and future of 'symbolic interactionism,'" *Semiotica*, vol.16 (1976); "符号互动论主义者将意义归结为意义的社会心理学，这没有导致它去探讨符号之间关系的逻辑和秩序"（第101页）。在社会理论中，符号互动论主义的观点最接近于哲学家们提出的关于意义的唯意志主义理论（Grice, et al.）。

[2] Raymond Williams, *Marxism and Literature* (Oxford University Press, 1977), pp.38ff.

说道:"含意系统是一个具有抽象存在模式的自主符号结构,这一结构独立于任何它使之成为可能的交流行为。另一方面……人类的每一个交流行为都预先假定了一个含意系统,含意系统是交流行为的必要条件。"①

这不应当被看作赞成符号学优先于语义学的表现,或者说接受索绪尔有关符码任意性特征以及符码由"纯粹差异"所构成的学说。相反,在我看来,语义优先于符号。②有关这一点的含义必须得到澄清。这并不意味着把意义归结于主观层次的交流,就像赋予符号以优先地位的结构主义理论家所典型地宣称的那样,相反,意义必须被看作建立在语言的"情境化应用"的基础上。③符码具有专断的性质,这一核心论点的有效性必须定位于符码的常规性特征的情境下,那就是含意差异的构成以社会实践的"区隔"作为基础。这并不能解决存在于符号学文献中的传统问题:是否应当把符号学看作对符码或者符码系统进行囊括式研究的一门学问,还是只是研究语言那一部分,或者反过来,把符号学看作语言学的一个亚学科是否更加合适。我对后面那种观点存在更多的共鸣,那就是既然语言是人类社会活动的普遍性特征,像巴特那样,假定语言符码是所有含意模式的"关键中继站"是有道理的。当然,这不是要以一种有偏见的态度来看待符号学所作出的巨大贡献,它强调了能够成为含意的各种类型的内容,而不仅仅是口头或者书写文字。

---

① Umberto Eco, *A Theory of Semiotics*, p.9.
② 参阅 Giddens, *New Rules of Sociological Method*, pp.104–107。
③ 参阅赖特所作的有趣而重要的讨论,载 Edmond Wright, "Sociology and the irony model," *Sociology*, vol.12 (1978), pp.528ff。

符码(sign)与信号(signal)和符号(symbol)相区别,我后面会对符号加以界定,信号可以被看作一种固定的刺激,它能够引起某种或者一系列解释性反应。信号尽管可以被看作含意的要素——与普遍类型的符码相比,它在这方面显然更不那么重要——但它也完全可以运作于纯粹的机械系统中。我前面曾经提出过,索绪尔在能指与所指方面存在的二元论必须得到重构。能指以某些方式"对应于"或者"表达了"所指,但称其为能指并不会有太多的帮助,哪怕是用"能指链"(signifying chains)来表达一系列所指时也是如此。然而,能指链和所指链的提出的确指明了超越这样一种假设的方向,那就是像信号那样,把符码看作"已经给定"的单元。

语言结构与语言表达的区分也直接与这点有关,因为这些关系在纵向以及线性或者时间轴上存在着多种形式。[①]作为社会系统的结构性特征,符码表现出多元化合的特点,并且在某种意义上必须进行"文本性"解读。也就是说,概念的符码信息在一个封闭和机械的系统中很轻易就能产生交流,但当应用于社会互动的交往解释中时,必须得到更加仔细的阐释。我们不能简单求助于已经存在的符码所具有的信息,因为在互动的结构二重性当中,这些"信息"同样参与了"符码"的再建构。更有甚者,从信息来自和表现了各种复杂的符码的角度而言,社会互动中的"信息"总是"文本性"的。

---

① Eco, *Theory of Semiotics*, p.49.

从这一背景出发进行理解，符码概念必然预先假定了各种转换。这一点当然既适用于涉及语言学符码形成的句法规则，也适用于对社会分析具有直接兴趣的其他符号系统。存在着充分的理由来反对这样的一种假设，那就是不论何种形式或者何种类型的编码，最终都建立在二元对立的基础之上。①实际上，二元对立是通过在方法论上集中于某一片段的差异而形成的，这种差异通常表现为由各种对立所组成的网络。

资源：权威与配置

我将权威性资源与配置性资源区分开来，意在在构成支配结构的两类主要资源之间做出区分，它们为互动过程中的权力关系所利用和再生产。我所说的"权威"，指的是能够对人们形成支配的能力，"配置"指的则是能够对*物质*或者其他物质现象形成支配的能力。

对这两种资源的分析性区分极为重要，因为它有助于我们避免存在于社会学文献中的某些传统缺陷，这种缺陷与两大主流社会政治思想的影响联系在一起。②其中的主流思想之一是马克思主义（更为准确的说法是某些形式的马克思主义），首先和最重要的是将支配与配置性资源（财产）联系在一起。对这些形式的马克思主义的真正有力批判是它没有对权

---

① 参阅 Edmund Leach, *Culture and Communication* (Cambridge University Press, 1976), pp. 52ff。
② 参阅我在这篇文章中所作的讨论："Classical social theory and the origins of modern sociology," *American Journal of Sociology*, vol. 81 (1976)。

威性资源（权威）投以足够的注意力，后者被化约成了前者。由此导致的结果是：不仅对工业资本主义的政治体系形成有缺陷的理解，而且无力直面社会主义社会中的权威性质这一问题。对于马克思主义的这一典型批判性评论来自另一个替代性传统的文献：工业社会理论。在这一理论那里，权威性资源没有被化约为配置性资源，而是反过来，后者被当成了前者的特殊类型。① 不是去强调资本主义与社会主义之间可能存在的对比，工业社会理论反而缩小这种对比，把权威性资源或多或少看作存在于所有工业社会中的恒常形式。不论从历史还是从分析的角度来看，作为支配媒介的配置性资源的重要性都相应被低估。从分析的意义而言，配置性资源被看作权威性资源的一种亚类型；从历史的意义而言，只有在古典或者企业资本主义时代，来自配置性资源（财产）的权力才被看作对支配结构具有极大的重要性。因此，此类思想与管理主义（managerialist）的观点存在着极大的亲和性，都主张经济权力与财产所有制之间的区分。

值得强调的是，超越它们表面上存在的差异，这两类思想传统之间也共享了某些共同的东西。例如，两者都设想了"财产的废除"，一个被看作革命变迁的结果，另一个则被看作逐渐演进过程的结果。基于这一点，我想要指出的是，两者都低估了作为支配结构普遍特征的配置性资源的持续重要性。部分原因无疑是由于将"财产"与"私有财产"相等同的结果，认为随着"私有财产"的消失，作为概念的财产在

---

① Ralf Dahrendorf, *Class and Class Conflict in Industrial Society* (Stanford University Press, 1958).

社会分析中也将失去其重要性。我这里将不采纳这种观点，尽管我承认私有财产与集体财产的区分（以及在这两类财产内部作进一步的区分）具有根本重要性。

合法性与规范

我将暂时搁置对这些问题的讨论而转入对规范性调节问题的初步评估。规范调节理论在当代社会分析中占据着非常核心的地位，这很大程度上得益于涂尔干和帕森斯社会学对这一问题的突出强调。我在其他地方对这一问题进行过追溯和批评。[1]尽管帕森斯在融合涂尔干和韦伯思想方面作出了原创性贡献，要在合法性概念中为这一理论传统找到概念空间仍然是一项非常困难的任务。帕森斯本质上是在涂尔干的集体意识的背景下吸收韦伯的"合法性秩序"的，以此来解决"霍布斯秩序问题"。[2]他把秩序问题界定为：一个社会在经历了一段时间的稳定之后，面对个人意志之间的冲突和一切人反对一切人的战争，社会如何能够存在的问题。采取这样一种出发点的后果是，使帕森斯自身的理论以一种根深蒂固的方式与这样一种立场捆绑在一起，这种立场主要从个人与社会之间对立的角度来理解利益。使社会整体得以统一的道德意识将价值"内在化"，使之成为个体的需求和性情，以此形成个人与社会之间的吻合。通过这种方式，"共同价值"的

---

[1] 参阅刊载于《社会与政治理论研究》（*Studies in Social and Political Theory*）一书中的各篇文章。
[2] Talcott Parsons, *The Structure of Social Action*.

主题取代了合法性，后者被当作是与支配性团体的局部利益（因此也与意识形态）联系在一起。

出于两方面的原因，合法性概念比规范共识概念更加可取：一是合法化并不意味着权利和义务所体现的、对价值标准的某种程度的共识；二对于社会中价值标准与局部利益之间的交错关系，它有更加清楚的评鉴之意。我这里提到的"价值标准"指的是规范性指令（normative prescription）的意思，它可以被动员起来对互动形成制裁。我们必须对持这种观点的理论投以怀疑的目光：任何相对稳定的社会都必须依赖于合法化中的价值标准与协调社会成员行为的动机之间的对应和一致。之所以这样说，是因为它与帕森斯的论述联系在一起，帕森斯一方面对个性和普遍共识进行总体性阐释，另一方面则把心理分析看作这一方案中的一部分。

帕森斯明显地将涂尔干与弗洛伊德融合在一起：弗洛伊德提出的有关人格发展思想中的某些要素被帕森斯用来阐明"价值共识—规范—内化的需要—性情"，从而解决秩序的问题。但这里的弗洛伊德很大程度上失去了对立和张力。帕森斯指出，人类个性的主要特征是"通过对社会客体系统的内在化而得到组织的，这种客体系统起源于连贯社会系统——个体在其生命历程中必须融入这一系统——中的角色-单元（role-units）。"[①]帕森斯将这种观点与有关压制本能驱动的人格发展观区分开来。人格的形成是通过对"客体系统"的内在化而实现的，随着时间的消逝，个体越来越融合进社会，

---

① Talcott Parsons and Robert F. Bales, *Family, Socialisation and Interaction Process* (New York: Free Press, 1955), p.54.

客体系统也相应越来越出现分化。这种论述所导致的结果是，暗示在动机与价值标准这一存在内在张力——如果我们顺着弗洛伊德思想所指引的方向走下去——的领域，存在着一种内在的和谐或相容性。

在社会行动者的行为与合法性结构之间可能还存在其他一些断裂之处，这种合法性结构接受了动机与价值共识之间相互渗透原理。因为合法性秩序倘若要能够产生任何约束力，它们就必须表现行动的结构性条件，这种结构性条件至少为集体或社会中特定比例的成员所认可。而且还假定，这种结构性条件还必须延展到大多数行动者身上，要不然集体或者社会想要享受的某种稳定生活将得不到保证。但实际上，与大多数行动者在多大程度上"内在化"了相同的价值标准相比，支配团体在社会系统中进行规范性整合的程度对于那些系统的整体持续性具有更重要的影响。

这些思考不仅对社会整体或者大型组织具有重要的意义，而且还适用于任何条件下的互动行为。在互动的背景下，在某个行动者那里是合法化的价值标准，在另一个行动者那里可能仅仅是行动环境的"事实"特征。这实际上是制裁运作的典型规律，即使在涉及的规范性因素是相对"较弱"的那种情形下也是如此。

结 构 的 属 性

在我前面区分的三类结构中，每一种都可以从媒介与转换的角度来加以理解，这些媒介和转换使社会系统的时空构成成为可能。媒介的最基本意思是将构成社会再生产本质的时空和空间"束集"在一起。可以从行动者在社会系统中的"在场可得性"的角度来理解时间和空间的束集，我后面将就这一主题作进一步的探讨。所有社会互动都是媒介性的，因为它们总是"承载"和"运送"着社会交往跨越时间和空间的间隙。在具有高度可得性的社会或共同体，或者换句话说，在互动主要由面对面互动所主导的社会或共同体，提供身体在场的各种技术充当了媒介的工具。书写以及其他沟通工具(电话、电视、机械模式的交通)则将更大距离的时间和空间束集在一起。

我前一章提出了这样一种论点，即根本不存在所谓的转换规则，所有社会规则(符码和规范)都是转换性的。说所有规则都是转换性的，援引我在本书中提出的术语，就是说它们形成了一个范围不确定的经验性内容，只有在参考经验性内容与规则之间关系的条件下，才能确定彼此的身份。这一点尽管在符码和规范那里可能表现得再明显不过，但资源是如何与媒介或者转换关联在一起的可能不是那么清楚。因为资源(例如财富、财产)可能看起来拥有时间和空间意义上的存在，而规则则没有，但我要指出的是，在资源中，物质存在：a) 是资源的内容或者"载体"，与符码和规范的"物质"存在方式类似；b) 在社会系统的权力关系中变得"具体化"，其运作与符码和规范携手同行。(当在与含意和合法性规则的关联中具体化时，配置性资源仅仅表现为财产。)与规则一样，资源的转换性特征同样是基础性的，这也是为什么我会把"转换能力"术语看作人类能动性的本质特征的原因。但是，资源也为所有经验内容的转换提供了物质杠杆，包括与符码和规范关联在一起的经验性内容。

转换和媒介概念不仅适用于存在于真实时空当中的互动的结构化，它们本质上还与对结构本身的分析联系在一起。把媒介和转换放在一起考虑，可以认为它们关注的是规则与资源的可转换性（convertibility）。我这里将举一个真正只有解释功能的例子，而准备在接下来的篇幅里对社会制度作某些更实质性的讨论，这个例子就是作为现代资本主义结构性要素的私有财产的意义。在虚拟的时空关系当中，存在于资本主义体系中的某些关键结构性要素可以勾勒如下：

（1）私有财产—货币—资本—劳动契约—利润
（2）私有财产—货币—资本—劳动契约—工业权威（industrial authority）
（3）私有财产—货币—教育优势—职业地位

尽管无论从哪方面来说私有财产不是只有在现代资本主义社会才变得突出，私有财产的某些特定形式的可转换性却的确如此（当然，也与私有财产的重要意义联系在一起）。与这种可转换关系联系在一起的资本主义生产方式的核心要素可以表示（1）的形式。货币作为"万能妓女"（universal whore）为纯粹交换价值提供了媒介，（在总体背景下）货币为财产权利转换成资本提供了可转换性。货币经济的普遍化是资本主义社会兴起的条件，这种经济与农业生产体系中存在的资本主义领域相对立。作为交换价值的普遍标准，货币既允许将私有财产转换成为资本，与这一点相关联，也促使工资收入者将拥有的唯一"财产"——劳动力——商品化。反过来，作为资本存在的财产或者货币也为资本转化成利润（通过吸取剩余价值）提供了可转换性。

（2）表明了私有财产与工业权威之间的可转换性，其结构性要素也可以描述为一系列转换-媒介关系。在这一组要素中，劳动契约与工业权威之间的可转换性当然依赖于在第一组结构性要素中形成的不同转换。但这些转换某种程度上同样只为资本主义所特有，权威在资本主义企业中的合法化主要通过劳动契约本身得到组织（这一点与封建领主与农奴之间形成的忠诚纽带相对照）。（3）表现的则完全是另一系列可转换性要素。货币（或者说更一般意义上的财富）当然可以通过采取各种不同的方式来转化成教育优势，但在当代社会，特权教育仍然像商品那样可以直接从私人学校中购买得到。与此类似，教育优势转换成职业地位也可以表现为不同的形式，与教育一样，其中有些还是相当直接的（例如，"校友情结"）。

如我前面所说的那样，对于结构的研究同时也就是对于结构化的研究。埃科对于编码概念所提出的忠告同样适用于我所区分的三种结构性要素：

> 人们可能认为下述观点并不正确，即编码组织了符码。更为正确的说法应当是，在具体的交流和互动过程中，编码为各种符码的产生提供了规则。因此，正统的观点是，"符码"在高度复杂的变动性关系网络中"消解"了

自身。符号学暗示了某种类似于分子的前景,在这一前景中,我们日常生活中习以为常的各种形式实际上是瞬间化学聚合的结果,所谓的"事物"实际上只是一种表象,后面隐藏着更加基础的单元网络。或者说,符号学就指号过程为我们提供了一种类似于照相技术的解释,它表明,我们所想象或者所看到的各种形象,实际上是策略性地安排在一起的由黑点和白点交错构成的集合。[1]

如我前面讨论的那样,在结构化分析过程中将那种类型的结构组合隔离开来是必不可少的,但我们必须记住的一条是,这样做仅仅是出于方法论的理由。当然,我用来进行说明的结构组合在形式上也相对简单,即使是非常复杂的结构关系网络也可以轻易地通过类似的方式得到表达和分析。

不能把对结构的认识看作社会学研究的唯一目的,结构在社会系统再生产过程中的具体呈现——既作为媒介也作为结果——才是社会学研究的适当核心。在社会关系中,前面所提到的三种类型的结构组织因此必须被看作内置于社会再生产循环的要素,这种再生产形成了社会的系统性。以这种分析为背景,我们可以识别最深嵌在社会系统时空维度中的结构性要素。在接下来的一章,我将把对结构化的分析与对系统矛盾的分析结合起来,并将把这些结构性要素看作*结构性原则*。结构性原则支配了社会中最基本的制度组合。

---

[1] Eco, *Theory of Semiotics*, p. 50.

制 度 的 分 类

为避免误解,再一次强调含意、支配和合法性之间的区分仅仅是分析性的这一点仍有必要。如果含意本质上是在语言中并通过语言得到建构的,那么,**语言则表现了支配的各个方面,同时,含意所涉及的编码也具有规范性力量**。权威性资源和配置性资源只有在与表征性和规范性要素联系在一起时才能得到动员。最后,合法性也必然涉及含意,并在支配的各种协调形式中扮演重要的角色。含意—支配—合法性之间存在的这些关联为制度分类提供了一种有效的基础,这种分类强调它们在社会总体性内部存在的相互联系。

S-D-L	符号秩序/话语模式
D(权威性资源)-S-L	政治制度
D(配置性资源)-S-L	经济制度
L-D-S	法律/制裁模式
S = 含意	
D = 支配	
L = 合法性	

图 3.2

在图 3.2 中,将含意—支配—合法性联系在一起的直线当然不代表因果联系,而是仅仅表明它们之间的相互依赖。每一组的第一个字母表明了分析焦点的方向。因此,当我们分析使含意得到组织的各种制度形式时,我们便注重对**符号秩序和话语模式**的分析,同时,这些分析还不能忽视符号系统和话语模式与各种支配和合法性形式交织在一起的方式。

社会理论的核心问题 | 147

类似的论点同样适用于其他类型的制度：政治制度、经济制度以及法律/压制制度。

我以一种与利科非常相似的方式将符码与符号区分开来，利科把符号看作"表达了任何直接、主要和真实意义的含意结构，此外，也在一定程度上表达了那些间接的、次要的、比喻性的和只有通过第一种含意才能得到理解的意义的含意结构"。符号利用了"意义剩余"，[1]这种意义剩余内在于作为总体的含意中。假定这种意义剩余可以在符号秩序内部通过比喻和转喻的方式而得到理解，这不是没有道理。[2]这种符号论的重要性相当值得重视，因为与社会学中流行的一般性符号观相比，后者通常把"符号"仅仅看作"表现"（representation）的同义词，符号因此被假定具有固定的边界。这是一种静态和保守的符号观，因此不能对符号秩序契合社会变迁过程的亲和性和微妙性做出令人满意的解释。然而，如果我们接受利科所说的那一点，即"符号论将意义的多元性与存在的含糊性联系在一起"，我们将能够看到"语言超越于自身的突破"，即语言为符号所标示，并且表现了符号在激发新意义方面所具有的潜力。[3]与其他类型的话语一样，符号与比喻和转喻的关联在科学中同样非常重

---

[1] 所谓意义剩余，指符号阐释过程中获得的理性意义之外的含义，包括以感性化形式出现的非理性的原始体验、原始欲望，它对理性意义具有解构作用。此外，它还包括超理性的审美体验，它超越了理性意义。符号的意义和意义剩余的总和才是符号内涵的全部。——译者

[2] Paul Ricoeur, "Existence and hermeneutics," in *The Conflict of Interpretations* (Evanston: Northwestern University Press, 1974), pp. 12-13. 就其立场所作的修订，可参阅 *Interpretation Theory: Discourse and the Surplus of Meaning*。

[3] 荣格说道："符号是一个术语、一个名称，甚至是一幅日常生活中非常熟悉的图画，但是，除了传递惯常的和明显的意义之外，它还拥有某些特定的内涵。"参阅 Carl G. Jung et al., *Man and His Symbols* (London: Pan, 1978), p. 3。

要，的确，比喻可能是科学理论变革自身的根源。①

在文献中已经存在界定政治和经济的无数方式。在图3.2中，我把政治领域看作对权威性资源的动员，而把经济领域看作对配置性资源的动员。从一般意义而言，这是一种非常有用的理解方式。因此，所有具有某些持存性的社会体系都存在政治和经济两个方面。从这一角度来理解政治领域，它不同于两种类型的一般性阐释：一是明确地把政治与现代国家的兴起联结在一起，②二是把政治与价值或者利益冲突的内在解决联系在一起。前者假定，"政治"术语本质上依赖于特定"政体"的形成。这样一种观念使之很难承认前国家与国家社会之间存在的重要的延续性，它含蓄地倾向于把自由民主体制的基本特征看作是当然的，并且把政权与经济割裂开来。同样的原则也同样适用经济，它有时把对经济的理解局限于存在独特而明确"经济"的那些社会。其他一些更具有包容性的经济定义则强烈趋向于资本主义社会，因为它把经济完全看作一种交换关系。我反对这些经济定义，同时也反对与上面提到的政治概念类似的那些定义。我心里怀有的是这样一种定义，它把经济看作起源于围绕稀有资源而展开的斗争［参阅波兰尼对"形式经济学"(formal economics)的批判］。

与此类似，我也没有意思要把法律制度领域局限于那些已经存在正式法令的各种社会。正式法律从总体而言不同于

---

① 参阅 Donald A. Schon, *Displacement of Concepts* (London: Tavistock, 1963)。
② 参阅 Max Weber, *Economy and Society*, vol. 2 (New York: Bedminster, 1968), pp. 901 - 910。

司法规则，如某位作者所言，它更加"清楚、固定和定局"。[1]也就是说，对于违反法律而进入法律规程的人来说，法律具有确定的规则、固定的程序和普遍的使用方式。但在社会学中，这样一点也是显而易见的——也是更加难以理解的——那就是，正式法条和法律程序只有从它们与广泛散布在社会中的规范性要素之间的交织的角度才能得到研究，而且我们还必须加上一点，还必须从它们与制裁之间的关联角度出发才能得到研究。

进一步考察工业化社会制度的广泛特征，我们必须关注阶级分析方面存在的某些基本问题。关于这一问题，我在《先进社会的阶级结构》(*The Class Structure of the Advanced Societies*)一书中阐述了一种在我看来本质上仍然正确的立场——尽管在某些方面可能还存在许多严重的局限。[2]在某些理论传统中，"阶级"总是经常被作为群体或者集体来对待，尤其是那些声称与马克思存在关联的理论传统。另一方面，也存在某些对照性视角，尤其是那些与韦伯及其追随者联系在一起的理论传统，在他们那里，"阶级"被看作某种集体品质(市场机会、职业特征等)。这两种类型的阶级概念都不能够令人满意。第一种存在一系列非常熟悉的困难，那就是家庭、学校等集体相对容易识别，但阶级不然。因此，持这一立场的人有时候倾向于认为，当他们说到"阶级"的时候，指的是那一阶级的成员一定程度上持有共同的阶级意识。这

---

[1] Allan Wells, *Social Institutions* (London: Heinemann, 1970), p.133.
[2] *The Class Structure of the Advanced Societies*.

种观点可以从马克思那里得到一定程度的文本支持，但这种支持在马克思的主要著作体系中或多或少是不连贯的。另一方面，在把阶级范畴与各种实际的群体组织联系在一起的时候，包括韦伯在内的持第二种立场的那些人也遇到了某些重大的难题。因此，韦伯的"经济阶级地位"与"社会阶级"之间的关系是模糊不清的。[1]

我因此将放弃这两种视角，认为只有从这样一种视角出发才能使阶级理论得到令人满意的阐释，那就是把阶级看作"阶级社会"的制度秩序对集体形成所产生的影响。这种对于阶级结构化的理解意味着将作为制度形式的阶级社会理论，与阶级关系在具体的群体构成和群体意识中如何得到表达联系在一起。前面已经间接地提到过，阶级社会的起源可以被看作资本主义社会的某种结构性特征：相互独立的经济领域和政体形式的形成，以及其中经济活动与直接的政治控制的相互分离。因此，资本主义国家与阶级社会之间存在着直接的和必然的联系。从前面提供的制度分类来看，政治与经济的分离是资本主义社会的根本特征：在我们的时代，它同样也意味着世界社会领域的支配地位。尽管这一领域仍然植根于民族—国家，其分支却无疑遍及于世界，国家与跨国公司在世界商品市场中的关系就是其具体的表现。

一般而言，适用于阶级支配方面的原理同样也适用于任何类型的制度分析。对于各种制度形式的理解只有通过如下的方式才有可能：那就是把制度看作例行化的社会实践，分

---

[1] Max Weber, *Economy and Society*, vol. 1, pp. 302ff.

社会理论的核心问题 | 151

析它在瞬间时空绵延与长久时空绵延的关联中是如何得到建构和重建的。这将导致极其重要的一点,前文已经对这一点进行过强调: 总体与瞬间关系相容于不同"层次"(借用一个古维奇的术语)的自主与依赖关系,这种自主与依赖关系体现在不同的集体之间。强调这一点的意义在于,它使我们可以从总体上避免与功能主义联系在一起的各种关于整体的观点,从更广泛的视野来看,使我们能够避免那些把整体看作各个部分在"当下"的呈现的观点。这种视角之所以如此处理部分与整体的关系,在于它假定部分分享了整体的某些特征,两者之间因此是异体同形的关系。这种做法导致的结果是造成在社会分析中直接从部分来推导整体的趋势,其假定要解决的问题是:"是什么将个体整合进社会的?"并因此而解决社会整合的内容。这种观点(通过总是对其形成激发的生物学类比,这种观点以一种清晰或者模糊的方式得到额外的加强)预先有效地排除了这样一种可能性,即把社会看作由处于张力中的各种群体构成的,这些群体与权力和不同程度的冲突联系在一起。另一方面,那些例如由默顿(R. K. Merton)等提出的各种形式的功能主义,它们更能够承认权力与冲突在社会中的核心重要性,同时放弃把整体看作通过部分而得到表现的见解。[1]因此,对于默顿来说,社会整体只能被看作个体与集体之间互动的"净功能性后果的总和"。[2]

---

[1] Robert K. Merton, *Social Theory and Social Structure*.
[2] "Functionalism: après la lutte".

功能主义与社会再生产

仅仅从总体上拒斥功能主义并不足够,我们还必须拒斥功能主义对于社会再生产的解释(从我前面提到的理解社会再生产概念的每一种意义而言)。我们这里必须区分两种类型的功能主义,即使它们之间存在着某些延续性和相似性。作为生物有机体的整体功能主义概念与所谓的"规范功能主义"之间存在着尤其紧密的联系,[1]其所包含的某些基本要素不存在太多困难就可以追溯到孔德、涂尔干和帕森斯那里。功能主义见解在马克思主义传统那里显然不太多见,后者在某种程度上认可社会的阶级分裂。但另一方面,有关社会再生产(或者经济再生产、资本再生产)的马克思主义—功能主义解释非常普遍。不会有太大的困难就可以发现马克思主义文献中存在着太多的功能主义踪迹,尽管它们的作者可能不会承认任何功能主义的弦外之音。因此,当普朗查兹写道:国家在"建构不同社会层级之间的凝聚方面发挥了尤其重要的作用",[2]他所提供的是一种功能主义的定义,这种定义与非马克思主义社会科学文献中出现的诸多定义不存在太大的差异。它们不仅仅是从国家做什么或者国家如何运作的角度来界定国家,而且从国家的所作所为如何贡献于"系统需要"

---

[1] 参阅 David Lockwood, "Social integration and system integration," Zollschan and Hirsch, *Social Change*。

[2] Nicos Poulantzas, *Political Power and Social Classes* (London: New Left Books, 1973), p.44. 晚近马克思主义文献中出现的对于功能主义的批判性讨论,参阅 R. W. Connell, "Complexities of furies leave……a critique of the Althusserian approach to class," *Macquarie University Paper* (June 1978)。

的角度来界定国家。对于国家性质的解释建立在这样一种解释观念的基础之上：对于资本主义体系的持续存在来说，国家的活动在功能上是不可或缺的和有用的。当代马克思主义的许多作品主要集中在对再生产的分析方面，而其主流腔调则是功能主义的那种。马克思有关简单再生产和扩大再生产的分析可以轻易地从功能主义角度加以解读，而且实际上也是经常以这种方式得到解读的，以这种方式进行解读的人认为自己给资本主义发展中的资本与劳动关系提供了新的见解源泉。[1]

这些特点在受阿尔都塞影响的那些人的著作那里尤其表现得突出，如我前面已经指出的那样，阿尔都塞的马克思主义与"规范功能主义"一样无视这样一种日常生活事实，那就是所有社会行动者都通过实践意识和话语意识对其行动的条件保持某种理解。不论在阿尔都塞式的马克思主义那里还是在帕森斯式的社会学那里，社会再生产都是发生在行动者——其行动构成了社会——的"背后"。与行动的理性化联系在一起的行动者有目的行为在两者那里都变得隐而不现：在帕森斯那里，它被看作价值共识—规范—内化需要—性情这一原理的结果，在阿尔都塞的著作中则被看作他对于能动性的决定论论述的结果。因此，系统的目的或者支配（最主要的）或者取代（次要的）了行动者自身的目的。

作为对这两种视角的取代，我想要坚持的是，社会系统

---

[1] 例如，参阅 Manuel Castells, *The Urban Question* (London: Arnold, 1977), especially pp. 461ff。

的唯一目的体现在社会行动者的行为中，[1]这种目的总是运作于行动理性化的各种有限条件下。所有社会再生产都发生在意料之中的后果与意料之外的后果彼此"混合"的背景下，社会系统在时间向度上的存续所表现出来的每一种特征都来源于这种"混合"，以行动理性化的各种有限条件作为背景。根据这样一种观点，社会系统概念便预先假定了社会再生产的概念，社会再生产也不再是社会设法通过其"成员"的活动而实现的一种神秘成就。

把这一论点分析得更加清晰非常重要，达到这一目的的最好方式是提供某种例证。让我们来考察一下马克思有关资本主义经济中的劳动后备军的讨论。马克思的论点可以从功能主义的视角加以解读，而且实际上也经常是这样得到解读的。资本主义的系统功能倘若要得到满足，它便会形成某些"需要"，既然系统需要有一种劳动后备军，劳动后备军因此也就出现了。这一论点有时候也以相反的方式得到陈述，即既然资本主义的运作导致了劳动后备军的形成，这必然是因为资本主义需要有它的存在。但不论这两种论点中的哪一种都很难自圆其说。即使是社会中最为根深蒂固的制度性特征的形成，也不是因为这些社会需要有这些特征存在。它们的形成是历史的，是具体条件的结果，而且每一种情形都必须得到直接的分析，同样的道理也适用于这些制度的存续。

与前一章所勾画的方案相一致，劳动后备军的论点也可以被表达为社会再生产关系中一系列的自我平衡。也就是

---

[1] 对于这一论点的更充分解释，可参阅"Functionalism: après la lutte"。

说，大批失业工人的存在可能与再生产体系中的其他因素形成一个因果循环链。比如说，功能主义者可能提出这样一种假设："后备军的功能是要稳定资本主义的生产。"但我想要禁止"功能"术语再出现于社会科学中——至少是表达技术意义的那种功能。如上面那一假设所表现出来的那样，"功能"术语在两种意义上表现得极为有害。

1. 解释者在说"功能"而不是"效果"（在因果循环内部）时隐含了这样一层意思：他们对于劳动后备军为何存在以及如何作用于资本主义的系统再生产问题已经提供了某种解释。但是，我们所质疑的那个假设根本就不能解释任何东西，或者它至多是解释社会再生产各个方面的某种初步方法。真正的解释必须具体表明构成这一循环圈的各个要素之间是一些什么样的关系。

2. "功能"的使用意味着动态与静态这一传统的二元划分，后备军的功能因此可以"在时间之外"得到分析。但是，我们在研究社会稳定时不能够搁置时间，更不用说研究社会变迁了。必须抵制将时间等同于变迁的做法。

在拒绝社会系统具有自身的"需要"和"理由"，这些"需要"和"理由"可以解释发生在它们身上的任何事物这类功能主义的观点时，还存在一类命题我不打算从社会分析中排除出去，那就是反事实命题。例如，"社会系统的某些既定特征倘若要形成、持续或者改变，那么就必须要做一些什么"。我们在使用这样一些推断性假设时必须小心，因为它们很容易导致功能主义方式的解释。例如这样一个命题："为了保持相对稳定的形式，资本主义经济必须保持一定水平的总体利润"。这里的"必须"是反事实的，因为如果要得到某些结果，它就必须去寻找能够满足这些结果的各种条件。"必须"不是系统的特性或者"需要"，也不具有解释的力量——除非是系统中的行动者知道了这些条件，并且积极地将这些条件纳入系统再生产的各种反思性自我调节过程中。

所有社会再生产都建立在行动者在特定社会背景下对规则和资源的有见地性的应用和再应用上，因此，不论在何种条件下，所有社会互动都必须由参与互动的各方随机地"完成"。不论从基本意义还是从一般意义而言，社会变迁在原则上都以极为随机的方式与社会再生产联系在一起，也就是说，社会系统通过作为其组成部分的参与者而长期得到生产和再生产。因此，变迁及其潜在可能性内在于社会再生产的所有时刻。重要的是必须认识到社会系统中的所有变迁在逻辑上都暗示了总体性和意味着结构的改变，不论这些变迁可能表现得多么微小和琐碎。这一点可以通过语言的变化来得到解释。单词在音素、句法和语义特性方面的改变是在语言的使用中得到实现的，也就是说，通过语言的再生产得到实现的。既然语言只存在于再生产过程中，并且只有通过再生产才能够存在，单词的这些改变也就暗示了作为总体的语言。

在将制度与社会变迁联系起来的过程中，有必要将群体形成的基础与系统矛盾联系起来。在资本主义社会，这种联系本质上以阶级支配作为媒介。工业资本主义社会最为根深蒂固的矛盾是私人占有与社会化生产之间的矛盾，我后面还将讨论这一点。这种矛盾的制度性表现体现在前面提到的经济与政治之间的关系上,这一矛盾反过来又构成了阶级结构的制度性基础。但是,如我已经指出的那样,阶级形态与阶级结构之间是一种非常复杂的关系。尽管"资本主义社会"可以被看作一种拥有特定制度组合的普遍性类型,在具体不同的社会之间,阶级形态可能存在着相当多不同的种类。有两种普遍类型的因素影响了这些差异的形成:主要矛盾与次要矛盾之间的特定联合方式;阶级与形成其他群体的基础之间的联合。

如果接受阶级首先是一种制度组织的形式而非集体这一点,接下来的一点将是,阶级支配并不排斥其他因素对集体结构化所带来的影响。[1]其他支配形式可能贯穿于阶级支配中,或者可能加强阶级支配,而不是缩小或者弱化它。这里存在着两种特别重要的分裂源泉:一是种族差异(或者种族属性);二是性别差异——尽管我这里不打算对阶级与种族和性别之间的关联作任何总体性分析。与前面一样,我们必须非常小心地避免任何功能主义的论点,认为在种族或者性别支配的确与阶级支配相一致的地方,这种一致可以解释为是资本主义社会的功能性需要。在当代资本主义社会,两类支配之间无疑存在着重要的一致,并且也容易为它们找到解释。因此,当代许多国家的种族歧视导致了这样一种后果,它驱使被歧视对象进入分割的劳动市场,从而帮助巩固了独特的底层阶级构成。这因此是一种"双重歧视"。类似的情况也发生在处于各个劳动力层级的妇女地位上,的确,对于

---

[1] 参阅 Pierre Bourdieu and J. C. Passerron, *Reproduction in Education*, *Society and Culture* (London: Sage, 1977)。

具有种族背景的妇女来说,她们作为被歧视的对象实际上遭受了"三重歧视"。①

角色理论的问题

在功能主义(非马克思主义)理论的社会系统中,角色概念处于非常重要的地位。因此,对于帕森斯来说,社会系统是由相互联系的角色构成的,角色是"在个人个性与社会系统的结构之间的基本连接点"。②当然,角色概念在功能主义之外的其他理论传统的作者那里也得到了广泛的应用,最明显者当属受符号互动论影响的那些人。角色概念已经成为各种批判的对象。③我不拟对它们一一进行评判,而是将论及三类主要的反对意见,它们都反对在社会分析中使用角色概念。首先,尽管文献中引入的角色概念经常是为了使社会行动者具有某些"自由表演"的成分,也就是说,避免将人类行动化约为社会原因的决定物,但大部分角色理论都过于强调角色的"既定"性质。重要的是个体在角色"表演"中能够有所影响或者掌控,而不是角色本身。角色分析因此经常延续了强烈烙印在社会理论中的行动与结构的二元化:社会给行动者提供了某些他们尽可能适应的角色。这样一种强调

---

① *The Class Structure of the Advanced Societies*.
② Parsons, Sociological Theory and Modern Society (New York: Free Press, 1967), p.11.
③ 德文讨论大部分是围绕着达仁多夫的《人类社会学》(*Homo Sociologicus*)展开的,参阅 Friedrich H. Tenbruck, "Zur Deutschen Reception der Rollenanalyse," *Kölner Zeitschrift für Soziologie*, vol.1 (1961);英文讨论则参阅 Margaret A. Coulson, "Role: a redundant concept in Sociology?" in J. A. Jackson, *Role* (Cambridge University Press, 1972)。

甚至在那些对人类能动性留有相当大空间的作者那里也得到了延续。例如，根据戈夫曼的观点："一旦进入某一位置，他便有义务去履行相应角色所包含的一整套行为，因此，角色意味着一种社会决定论和一套有关社会化的学说……角色因此是社会化的最基本单元。正是通过各种角色，社会中的任务得到了配置，执行这些任务的表演得以安排。"[1]

其次，角色概念的使用经常假设了构成角色的规范性期待的统一性，以及对于那种期待的社会共识。前一种假设通过下述观念得到促进，那就是社会系统中的每一个位置都具有相应的"角色"或者"角色集"。这种观点违背了认为社会（我们或许还可以加上剧场[2]）存在特定缺陷的观点，根据前者的观点，稳定性和"对期待进行有次序的调节"是自然的，变化则是反常的。"我非常喜欢剧场，真的是非常喜欢，但正是由于这种原因，剧场是我的敌人"。[3]将角色与规范性共识联系在一起，这是帕森斯社会学的最重要特色，但这一点在其他角色理论家那里引起争论（如默顿、达仁多夫、古德），后者希望将自己与帕森斯社会学的共识特征拉开距离。但这些作者所提出的冲突或者张力倾向于主要关注个体行动者与角色期待之间的关系，这种角色期待是"社会"希望他-她满足的期待。"角色紧张"来源于个体心理特征与角色之间的不连贯。

---

[1] Erving Goffman, *Where the Action Is* (London: Allen Lane, 1969), p. 41.
[2] 参阅 Stanford Lyman and B. M. Scott, *The Drama of Social Reality* (New York: Oxford University Press, 1975)。
[3] 阿尔托（Antonin Artaud, 1896－1948），法国的戏剧理论学者，他在20世纪初期所提出的"残酷剧场"理论一反过去剧场对语言的偏重，进而强调肢体的重要性，主要作品包括《剧场及其复象》(*The Theatre and Its Double*)等。——译者

最后，认为角色是社会系统的基本构成要素，这一观点是帕森斯在社会分析过程中强调价值或者规范的极端重要性的主要支柱。角色是一个规范概念，认为社会系统是由角色构成的，这一主张因此很容易被用来强调规范在社会理论中的优先性。

尽管我将不会从总体上抛弃角色这一概念，我当然会抛弃这样一种观点，它认为社会可以很好地理解为是由角色及其关系组成的；我也将抛弃与之相联系的这种观点，引用帕森斯的话来说就是，角色是"在个人个性与社会系统的结构之间的基本连接点"。关键的一点是要强调，社会系统不是由角色而是由实践（再生产）构成的，正是实践而不是角色必须被看作行动与结构之间的"连接点"（通过结构二重性）。

根据我在前一章提出的社会理论观念，社会系统（但不是结构）处于时间和空间当中。因此，把社会系统设想成结构化的"领域"不会存在太多的困难，行动者在这些领域中彼此占据着特定的位置（而且通过时间向度上的互动而得到再生产）。与角色概念所受到的广泛讨论不同，社会位置概念没有得到类似广泛的讨论，即使是从事角色分析的大部分作者也没有将它与角色紧密结合起来。我这里将把社会位置界定为社会身份，这一身份承载着特定范围（无论如何广泛地予以界定）的权利和义务，被赋予这一身份的行动者可能行使这些权利和履行这些义务（或者那是那一位置的"职责所在"），这些权利和义务构成了与这一位置联系在一起的角色规定。社会身份本质上是以特定社会标准为基础的一种范畴或者象征，这些标准体现在职业、血缘关系、年龄等级等方面。一

角色规定　规则-资源

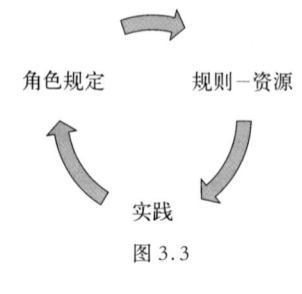

实践

图 3.3

旦我们抛弃社会系统是由位置或者角色构成的观点,承认角色只有与实践联系起来才能得到令人满意的理解,就像图 3.3 表明的那样,似乎也就不再有理由不把角色概念从前面提到的弱点之中解放出来,这些弱点妨碍了它在社会理论中的作用。但即使如此,角色概念在社会分析中的重要性也不像其提倡者希望赋予它的那么多。

坚持角色只有与规则和资源联系起来才能得到分析,强调这一点的必要性不是要把角色规定看作"既定的"或者共识性的,因为角色规定可能包含着各种矛盾,可能集中了各种冲突,这些矛盾和冲突表现了社会的广泛结构性特征。如我在前文已经强调的那样,角色是一个规范性概念,因此与更一般意义上的规范存在着紧密的关联。角色规定是根据社会身份的区分而组织起来的各种规范性规则,它们显然契合于更加普遍化的规范性规则。同时,与社会活动的所有其他要素一样,所有角色规定都是通过资源的使用而得到实现的,因此与各种支配性结构联系在一起。最后,角色规定还必须从其与现实实践之间彼此关联的角度来得到研究,后者构成了社会生活的内容。在角色规定所责成的内容与作为特定社会位置占有者的行动者的作为之间,可能存在着各种各样的错位。

把刚才提到的那几点放在心上,以一种正式的方式来识别张力或者冲突的根源便变得相对容易,那就是在落实角色规定的直接情境中促进了这种错位。当然，这些不能被看作基于共识模式假设基础上的规范功能主义的观点，而是如我在上一段所表明的那样，典型地以社会整体中更加广泛的矛盾作为基础。存在着四种值得加以区分的"角色紧张"类型，而且它们之间并不必然是相互排斥性的。

1. 行动者的需要或想法与角色规定相关的社会身份之间的张力，大部分有关角色理论的文献都集中在这一点上。但是，重要的是必须看到，这种张力并不必然仅仅是心理上的，也不必然是"非理性的"，此类观点主要来自角色"既定性"的假设，认为个体的角色"适合"或者进行得很好，或者很拙劣。

2. 行动者的角色集合中的要素之间的张力。默顿就这一点进行过详细的分析，[1]但我们必须就默顿的分析持某些保留态度。一是他以一副功能主义的面孔来写作角色集内部的不连贯性，即使他的观点没有像帕森斯的"规范功能主义"那样强调共识，他还是把冲突解释成对角色系统的"功能有效性"的妨碍。[2]二是他没有将角色集内部的张力与社会系统的更加普遍的特征联系起来，与下面将要论述到的第三点相关联，根植于角色集错位基础上的各种冲突与系统矛盾的根源相关联，它们是系统矛盾的一个"缩影"。

3. 不同社会身份的角色规定与个体被先赋的、采纳的或强加的角色规定之间的张力。像默顿那样，在"角色集"与"多重角色"之间进行概念区分是有价值的，人们可能会接

---

[1] R. K. Merton, "Continuities in the theory of reference groups and social structure," in *Social Theory and Social Structure*, p. 370.
[2] Ibid., p. 380.

受这一点。前者指的是与单个位置联系在一起的角色规定，后者指的则是不同社会身份交织在一起而形成的角色规定。

4. 来自角色规定的竞争性的张力。与任何其他规范性要素一样，在角色落实和权力关系卷入等社会生活中的背景下，角色规定经受各种不同的"解释"。在社会系统内部，各种社会位置也就是各种"权力关系"，因为它们和自主与依赖关系的再生产联系在一起，在社会中，角色关系的竞争是权力斗争的典型特征。

这些有关角色理论的讨论很容易导致对社会化问题的讨论，因为角色概念在社会学文献——尤其是功能主义文献——中常常被看作个性发展与社会的制度化结构之间的重要联系纽带。大部分这些文献都假定了一个我特别想加以批判的观点，那就是把"社会化"仅仅看作儿童适应于社会所期待的角色的过程，或者是儿童对这些角色的采纳。时间性在这里仅仅体现在儿童心理成功或者不那么成功发展的层次上，与已经形成了的社会——它将儿童模式化——相对照。

如我前面所言，时间性必须与社会再生产意义上的两种时间性中的一种联系起来才能得到理解：一是内在于社会互动中的时间性；二是社会系统人员再生产过程中所体现出来的时间性。

社会化与无意识

我在前面章节已经提出，在社会再生产分析中尝试超越主客体之间传统的二元划分是社会理论的一项任务。社会分析既不是建立在主体意识或者活动的基础上，也不是建立在客体（社会）特征的基础上，而是建立在结构二重性的基础之上。但是，如果主客体之间的二元对立要在直接互动的背景下得到超越，那么，它也就必须在社会化理论中——以一种非常不同的形式出现——得到超越。也就是说，我们必须避免任何诸如此类的社会化论述：或者假定主体被社会客体所决定（个体完全被社会所塑造），或者与此相对照，把主体视为理所当然和无须解释，把它看作人类的本质特征。两种视角都缺乏一种"主体理论"，因为前者把主体归结为社会力量决定的结果，后者则假定主体不会对任何形式的社会分析保持开放。

当把它置于发展的术语下，主体理论要求有一种无意识理论。在初步提出这一理论的时候，我们可以从"拉康式的弗洛伊德"那里（批判性地和谨慎地）吸收灵感。拉康心理分析的最重要特征之一在于，他承认弗洛伊德重点（Freudian emphasis）的根本意义，那就是"'它'从'我'还有待出现的空间中进行思考"，弗洛伊德因此将"我"的出现——因此，也将主谓性的客体关系的出现——与作为他者的语言的基本特征联系在了一起。拉康不是将 Wo es war soll Ich werden[①] 解读成作为心理分析实践的临床指令（与他形成对照

[①] Wo es war soll Ich werden 是弗洛伊德于 1932 年在《精神分析引论新编》中提出的格言，它被理解为各种不同的意思。例如，恩斯特·琼斯（Ernest Jones）将其译为"本我所在之处，自我也应到场"。玛丽·波拿巴（Marie Bonaparte）将其译为"自我必取本我而代之"。拉康则将其理解成"在无意识主体所存在的地方，'我'作为主体必须从那儿生成"，强调作为主体的我是在无意识当中生成的。——译者

的是作为批判理论的哈贝马斯的心理分析模式),不是意味着"自我必然排除本我",[①]而是作为一种发展方案,"它"先在于"主我"(I),后者总是与前者联系在一起。

拉康关于分裂(splitting)和镜像阶段(mirror-phase)的观点与乔治·米德(G. H. Mead)有关主体性兴起的论述存在着某些亲和性,后者或许在英语世界的社会学中具有最重要的影响。两者都强调,"位置性的主体"(positioned subject)只有在个体心理发展的过程中才会出现,因此,认知的反思性并不是人类的固有特性。但是,较之于拉康的观点以及更一般意义上的心理分析,米德以及受其影响的那些人的观点存在着更大的缺陷。首先,米德最终没有能够摆脱根植于主体的出发点,这一点表现在其著作中的"主我"的性质上。也就是说,"主我"被看作人类心理中的既定的和无须解释的因素——即使个体承认自身作为"主我"是相对于社会性的"宾我"(me)或者自我的形成来说的。

对于拉康来说,"主我"是通过相对于身体来得到想象的,儿童在镜像阶段的自恋式"置位"(positioning)是掌握"主我"与"宾我"之间辩证法的条件。尽管拉康和米德都强调了"个性",但前者把它看作"主我"本身的必要性构成要素,并将其与语言的辩证属性联系在一起。也就是说,"主我"除了是一个转换器或者表意器之外什么也不是,它表明主体就是对当前正在言说的他的一种解释。[②]其次,米德的

[①] Jacques Lacan, *The Four Fundamental Concepts of Psychoanalysis* (London: Hogarth Press, 1977), p. 43.
[②] Lacan, *Écrits*, p. 26.

"主我/宾我"模式似乎本质上是和谐的,在社会性自我的内部似乎给内在分裂和冲突留有一定的空间,但米德没有充分利用这一点。反思性主体的出现以"采取他者的角色"这一过程作为基础,但这一过程被描述为是一个相对有秩序的和渐进性的过程,同时,既然"主我"被留待未加分析,它也就必然以一种未加区分的方式来得到处理。如果拉康是正确的,婴儿是通过镜像阶段和阉割情结(castration complex)——两者都与压制联系在一起——而习得主体-客体关系,那么,"主我"便在习得这一地位的过程中得到"内在的划分"。

我没有暗示我这里提出的社会化概念依赖于接受拉康著作的主要部分,我想要提出的仅仅是关于主体性兴起的解释,拉康式的弗洛伊德可以让我们受益良多。至于其他一些方面,在我看来,至少必须比拉康更加细致地挖掘弗洛伊德著作中的某些主要因素。因此,拉康尽管明确地反对这样一种指责,即他的理论是一种忽视动力的"知识化",他的方法——以准语言结构主义的观念为基础——实际上没有能够充分地整合人类动机的各种组织基础。无论如何,我认为重申传统心理理论所关注的某些东西仍然重要,这些理论认为,儿童的早期发展涉及卡迪纳(Kardiner)所谓的基本安全体系的形成,这是一种与有机体需要联系在一起的张力管理能力,它为儿童步入社会和物质世界提供了无所不包的适应能力。

实际上,考虑到拉康许多表述方式的模糊性和晦涩性,现在还不是完全清楚我们可以从其整个理论中富有成效地吸收多少原理。当他援引索绪尔的公式 $\frac{S}{s.}$ 来说明无意识时,我

社会理论的核心问题 | 167

们必须对此持相当的保留。拉康把无意识与语言中"难以言表的东西"联系在一起,后者被看作能指的基本特征(以整个语言符码作为媒介)。但是,对于此类观点,我对于受结构主义语言学影响的其他类型的社会理论和哲学的批判也同样适用于它。拉康的主要论点之一是无意识之中"坚持要求"要有能指。[1]能指的文字形式是无意识的结构性因素,它与各种所指的意识群分离开来,两者的分界线体现在含意的互斥上。语句则是将两类含意链关联在一起的缝合点。不可否认,拉康对于比喻与转喻这一孪生原则的运用为无意识的心理分析理论进行了富有才华的重写(或者用他更喜欢的话来说,提供了尝试性解读),但这些本质上并不依赖于他对结构语言学等诸如此类理论的应用。与其他结构主义者一样,区分能指与所指所带来的有害效应在拉康的著作中也同样明显。[2]由此导致的结果不是表现为各种无意义形式所具有的意义产生属性的文字呈现,而是两类已经存在的意义参数交织在一起。我想要指出的是,没有对这种情况加以说明,即意义同时在无意识和意识层面上得到建构,两者之间仍将存在各种形式的错位。

个性的"分层化"模式——人类需要被看作是分层的,

---

[1] "The agency of the letter in the unconscious," *Écrits*, 也可参阅 Anika Lemaire, *Jacques Lacan*(London: Routledge, 1977); Anthony Wilden, *The Language of the Self*(New York: Dell, 1975)。

[2] 例如,他在《文选》(*Écrits*)中经常省略"所指"和"所指客体"。在我看来,利科的观点对我想要提倡的立场非常重要。他说道:"无意识像语言那样得到建构",这种论断"不能与本维尼斯特(Benveniste)有关弗洛伊德主义的机制既在语言之下,也在语言之上的评价分离开来,无意识机制并不特别表现为一种语言现象,因为它们是普遍语言的各种派生性扭曲"(第404页)。更有甚者,在强调无意识话语对"经济"方面保持封闭的同时,利科还强调了压制与实践力能学(the energetics of practice)之间的关系。

其中基本安全体系很大程度上是主体意识所难以接近的——与强调行动的反思性监控的意义并不是完全不相容，只有顺着拉康的行动者的"置位"思路走下去，行动的反思性监控才有可能出现。在心理分析理论（不论以何种面目出现）、行动理论以及有关社会化的更加正统的心理解释之间，仍然存在着相当大的鸿沟。但随着后行为主义阶段的到来，学院心理学似乎也在向前发展，出现了使三者能够彼此联系起来的各种特定线索。因此，如果行动的反思性监控只有当儿童成为"位置性主体"之后才有可能出现的话，那么，在它得到发展之前仍然存在着一系列不同的能力，它们构成了获得这一成就的必要条件，我们可以合理地将这些能力与同时期基本安全体系形成的过程联系起来。毫不奇怪，人类生理学是这些联系的直接基础。心理分析文献总是主要集中在各种有机动力的管理方面——大部分行为理论也以不同的方式集中在这些方面。但晚近的心理学文献表明，学习过程中存在着各种"连贯顺序"，这些学习过程可能基于特定的生理基础，建立在"内嵌"的能力而不是需要的基础上。乔姆斯基在讨论个体如何获得语言句法的技巧时，对此也进行过大量的论述，他和其他一些人都暗示，与这种技巧同时获得的可能还有一系列其他的技巧。

紧急情形与例行化

通过分析例行化情境被剧烈扰乱的情形，我们可以学到关于例行化情境中日常生活的大量知识，弗洛伊德的心理学某种意义上使用的也是类似的方法。这里我想要简单地考察一下与这一点相关的一系列材料。在这一领域的一个适当的出发点是勒庞(Le Bon)、比格尔(Bighele)以及其他一些人在20世纪转折时期对于"群体行为"(mob behavior)的论述——尽管这一出发点乍看起来没有什么前途。这些作者的著作出于几个方面的原因变得非常有趣。他们表现了所谓"社会心理学"的源泉之一。[1]他们某种程度上也对帕累托(Pareto)、莫斯卡(Mosca)提出的类似于"精英理论"的自由民主理论进行了保守主义批判,同时,他们还可以被看作对法西斯主义的早期预测和批判。但是,除了这些考虑之外,他们的著作还对分析特定类型的紧急情形(critical situation)提供了一种示例性的分析。所谓紧急情形,指的是日常生活中习以为常的例行化被剧烈中断(无论出于什么样的原因)而出现的各种情形。必须指出的是,这并不是勒庞以及其他一些人看待自己著作的分析框架。勒庞总体上把乌合之众的行为看作集体行为的原生类型。我则把它看作发生在背离了社会再生产的例行化特征——作为社会生活大多数情境的典型特征——这样一种社会条件之下的行为。

在《乌合之众》一书中,勒庞关注无意识的群体行为所具有的意义,这也难怪此书后来获得弗洛伊德同情式批评的评价。[2]根据勒庞的观点,这是"现代心理学的一项真理",即

---

[1] 因为1908年出版的那些书都称作《社会心理学》(分别为William MacDougall 和 E. A. Ross 所著)。

[2] S. Freud, *Group Psychology and the Analysis of the Ego* (London: Hogarth Press, 1959).

无意识现象不仅在有机体的生活中,而且在智力活动中,都发挥着一种完全压倒性的作用……在我们的行为之可予以说明的原因背后,毫无疑问隐藏着我们没有说明的原因,但是在这些原因背后,还有另外许多我们自己一无所知的神秘原因。我们的大多数日常行为都是我们无法观察的一些隐蔽动机的结果。[1]

群体行为使这一点变得更加清楚,那是因为受乌合之众行为——勒庞的主要例子是1789年的革命性乌合之众——的刺激,无意识的反应以一种在日常社会活动中难以见到的方式走向前台。个人一旦为乌合之众行为所传染,他便失去了在日常社会生活中能够展示出来的"智力的批判性能力",变得高度易受影响,但在群情激愤的群体之外,他又能够以一种更加理性的方式来加以看待。勒庞将易受影响的群体与催眠群体进行比较——催眠状态是"一种被催眠者在催眠师的操纵下进入的'迷幻'状态",[2]一种个人人格消失得无影无踪的状态。在乌合之众的影响下,个体回归一种更加"原始"的反应类型:"孤立的他可能是个有教养的个人,但在群体中他变成了野蛮人——即一个行为受本能支配的动物。他表现得身不由己,残暴而狂热,也表现出原始人的热情和英雄主义。"[3]在这种情形下,群体成员很容易被领袖和煽动性政治家所操纵。勒庞在其著作中用了相当大的篇幅来讨论群

---

[1] Gustave Le Bon, The Crowd (London, 1925) p.7. 但勒庞认为,无意识主要是种族特征的一种"古老遗产"。
[2] Ibid., p.11.
[3] Ibid., p.12.

社会理论的核心问题 | 171

体领袖所能带来的影响。

出于目前讨论的需要,我不会集中在诸如此类的群体行为上,而是追踪勒庞所注意到的几种现象的重要意义,它们主要是易受影响性、退化和群体领袖的重要性。我想要提出的是,类似的反应可以见之于一系列情境,这些情境除了表现出日常生活的习惯性例行常规遭到剧烈破坏之外,彼此之间没有多少共同之处。比如,贝特海姆(Bettelheim)对于纳粹集中营里囚犯反应(以他自己的经验为基础)的描述。[1]根据他的观点,被拘留者或多或少都普遍经历了态度和行为方面的一系列变化——只要他们在集中营里存活的时间足够长。在监禁的第一个阶段,面对集中营生活的穷困和野蛮,被监禁者都会维持一种与以前生活联系在一起的得体的行为方式。这种集中营生活包括:肉体折磨、过度拥挤的生活和睡眠条件、各种类型的虐待以及严重的食物短缺等。暴露在这样一些条件下,任何试图维持以前行为模式的努力都会迅速瓦解,"外部"参考框架失去了它的重要性,囚犯完全被集中营的内部世界所支配。到了这一阶段,囚犯开始出现贝特海姆所描述的向孩子气般的依赖态度退化。这种退化行为包括:具有时间跨度的感情体验减少,关注眼前的事件,丧失长远的打算,剧烈的情感波动(从得意洋洋到心灰意冷),爱回顾庄重和琐碎的事情——尽管对个人而言,各种琐碎的事情可能比一次有重大意义的事情更有意义。在接下来的一阶段,出现了某种类似于"再社会化"的过程,只不过这一过

---

[1] Bruno Bettelheim, *The Informed Heart* (Glencoe: Free Press, 1960).

程是建立在对压迫者和监狱警卫的认同上。贝特海姆说道："所有这些变化——尽管并非所有的老年囚犯都出现了这些变化——表明了一种人格结构，这种人格结构愿意而且能够把党卫军的价值和行为作为自己的价值和行为。"①

可以将贝特海姆的论述与萨金特（Sargant）有关紧急情形的广泛讨论进行比较。②后者把例行化生活被打破的各种情形比作战场上开枪、刑讯逼供以及宗教转换等背景下的行为。尽管我对萨金特对这些现象所做的解释持各种保留态度，③他与勒庞、贝特海姆之间存在着某些有趣的一致性。刑讯逼供或许在形式和结果上与贝特海姆所描述的集中营里囚犯的处境最为接近。世界各地的囚犯都面临身体和心理上处处被贬低的处境，尽管它们很难以集中营的可怕情形相提并论，但对于他们来说只是程度不同而已。在残酷而漫长的拷打处境下，也会出现与贝特海姆所描述的极为类似的反应。在最初阶段，个体可能抵制所面临的压力。但如果拷打过程持续了一段漫长的时间，人格改变的阶段就将发生，这一阶段也与贝特海姆分析中表明的阶段相似。退化行为与上面提到的三个方面紧密关联，它具有一种突出的特征，那就是以对侵略者、施刑者等的认同作为顶点。萨金特写道："根据受害者的描述，严刑拷打所带来的最可怕后果之一，是他们突然在情感上依附于那些曾经残酷对待他们的拷打者……"④

---

① Bruno Bettelheim, *The Informed Heart* (Glencoe: Free Press, 1960), p.169.
② William Sargant, *Battle for the Mind* (London: Pan, 1959).
③ 那本书具有强烈的科尔德·沃利希（Cold Warish）语气（首次出版于1957年）。萨金特更关注于信仰急剧转变的过程，而不是我所说的紧要情形，他试图主要通过心理学术语来解释那些反应。
④ Sargant, *Battle for the Mind*, p.192.

紧急情形似乎涉及以下一般性要素。剧烈打破例行化对行动者的惯常行为产生了一种腐蚀性效应，随之而来的是焦虑和恐惧的影响。这种情形使个体对他者的提示变得高度易受影响或者脆弱，与这种易受影响性联系在一起的是退化行为。最终导致的结果是一种新的认同过程——在短时间内表现为乌合之众的认同，在更加漫长的紧要情形中则表现为对权威形象的认同。

弗洛伊德对最后这些现象进行了令人信服的解释，我希望将他的解释与我的论述结合在一起，研究紧要情形对例行化的日常社会再生产所具有的含义。弗洛伊德说道，认同"是对另一个人情感依赖的最早表现"，是人格发展过程中俄狄浦斯阶段(Oedipal stage)[①]的本质部分。认同总是矛盾性的，它"既可以表现得柔情百转，但也同样容易表现为希望某人消失的愿望"。[②]作为情感纽带的最早形式，认同为更加成熟的客观选择能力奠定了基础，进入成年之后，通过认同而形成的依附因此是一种退化的形式，这种依附既可以体现在自己所爱的人身上，也可以体现在自己所恨的人身上。在最初阶段，对于乌合之众的煽动者——既可以积极情感的目标，也可以消极情感的目标——的认同是群体领袖扮演了超我或者理想自我的临时代理人的过程。[③]

[①] 俄狄浦斯阶段，又称恋母情结阶段。是指儿子亲母反父的复合情结。它是弗洛伊德主张的一种观点。这一名称来自希腊神话王子俄狄浦斯(或译作伊底帕斯)的故事。俄狄浦斯违反意愿，无意中杀父而娶了母亲。——译者

[②] Freud, *Group Psychology*, p.37.

[③] 参阅 Sargant, *Battle for the Mind*, pp.95-96。他认为，如果人们对宗教仪式持一种不在乎和不恭的态度，那么宗教仪式转换所带来的影响可以非常容易就得到抵制。相反，如果持一种强烈有限和敌意的态度，那么则可能带来转变的体验。

这对于我们理解紧要情形下的心理因素提供了一个非常有帮助的解释。在这种情形下,加剧了的焦虑使行动者对极为矛盾性的、退化的客体-依附模式变得非常脆弱。这种分析有助于我们理解我前面已经分析过的两类持续时间较长的紧要情形的过程:一是集中营里的监禁;二是刑讯逼供。它们的社会学意义与勒庞讨论的乌合之众现象同样存在着紧密的联系:这并不是诸如此类的乌合之众行为,而是社会运动的心理动力,尤其与对"强有力领袖"的需求联系在一起。

但在目前的背景下,我同样也关注紧要情形下的行为对于理解其反面——例行常规和平凡生活——所具有的含义。这是不是意味着非理性通常优先于理性?是不是意味着我们有意识的行为被我们很少意识到的冲动或者情感所支配?因为长时间紧要情形的一种令人印象深刻的特征在于,暴露在这一情形下的行动者的个性发生改变——尽管他们有意识地进行了坚决抵抗,尽管暴露在紧要情形下的时间长短不一(这种时间的长短很大程度上取决于行动者决定坚持的相对时长)。但是,尽管长时间的紧要情形是一种与社会再生产的习惯性背景发生剧烈背离的情形,我们并不应当就此得出结论认为意识通常被无意识所支配。实际上,对于紧要情形的研究表明,对于例行化社会互动——它使我们将结构化理论的两大特征联系在一起——的分析包括两个方面:一方面是能动性的分层化模式;另一方面是对于行动者关于行动环境的知识的强调。

本部分分析的要点可以总结如下:行动的反思性监控利用了各种默示性的和话语性的知识,并通过这些知识而得到再生产：社会再生产的持续涉及既有态度和认知观点的持续"再例行化"，它在基本安全体系中压制潜在的焦虑源泉。"社会化"应当被看作社会再生产持续中的一种要素，是社会过程的内在时间性的体现，而不仅仅是指儿童人格形成过程中的时间性。（同时，我们也必须注意到人格是一种"时间模式"，这种模式是个体过去历史的沉淀或者储存，并能轻易地影响现在。）社会关系的例行化是人格分层得到维持的模式，也就是说，焦虑的潜在破坏性效应在这种模式中得到压制。熟悉的东西总是使人产生放心的感觉，在结构二重性的背景下，熟悉的社会情境因此不断通过人类能动性自身而得到创建和再创建。这不应当被理解成是对社会稳定的颂歌。相反，我要表明的是，某些社会理论流派倾向于过高估计动机约束对社会实践——建构了既定的社会系统——所具有的影响水平和详细程度。社会实践的大多数要素都不是直接受动机激发的。作为互动行动者反思性监控的产物，动机约束更加典型地与习惯性实践和基本人格安全体系的普遍整合有关。例行化意味着"常人方法的持续"，而不是实践经验内容的再生产。

社会化：总结性评论

涂尔干把社会化看作社会事实的约束属性被感知的方式之一。他认为，社会对于个人的"外在性"通过那些事实得到表现，社会在个人出生之前就已经存在，并且制约和塑造了他们的发展。但是，如前面已经指出的那样，这一论点最好表述为两种形式的社会再生产之间的相互作用。社会化过程对于理解社会系统的制度性组织是根本的，这一观点我们能够接受，只要我们将如下三点谨记于心。在涂尔干以及受他影响的那些人那里，它们或者变得模糊不清，或者没有得到很好的对待。

首先，"社会化"绝不是"社会"给"个体"被动地打上的烙印。即使是在最早的体验中，儿童也是双向互动和逐渐"融入社会"的积极参与者。其次，社会化不会止于个体生活的某一特定时刻——即使在他成为社会的成熟成员之后。大部分使用社会化这一术语的人存在着一种或隐或显的假设，那就是社会化局限于儿童阶段，或者儿童阶段加上少年阶段。但是，社会化实际上应当被看作跨越个体生命的整个周期。如果把这一断言仅仅理解为生命过程的持续性或者时间性，那它走得还不够远，因为它把"社会"看作一个静态的或者已经完成的秩序，而不是把它看作一个将生命过程与社会再生产的内在时间性联系在一起的相互性时间过程。

最后，除非以一种非常宽泛的方式，否则我们不能正确地谈论社会化过程。从两个方面而言，这一词汇包含了太多的标准或者统一性：似乎存在着一个单一的、简单清晰的个人必须经历的"过程"；似乎存在着共识上的一致性，个体通过这种一致性而被社会化。

显然，作为对社会化的一种解释，有关个体心理发展的大部分研究仍然存在着严重的缺陷，因为它们过于聚焦在一个没有分化的"社会"里的人格分化。这种理论长期支配了儿童认知发展方面的心理研究，例如皮亚杰（Piaget）的理论，这在相当大的程度而言是这样。如果我们要避免此类观点的缺陷，我们尤其必须将某些问题铭记于心。必须记住"成为社会的"不能被理解成"单方面"(monological)的术语，把它仅仅看作"储存"在学习者脑海里的一系列能力，[1]相反，它在认知层面涉及对"对话性"交往背景的掌握。这种掌握不完全体现在话语意识上，而且涉及关于惯例的实践知识的积累，社会互动的生产和再生产利用了这些实践知识。更有甚者，仅仅强调儿童积极地参与了社会化过程并不能解决问题，积极参与尽管非常重要，但同时也把问题留在了那里。要理解个中原因，关注"社会化"［比较一下，在德语中，西美尔经常使用 Vergesellschaftung（社会化）一词］与社会的生产和再生产概念之间的紧密联系将会大有帮助，后者我在每一章都提出过。如果按前面我已经拒绝的方式来理解，社会化听起来仅仅是一个非常特别和与众不同的术语，它强调过程和时间，社会则被看作一种个体逐渐融入的静态形式。对于孩子来说，童年的展现不仅仅是时间的消逝。对孩子的父辈和社会的所有其他成员来说是时间的消逝，但社会化所涉及的不仅仅是孩子，而且包括与孩子有接触的父母和其他人，以及在互动过程中其行为受孩子影响的那些人，或者反过来，其行为影响了孩子的那些人。[2]既然新生儿是如此的无助，如此依赖于其他人——通常是他们的父母——因此也就

---

[1] 参阅 Jerome S. Bruner, "The organization of early skilled action," in Martin P. Richards, *The Integration of a Child into a Social World* (Cambridge University Press, 1974)。
[2] Daniel Bertaux, *Destins Personnels et structure de classe* (Paris: Presses Universitaires, 1977)。在该书中，作者为一种包含"社会轨迹"(social trajectories)的阶级观辩护。

非常容易忘记孩子"创造了父母",同时父母也创造了孩子这一点。孩子的到来和发展重新安排了照顾他并与之互动的成年人的生活。"母亲"称号是随着孩子的到来才给予的,但母亲身份的实践和落实则涉及各种学习过程,这些过程追溯到孩子出生之前,同时在出生之后也将继续下去。因此社会化的最适当理解不应当是"将儿童纳入社会",而应当是代际的延续。

第四章 矛盾、权力与历史唯物主义

基于前几章论述的结构化理论的基本原理,我将在本章中解释一系列与社会矛盾和冲突相关的问题。我所提出的社会分析方法几乎颠倒了功能主义;我的指导性原则是:不要寻找社会实践所实现的功能,而要寻找他们所体现的矛盾。

如图 4.1 所示,我将在概念上对矛盾(contradiction)和冲突(conflict)进行明确区分。像很多作者所指出的那样,我们必须认知"冲突"概念所具有的两种含义:其一,冲突可以指利益对立或利益划分;其二,冲突可以指行动者或群体之间实际发生的斗争。在我的术语体系中,冲突是指那些在社会实践层次上发生的冲突。说明冲突作为"实际发生的斗争"的性质并没有什么概念上的困难。但是,说明"利益"或者"矛盾"概念就有困难了;本章我将集中讨论"矛盾"概念,在接下来的一章则将讨论"利益"概念。

冲突	作为特定社会实践的、行动者之间或群体之间的斗争
矛盾	系统组织中结构性原则的断裂

图 4.1

马克思理论中的"矛盾"概念

在社会科学中,对于"矛盾"概念的思考带来了很多难题，但解决这些难题又非常重要。我们必须从黑格尔和马克思的关系说起。人们通常认为，黑格尔从逻辑学中借用了"矛盾"概念，并在本体论的意义上加以应用。但是，这的确是一种误解，因为黑格尔也想说明逻辑学与现实是不能相互分离的，虽然它们属于完全不同的范畴。他并不是简单地将矛盾嵌入到现实中，而是试图表明矛盾是逻辑和现实的根源。矛盾与"存在"（being）的有限性相关，因而也与"生成"（becoming）的普遍性相关。因而在黑格尔的哲学中，矛盾性是内在于所有存在物中的、能动性的来源：也就是否定之否定。

从早期开始，马克思就反对否定性是现实的本性的论点。和费尔巴哈一样，他想恢复事物的肯定性；因此，黑格尔的"事物消亡和转变的根源在于否定性"的观点被看作不可接受的唯心主义而被拒绝。

> 就历史内在的肯定性关系而言，（黑格尔）将"否定之否定"看作所有存在物唯一而真实的肯定性活动；就历史内在的否定性关系而言，（黑格尔）将"否定之否定"看作所有存在物唯一而真实的自我确认活动；所以，黑格尔仅仅发明了一种关于历史过程的抽象的、逻辑的和思辨的理论，而不是已经呈现出来的、真实的人类历史……①

因此，马克思否认矛盾在事物构成中的本体性地位。对

---

① Marx, "Critique of Hegel's dialectic," in T. B. Bottomore, *Karl Marx, Early Writings* (New York: McGraw-Hill, 1964), p.198.

马克思而言，矛盾和否定性依然是变化的驱动力；但是，马克思所说的"变化"是真实的人类历史中所发生的变化（后来，在《反杜林论》和《自然辩证法》中，这个观点被恩格斯部分地颠倒了，虽然比较粗略）。"矛盾性"是阶级社会的性质。资本主义最大化了阶级社会的矛盾；但是，它同时也为超越矛盾的无阶级社会做了准备。像马克思所说的那样，资本主义社会中"相互依存而又相互矛盾的冲突"是资本与劳动之间的斗争。遭遇了"人性的完全丧失"的无产阶级是"革命性的否定力量"，即积累起来的矛盾力量；在自我救赎过程中，无产阶级也会将整个社会从阶级社会的矛盾性之中解救出来[①]。

对马克思而言，矛盾和否定性不是作为现实的普遍性和本体性条件而反映存在的有限性，而是指阶级社会的有限性：变动的——而不是普遍的——人类社会秩序[②]。在从部落社会的无阶级性到社会主义的无阶级性之间的历史运动中，矛盾发挥其历史作用；矛盾只属于马克思所说的人类"史前史"，因而是能被超越的，也是能够和将会被超越的。

在他的著作中，马克思是如何使用"矛盾"这一概念的呢？我们不难发现他使用这个概念时的总体连贯性，虽然表面上看起来存在着相当大的多样性。因为马克思将"矛盾"的概念引入阶级冲突的分析，所以马克思经常把"矛盾"（Widerspruch）、"对立"（Gegensatz）和"冲突"（Konflikt）作

[①] "Economic and philosophical manuscripts," in T. B. Bottomore, *Karl Marx, Early Writings* (New York: McGraw-Hill, 1964), p.144.

[②] "Contribution to the critique of Hegel's Philosophy of Rights," ibid., pp.58-59.

为可互换的概念使用，这就不足为奇了。在马克思的所有著作中，最著名的关于"矛盾"的论述也许是《〈政治经济学批判〉导言》中的论述。相关的段落值得在此详细地加以引述：

> 社会的物质生产力发展到一定阶段，便同它们一直在其中运动的现存生产关系……发生矛盾。于是这些关系便由生产力的发展形式变成生产力的桎梏。那时社会革命的时代就到来了。随着经济基础的变更，全部庞大的上层建筑也或慢或快地发生变革。……我们判断一个人不能以他对自己的看法为根据，同样，我们判断这样一个变革时代也不能以它的意识为根据；相反，这个意识本身必须通过物质生活的矛盾，从社会生产力和生产关系之间的现存冲突中去解释。无论哪一个社会形态，在它所能容纳的全部生产力发挥出来以前，是绝不会灭亡的；而新的更高的生产关系，在它的物质存在条件在旧社会的胎胞里成熟以前，是绝不会出现的。所以人类始终只提出自己能够解决的任务……大体说来，亚细亚的、古代的、封建的和现代资产阶级的生产方式可以看作经济的社会形态演进的几个时代。资产阶级的生产关系是社会生产过程的最后一个对抗形式，这里所说的对抗，不是指个人的对抗，而是指从个人的社会生活条件中生长出来的对抗；但是，在资产阶级社会的胎胞里发展的生产力，同时又创造着解决这种对抗的物质条件[①]。

[①] Marx and Engels, *Selected Works* (London: Lawrence and Wishart, 1968), pp. 182-183.

这段话囊括了马克思用来分析社会发展的矛盾及其解决的理论的所有主要元素；这段话表明了矛盾的动力机制，也表明了马克思通过社会形态的线性发展所建立的"历史进步观"。"人类始终只提出自己能够解决的任务"这句话很好地说明了他的历史进步观：任何一个阶段不仅创造了向"更高"社会形态发展的可能性，也创造了向更高社会形态发展的手段。

即使用马克思本人在其他著作中的理论来理解，这个框架也存在各种难题。后来，马克思本人也反对将亚细亚的社会形态看作欧洲社会形态之前的一个历史阶段，因为他认为亚细亚生产方式和古典社会形态是相互独立地从部落社会中发展起来的社会形态。我们可以质问：古代社会的人类是如何"只提出自己能够解决的任务"的？马克思对罗马帝国解体的分析表明：罗马帝国的崩溃是它的内部矛盾引起的；而且，因为对制造业和贸易的种种阻碍（尤其是奴隶制），其崩溃并没有将它推向更高的综合阶段[1]。当然，我们可以说罗马帝国的衰落在某种意义上为封建主义的产生提供了必要条件，从而也为现代资本主义的崛起提供了必要条件。但是，这种简单模糊的推理并不非常具有说服力；下面，我想提出一个不同观点。

如果我们忽略马克思术语的多样性，我们可以说：在马克思的著作中，"矛盾"这个概念主要出现在两种背景中。像

---

[1] 通常有人认为，马克思对罗马帝国衰落的分析类似于后来韦伯更加详细的分析。参见"Marx, Weber and the development of capitalism," in *Studies in Social and Political Theory*, pp. 197 - 198。

前面的引述一样，其中一种背景是对用来解释社会变迁的历史唯物主义的一般性描述。这里，马克思写到"物质生活"中的矛盾，或者被称为马克思主义"经典公式"的生产力和生产关系的矛盾①。《政治经济学批判》之前和之后的马克思著作中都多次出现了"生产力/生产关系框架"。例如，在1848年的《共产党宣言》中，马克思就应用"生产力/生产关系框架"来分析封建主义和资本主义。在前一种社会形态发展到"一定阶段"，马克思说，"封建的所有制关系，就不再适应已经发展的生产力了"；结果，革命性转变导致了资产主义社会的建立。但是，在资本主义社会中，"我们眼前又进行着类似的运动"。马克思接着写道："几十年来的工业和商业的历史，只不过是现代生产力反抗现代生产关系、反抗作为资产阶级及其统治的存在条件的所有制关系的历史。"②在《资本论》的第一卷中，关于这个问题，马克思强调了垄断资本的发展。"生产资料的集中和劳动的社会化"，马克思写道，"已经到达了与它们的资本主义外壳不能相容的地步"，接着便是"这个外壳就要炸毁了，资本主义私有制的丧钟就要敲响，剥夺者就要被剥夺了"的著名阶段③。

离开了马克思关于"历史的唯物主义解释"的一般理论，我们是不可能理解这个"生产力/生产关系框架"的；以后我会详细地说明"唯物主义观点"。与本章下面的部分联系更紧密的是马克思使用"社会矛盾"的第二种背景。在这

---

① Gary Young, "The fundamental contradiction of capitalist production," *Philosophy and Public Affairs*, vol. 5 (1976), p. 196.
② "Manifesto of the Communist Party," in Marx and Engels, *Selected Works*, p. 40.
③ *Capital*, vol. 1, p. 763.

一背景中，马克思考察了资本主义生产方式的特殊矛盾。

在"成熟时期"的马克思的三部主要著作——《政治经济学批判大纲》《资本论》和《剩余价值理论》——中，"矛盾"概念经常出现。资本主义体系的各个方面被认为是矛盾的，包括：

1. 作为一种阶级关系的资本与雇佣劳动者之间的关系。虽然在英语世界中这经常被翻译成"矛盾"，但是马克思通常使用"对立"而不是"矛盾"来描述这对关系。

2. 使用价值与交换价值的关系，商品的"特殊的自然属性"与"普遍的社会属性"之间的关系。

3. 剩余价值产生的环境，尤其是利润率降低的趋势。

4. 劳动过程的性质，即资本主义创造的财富所导致的工人的异化[1]。

这表明，与之前的生产体系相比，资本主义社会大大增加了矛盾。但是，马克思是否把其中的一种矛盾或一个矛盾根源看作其他矛盾的基础呢？资本主义的生产模式中是否有一种"基本矛盾"呢？如果有，是什么？大部分马克思主义者都假设有一个基本矛盾；我也认为，对于阐释马克思而言，以及对于现代资本主义的结构分析而言，他们这样做是有道理的。但是，在资本主义的基本矛盾问题上，对马克思

---

[1] "资本的发展障碍是指资本的整个发展过程都是以矛盾的方式进行的，而且生产力、财富和知识的这种发展方式使得劳动者发生了异化，劳动所创造的事物不再是劳动者的了，而是外在的财富及其性质的产物。" *Grundrisse* (Harmondsworth: Pelican, 1973), p. 451。

的各种诠释并不总能达成一致意见。比如，在最近关于矛盾的讨论中，杨（Young）主张：严格说来，资本主义的基本矛盾不是存在于生产力和生产关系之间，而是完全存在于"资本主义生产关系"之中[①]。对杨而言，这个矛盾可以在交换过程中发现：这是流通过程中商品的销售和购买之间的矛盾。这个矛盾根源于我前面所说的第二种矛盾。

但是，这是难以置信的，因为这种分析没有和马克思理论的主要特征联系起来，而我将会为马克思理论的这个主要特征进行辩护。这个主要特征是：社会矛盾表明社会秩序内在固有的形态，而且这个社会矛盾是被先前的社会矛盾激发出来的。当然，资本主义的基本矛盾一定是预兆一种新的社会经济体系——社会主义社会——的矛盾。我认为，只有一种可能存在：私人占有与社会化生产之间的矛盾。以后，我会详细地说明这一点。但是，马克思后期著作中的很多段落都说明了这个论断的主要含义，比如：

> 劳动分工导致了集中、协调、合作、个体利益与阶级利益之间的对立、竞争、资本集中、垄断和股份公司等统一体的矛盾形态，而这些联合形式又造成了这些矛盾。以同样的方式，个体交换导致了国际贸易，个体之间的相互依赖引起了对全球市场的完全依赖，分散的交换活动产生了必需的银行和信用体系……像今天一样，在无阶级社会中，（我们也可以发现）嵌入在社会中的生产的

[①] Young, "Fundamental contradiction of capitalist production," p. 201.

物质条件和商业关系①。

近期的两个观点

马克思之后,很多马克思主义文献生搬硬套地使用了"矛盾"这个词汇,因而加剧了马克思著作中已经存在的术语使用的随意性。依次考察马克思主义者对这个术语的使用,并无太多意义;这里,我只想讨论社会理论中直接分析"矛盾"概念的两个晚近观点。这两个观点不仅相互之间形成了鲜明的对比,而且与我将要提出的观点也形成了鲜明的对比。

第一个观点可以在戈德利尔的一篇著名文章中找到;这篇文章详细阐述了受列维—施特劳斯和阿尔都塞所影响的立场和观点②。戈德利尔认为,我们可以发现马克思所说的"资本主义社会中的矛盾"的两种基本含义。其一,马克思认为资本与雇佣劳动,作为两个阶级,是相互矛盾地关联起来的。这是资本主义生产方式中的矛盾,也是戈德利尔所说的"结构的内在矛盾"③。资本与雇佣劳动之间的矛盾指明了资本主义社会不同于其他生产体系类型的特殊性质。戈德利尔指出,这些特殊性质存在于资本主义生产方式以及其他方面的最初阶段,正是它们与马克思所使用的"矛盾"的第二种

---

① Grundrisse, p.77.
② Maurice Godelier, "Structure and Contradiction in *Capital*," in Robin Blackburn, *Ideology in Social Science* (London: Fontana, 1972).
③ Ibid., p.350.

含义区分开来。第二种含义就是马克思所说的随着资本主义社会走向成熟而出现的私人占有与社会化生产之间的对立。用戈德利尔的话说就是，这不是一个结构性内在矛盾，而是两种结构之间的矛盾：第一个描述资本主义社会的特征，第二个预示社会主义社会的出现。私人占有与社会化生产之间的矛盾只是在资本主义发展的相对晚期阶段才会产生，因为在其早期阶段，资本主义生产关系是有利于生产力发展的。戈德利尔认为，与第一种矛盾不同，第二种矛盾是"无意识的"或者"无目的的"①。这种矛盾暴露了资本主义的功能性局限；如果不引进新的、基于不同原则的生产关系，这种局限就不能得到超越。

在我看来，戈德利尔观点的具体意义，并不是他本人所说的表明了对"矛盾"的两种类型或两种含义进行区分的重要性，而是表明了我们应该把"冲突"和"矛盾"区分开来（虽然马克思没有明确这样区分，他也没有明确区分"矛盾"的两种类型）②。将"矛盾"的概念界定得如此宽泛，以至于它或多或少地等同"冲突"的概念，这是没有意义的。因此，我将主张：从利益对立的意义上说，资本与雇佣劳动之间的关系，作为资本家与工人之间的阶级关系，是一种内在的冲突和一种现实中持续发生的斗争。

像我前面所做的那样将"冲突"看作社会实践层次上发生的斗争，似乎和戈德利尔想提出的观点是类似的。但是戈

---

① Maurice Godelier, "Structure and Contradiction in *Capital*," in Robin Blackburn, *Ideology in Social Science* (London: Fontana, 1972), p.353.
② 在《发达社会的阶级结构》中，我已经区分了冲突和矛盾；但是，现在我认为，我在那里对矛盾的解释是有限的和有缺陷的。

德利尔对这个观点的分析是绝对不够的：他的分析包含了很多我在本书中所反对的功能主义的特征。像阿尔都塞那样，他强烈主张黑格尔的"矛盾"和"否定性"概念与马克思的概念是无关的，所以他不得不说马克思理论中的"矛盾"概念和逻辑学中的"矛盾"概念没有任何相似之处。所以，他将"矛盾"理解为功能不相容性；这种观点与各社会因素功能协调的功能整合性相对立。将"矛盾"和"功能不协调"等同起来是美国社会学的功能主义文献中经常出现的观点[①]。但是，这也是我要否定的观点。戈德利尔说，他提出的第二种矛盾，即"结构之间的矛盾"，是"无目的的"，但是他的作品明确地表明这种矛盾不是没有目的的。"结构之间的矛盾"的目的就是功能需求——社会行动者没有意识到的结构或系统需求。实际上，戈德利尔的观点非常类似于功能主义文献区分显性功能和隐性功能的观点。（下文会更多地讨论关于社会变迁的功能主义理论）。他所说的"社会成员行为的目的理性"是区别于"社会关系等级结构的无目的理性"的；这里的第二种理性表明了支配结构变迁的功能需求[②]。

埃尔斯特对"矛盾"的讨论为戈德利尔理论提供了一个有益而有趣的补充[③]。埃尔斯特小心翼翼地将"冲突"与"矛盾"区别开来，同时又将社会矛盾和逻辑矛盾紧密地联系起

[①] 参见 Pierre van den Berghe, "Dialectic and functionalism. Toward a theoretical synthesis," *American Sociological Review*, vol. 28 (1963)。
[②] 前引书 p.367。亦可参见 van den Berghe, *Rationality and Irrationality in Economics* (London: New Left Books, 1972)。
[③] Jon Elster, *Logic and Society, Contradictions and Possible Worlds* (Chichester: Wiley, 1978).

来，但是他和黑格尔的做法是完全不同的[①]。埃尔斯特的分析复杂而庞大，而我这里仅仅分析其部分内容。他认为"矛盾"与两种情景相关：一种情景与他所说的"构成谬误"（the fallacy of composition）相关；另一种情景是他所说的"次优性"（suboptimality）。由于第二种情景不如第一种重要，我这里将忽略它。埃尔斯特的"构成谬误"是这样一个假设：在特定的环境中，其他任何行动者也可以同时做某个行动者可以做的事情。例如，这就是一个"构成谬误"：因为一个投资者可以在某个时间点从银行中取钱，所以所有的投资者都可以在那个时间点从银行中取钱。埃尔斯特对"构成谬误"的讨论是和他对"反决定性"（counter-finality）的讨论一起进行的。"反决定性"是他解释"矛盾"的主要基础。"反决定性"是指当一个群体的成员基于"构成谬误"采取行动时所产生的意外结果。他认为，这种情境满足了逻辑矛盾发生的条件，但同时也保留了每个行动者的理性，即单独来看，每个人的行动依据都没有问题[②]。虽然埃尔斯特给出了大量作为"矛盾"的"反决定性"例子，但是，最符合马克思"矛盾"概念的是资本主义社会中

[①] 在第90页上，埃尔斯特具体地批判了阿尔都塞和戈德利尔的观点；他说，矛盾不应该用来描述资本与雇用工人之间的关系。但是，他所认为的马克思术语使用上的一致性，比事实情况更高；而且他错误地认为，马克思从来没有提及资本与雇佣劳动之间的矛盾。

[②] 需要提及的是，埃尔斯特反对用功能需求来解释社会现象的延续和变迁，而且我也完全赞同这个观点。"如果某人表明，与具有公然偏见的政府相比，明显中立的国家更适合现代资本主义社会，那么这个众所周知的马克思主义—功能主义论调，它倾向于用有利的效果来解释国家的中立性"（p.121）。但是，除非说明国家的中立事实上是如何产生和延续的，否则国家的中立性就不能得到解释；"这种反馈回应必须加以说明，而不仅仅是进行假设"（p.122）。亦可参见埃尔斯特对汤普森著作中所举的例子的讨论，参阅 E. P. Thompson, pp.119ff.

利润率降低的例子。用埃尔斯特的话说,"马克思认为,利润率降低是为解决利润率降低问题而采取的各种措施(劳动节约设备)造成的"①。

我认为,埃尔斯特理论的重要性非常不同于戈德利尔的理论。无论戈德利尔的理论有什么局限,他仍然关注实质问题——马克思所描述的资本主义发展的动力机制和过程。埃尔斯特则更加关心"矛盾"概念的形式分析;虽然他所提供的例子很详细,但与戈德利尔相比更具有偶然性;也就是说,他也可以选择其他例子来说明问题。埃尔斯特分析的重要性在于:他主张"冲突"和"矛盾"不应该在概念上合并起来,而且社会理论中的"矛盾"概念不需要和逻辑矛盾区分太严格。

但是,对于埃尔斯特的立场,我也有一些保留意见。通过"反决定性"的概念,埃尔斯特将社会矛盾和个体行动者行为的意外后果联系起来(虽然他把意外后果局限于那些预料之外的结果,因而排除了那些和预期结果相关的意外结果)。我认为,埃尔斯特用来证明其观点的那些关于"矛盾"的例子都可以称为"矛盾";但是,埃尔斯特的错误在于他分析这些例子时所采取的方式,即他只是将矛盾看作个体行动的总体后果。想想我们刚才提到的例子——马克思对利润率降低的分析。仅仅从"一个方面"出发,埃尔斯特就将这个现象看作"反决定性"的例子,从而将它定义为"矛盾":利润

---

① Ibid., p.113。但是,埃尔斯特认为马克思在这一点上犯了错误,而且他自己就是要分析这个构成谬误。"其他条件不变的情况下,某种发明可以节约劳动;基于这个事实,马克思不合理地认为,当所有发明同时发生的时候,事实也是如此"(p.118)。

率的降低是个体行动者采取提高利润率的措施所产生的总体后果。但是，埃尔斯特也认为，这并不是马克思对利润率降低所做的解释。从"另外一个方面"来看，利润率降低的趋势也为个别资本家采取措施以增加剩余价值提供了条件（或者是，其中一个条件）。也就是说，矛盾是资本主义生产体系的一种结构性特征；而为个别资本家所逃避的"反决定性"只是系统矛盾的一个表现，或者说，这种"反决定性"可以用系统矛盾来得到解释（我希望，在前一章我已经很清楚地表明：这里的"解释"不是"还原于"的意思，而是指结构的二重性）。

虽然戈德利尔的阐述存在缺陷，但是他确实提供了一个与社会结构变迁的内在趋势相关的"矛盾"概念。埃尔斯特的"矛盾"概念都发生在预期（或希望得到的）结果和意外（或不希望得到的）结果之间。这样，"否定的肯定面"就被排除在外了；但这是马克思解释社会变迁的主要特征；我也认为保留这个特征极为重要。埃尔斯特没有讨论戈德利尔所说的资本主义的第二种矛盾——私人占有与社会化生产之间的矛盾——好像这与矛盾没有任何关系一样。埃尔斯特只是笼统地说，这是"庸俗马克思主义喜欢的词汇"，马克思本人的著作中并没有使用。这显然不是事实，虽然恩格斯比马克思更喜欢简单地说"资本主义占有与社会化生产之间的矛盾"[1]。像我前面所说的那样，马克思著作中有很多段落表明他持有这种观点。当然，我不仅仅是把这一观点与其他观点等量齐

---

[1] Engels, "Socialism: utopian and scientific," in Marx and Engels, *Selected Works*, p. 421.

观,而是把这一矛盾看作资本主义生产方式最重要的矛盾体现。

矛盾与冲突

因此,社会理论中的"矛盾"概念应该与社会系统的结构因素相关联;但同时也应该与各种形式的"功能不相容性"相区分。我将把社会矛盾界定为社会系统中的结构性原则之间的对立或断裂,这些结构性原则在运作过程中既相互依赖又彼此抵触[①]。我主张,矛盾产生于系统再生产模式的结构化过程中,同时也是其结果。我所说的"结构性原则"或者"系统组织原则"是指支配系统再生产的一组制度化的相互关系;这种相互关系可以发生于我前面所区分的系统整合的三个层次——自我平衡、反馈和反思性自我调节——中的任何一个层次或所有层次上。

为了说明"结构原则在运作过程中既相互依赖又彼此抵触"的含义,最好的方法是考察私人占有与社会化生产之间的矛盾性断裂。(在某种程度上,形容词"矛盾性"比名词"矛盾"更合适,因为后者往往暗示某种固定性质的静态关系,但是社会矛盾总是处在运动或者过程中。)"私人占有"是资本/雇佣劳动关系再生产过程中由私有资本主导的"投资—生产—利润—投资"周期的简称。当戈德利尔说在资本

[①] 我认为,这种表述比我在 *New Rules of Sociological Method*, p.125 和 "Functionalism: après la lutte," pp.127-128 中的表述更好。那里,我还没有将矛盾与利益对立完全区分开来。

主义发展的初期不存在私人占有与社会化生产之间的矛盾时，或者说，当他说这个矛盾不是资本主义生产方式的内在矛盾时，我不同意他的观点，即我不同意他对马克思理论的解读。相反，资本主义生产方式是内在矛盾性的，虽然，在马克思所概括的资本主义发展过程中，这个矛盾特征的后果会变得越来越突出。我认为，马克思的观点最好可以这样表述：在现代资本主义刚刚产生的相对早期阶段，资本主义生产方式的产生所表明的封建主义社会的内在矛盾很大程度上遮蔽了资本主义生产方式的矛盾性质。资本主义是内在矛盾性的，因为资本主义生产方式（私人占有）包含着自我否定的结构原则（社会化生产）。从资本主义生产方式的早期开始，在"投资—生产—利润—投资"周期中，私有资本积累便包含了这种自我否定的结构性因素，而且会得到进一步推进。这些矛盾性因素的焦点就是资本积累的"无政府状态"与生产过程的社会控制之间的矛盾。像前面引文中马克思所说的那样，这种矛盾性表现为"统一体的矛盾形态"。这种否定模式是复杂的；私人占有与社会化生产之间的矛盾关系是一种动态关系，其形式会随着资本主义体系的总体特征的变化而变化。

我不想怀疑马克思的"矛盾是历史进步的基础"的观点，并把它看作一个基本原理。这里，我也不想把"进步"界定为价值中立的术语。但是，我确实要加入"系统退化"（system degeneration）的概念；也就是说，如果我们接受历史的偶然性，我们就必须接受在历史变迁中矛盾包含或者促进倒退运动的可能性。

由于马克思对矛盾概念的使用非常宽泛,所以他没有明确地做我想做的区分。我前面已经说过:因为基本的组织原则和从属的组织原则之间存在区别,所以基本矛盾与从属矛盾也是不同的[①]。基本矛盾是指某个社会或者某个社会类型的系统再生产中存在的根本的、固有的矛盾——其存在不是基于它们所发挥的功能,而是因为它们参与了使社会系统得以出现和存在的结构化过程。从属矛盾是那些某种程度上由基本矛盾产生的矛盾。例如,资本主义的基本矛盾——私人占有与社会化生产之间的断裂——可以和该体系中根源于这个基本矛盾的其他矛盾联系起来(比如,城市的复兴/衰落周期)。从属矛盾不是系统为解决基本矛盾而做的努力。我已经多次重复过我的观点:系统并不是要"完成"什么任务或者"处理"什么问题,这些动词不适用于系统或者集体。

这里,我不想详细说明图 4.2。在下一卷书中,我会更详细地分析国家社会主义社会的矛盾特征(国家社会主义社会仍然只是存在于为资本主义经济体制所支配的世界经济环境中)。我想要说的是,国家社会主义社会表明了某种系统倒退,即左倾极权主义(斯大林主义)。

现代资本主义

基本矛盾	私人占有/社会化生产
重要的从属矛盾	民族-国家的霸权/资本的国际化
系统倒退的类型	右倾极权主义(法西斯主义)

图 4.2

[①] 参见 Mao, "On contradiction," *Selected Works of Mao-Tse-Tung* (Peking: Foreign Languages Press, 1967), pp. 331ff。

需要强调的是，社会整合与社会冲突之间和系统整合与系统矛盾之间的区别不仅仅是两种对立，也不是两个维度上的两极分化。我的概念界定比这种理解更有辩证性。我想指出的是，因为矛盾概念包含在系统整合概念中，所以矛盾只会在系统整合中发生。

我想要表明的是，其他条件不变的情况下，冲突和矛盾趋向一致；但是，各种不同的环境也可以使它们相互分离。这里，对矛盾和冲突的分析与对支配的分析是一致的，即所有矛盾和冲突的环境都可以理解为支配结构的各种特征。我将会区分出三种环境：*行动的模糊性，矛盾的分散性和直接压制*。模糊性是指行动者在较低程度上理解行动的环境和他们对社会系统再生产的参与。根据结构化理论，因为行动的建构依赖于实践的可说明性，所以对行动者而言，任何行动环境都不会是完全模糊的；行动者对行动发生于其中的结构性框架总是具有丰富的知识，因为他们行动的时候会使用这个结构框架，同时他们也在行动中"再构成"了这个结构性框架。但如我在前面所说的那样，这种"丰富的知识"所允许的理解会受到行动范围的限制：行动的情境性特征，默会知识可以表达成话语的程度，动机的无意识来源，以及系统再生产过程中行动的意外后果等。这里，我不拟再讨论各种方式的模糊性了，因为这与我下一章中有关意识形态的分析相关。

说到矛盾的分散性，我想表明的是矛盾过程到冲突的程度会被削弱，导致这些矛盾被彼此分开。反过来说，各种矛盾的重合程度越高，冲突发生的可能性也就越大，冲突的强度也可能越高。显然,矛盾的分散性和行动的模糊性相关,因为分散的程度越高,矛盾性的各个元素越不容易成为冲突行动的起源。

对于直接压制,这里没必要说得太多。但是,需要说明的是,在社会科学中,有些理论传统低估了武力和暴力在成功阻止冲突演变为公开斗争的作用。

	支配	资源分配的非对称性
	权力	自主与依赖关系
	冲突	对立或斗争关系
	矛盾	结构原则的对立

图 4.3

在图 4.3 中,我抽象地概括了本章和前面几章所讨论的观点。支配和矛盾都是结构性概念,但是它们不是对等的。支配是"在矛盾中并通过矛盾"而得到再生产的,同时也可以通过矛盾与冲突的联系而得到理解。矛盾与冲突直接相关,虽然他们之间的关系具有偶然性。但是,矛盾与权力的关系只有通过支配才能发生,这里的支配指的是在社会互动再生产的过程中资源的结构化形态。支配与权力紧密联系在一起,但权力是统治和冲突之间关系的媒介。

权力、控制与服从

在这一部分,我将讨论我所说的社会系统中的控制辩证法。社会行动者对其行动的环境知道良多,这一原理很容易与支配和权力概念联系起来,控制辩证法主要研究的便是这样一个核心领域。虽然这一问题涉及的范围很广,但我将通过批判马克斯·韦伯的科层制概念来理解这一问题①。韦伯对科层制的分析非常著名,这里没有必要进行详细的描述。根据理想类型的概念,科层制具有以下特征:基于法理秩序的合法性,权威金字塔中的等级体,书面形式的规则,领薪水的、全职的、专业分工的官员,以及管理者与管理手段的所有权之间的分离,最后一点与韦伯的历史分析主题高度相关。

我这里没有兴趣讨论理想类型的逻辑性质,我只想评论一下韦伯对科层组织的某些分析②。而且,我只选取韦伯理论的两个元素进行集中分析,即职位设置的等级结构和科层制规则的重要意义。按照韦伯的观点,在科层制组织中,权威和权力集中于高层,因此科层化程度的提高必然意味着低层行动者自主性的逐渐降低。这也使得米歇尔斯(Michels)更坚定地提出了寡头政治的"铁律"。在韦伯的著作中,这种行动自主性的丧失体现了一种灰暗的世界观:工业文明的扩张导致"专家没有灵魂,纵欲者没有心肝"。我们可以很容易找到和韦伯持相似观点、比韦伯更激进的其他晚近的理论家。无论马尔库塞与韦伯的观点有什么不同③,显而易见的是,马尔库塞的单向度社会概念与韦伯的科层制概念多少有些相似:一种以封闭、服从主义和严格等级制原则所组织起

---

① 一般性描述,参阅 Weber, *Economy and Society*, vol. 1。但亦可参阅 *Gesammelte politische Schriften* (Tübingen: Möhr, 1958) 中的重要而详细的阐述。
② 背景性讨论,参阅 Martin Albrow, *Bureaucracy* (London: Pall Mall, 1970)。
③ Herbert Marcuse, "Industrialism and capitalism in the work of Max Weber," in Otto Stammer, *Max Weber and Sociology Today* (Oxford: Blackwell, 1971).

来的社会①。在不同的背景下，布雷弗曼（Braverman）对工业组织中劳动分工的分析也表明，对劳动任务的控制从工人向高层逐步集中，这是一个存在于现代资本主义技术发展中的过程②。我不想质疑这些著作的重要性，也不想质疑这些理论家所指出的问题的紧迫性。但是，他们的观点有一个共同特征：他们使其发现的历史趋势看起来是如此根深蒂固和难以阻止，以至于会发生根本转变的希望不过是一种虔诚的理想；对受这些思想影响至深的那些人来说，情况尤其如此。其实，韦伯的悲观主义与他所做的分析更加一致，而那些对现代劳动分工的"钢笼"做出类似解释的理论家，不仅预言了对钢笼的挣脱，还预言了钢笼本身的消失。

但是，西方资本主义社会和东方国家社会主义社会事实上都不是单向度的，而且，我们也没有必要接受韦伯所做的那些强化这种立场的分析。

1. 在历史哲学层次上（虽然韦伯反对历史哲学，但是他的著作中经常出现）③，韦伯很含蓄地提出了一个一般化的比较——传统共同体中行动者的行动自主性与发达科层体系中组织的冷酷无情。但是，把科层制与行动自主性对立起来的做法是不对的。一些小规模的传统共同体也不允许成员的自主性存在；也就是说，要成员更加服从。比如，我们可以想

---

① Marcuse, *One-dimensional Man* (London: Sphere, 1968).
② Harry Braverman, *Labour and Monopoly Capital* (New York: Monthly Review Press, 1974).
③ 参阅 Wolfgan Mommsen, *The Age of Bureaucracy* (Oxford: Blackwell, 1974)。

想妇女在父权制家庭体系中的地位。

2. 我们有理由相信，在现代科层体制下，那些以前居于从属地位的人可能拥有比韦伯认为的更多的机会来获得或重获对组织任务的控制。韦伯认为，科层化程度的提高逐步产生了组织内部僵化的权力等级结构。但是，像克罗泽（Crozier）所有效地指出的那样，组织的职位关系为潜在控制提供了小规模传统社区所不能提供的空间①。事实上，组织内的权威关系越是紧密和僵化，逃避的空间也就越大。韦伯似乎倾向于认为，在科层结构中，组织的各个等级都同意和接受正式的权威关系。但是，主导的象征体系通常主要是为组织的高层（带着一定的责任感）所接受，下属为维护控制关系所做的成功抗争比韦伯所想的更加普遍：比如纯粹的日常抗争和对沉重任务的"疏远"②。疏远事实上不是抗争，但是它是对事物的权威性看法——一种不愉悦的看法——进行渗透的一个重要因素，疏远在实践上扩展了控制。

毫无疑问，韦伯强调科层组织中的书面规则的重要性是非常正确的。但是，规则本身并不解释和遵守规则，而且，与韦伯所意识到的相比，规则会提供更多的冲突焦点。像它们所调节的正式权威关系一样，书面规则通常在被违反时得到尊重。"按规则工作"（working to rule）并不仅仅是劳资冲突中使用的口号。即使它仅仅发生于劳资冲突中，也足以表

---

① Michel Crozier, *The Bureaucratic Phenomena* (London: Tavistock, 1964).
② 参见 Laurie Taylor and Stanley Cohen, *Escape Attempts* (London: Allen Lane, 1976)。

明下属群体有意讽刺性地背离强加给他们的命令的含义，因为这个口号反过来也对从规则执行中得利最多的人构成限制。

20世纪五六十年代正统的学院式社会学犯了一个很大的错误，那就是将例行性异化劳动中的规范性共识与实用的/讽刺的/幽默的/疏远的参与混淆在一起。这种错误与对*普通行动者的贬低*有关；在前面有关能动性的一般性理论中，我已经谈到了这一点，而且这种贬低不仅仅限于非马克思主义的社会科学中。社会学家认为，存在着三种因素导致那些从事单调重复的职业的人往往会适应他们的工作。其一，对这种背景的话语理解只能通过参与者对它们"严肃"思考的方式才能达到，也就是说只有在观察者"寻求"或者准备接受这些背景时才能理解。与大量问卷调查甚至是长时间访谈所取得的结果相比，工作场所中侵略性玩笑的形式以及表现出来的内容可以更好地帮助理解工人是如何体验和理解劳动的。第二个原因是观察往往仅局限于话语分析，无论这种话语是如何建构的。但是相反的类型也表现在实践意识中。第三个原因仅仅是缺少明显可资利用的其他选择。这一点需要特别加以强调，而且直接与意识形态问题相关。这里的"可资利用的其他选择"不是指在具有相似特征的职业之间进行平行流动的可能性，而是指"如何能以另一种方式行事"的意思①。到此为止，我们可以指出能动性与异化劳动之间的关系，这里的能动性指的是反事实性的能以其他方式行事的可

---

① 在《发达社会中的阶级结构》中，这是我划分冲突意识和革命意识的基础。

能性。在受到严格限制的环境中,这种可能性不会采取明显的反抗形式[1]。

控制辩证法甚至运作在具有高度压制性的集体或者组织中。我的观点是,控制辩证法是能动性的固有性质,或者更准确地说,控制辩证法是行动者在特定实践环境中再生产自主与依赖关系时所固有的因素。如果行动者不再参与控制辩证法了,那么他也就不再是一名行动者了。如我前面所强调的那样,所有权力关系,也就是自主与依赖关系,都是相互性的:无论所涉及的资源的分配是多么不对称,所有的权力关系同时表明"双向性的"自主与依赖关系。一个像穿了紧身衣那样被限制和监控的人或许丧失了行动能力,因而不能参与到相互的权力关系中。但在人类能动性发挥作用的其他所有情况下,权力关系都是双向性的。这也解释了能动性与自杀之间的紧密关系[2]。自我毁灭行为(实际上)总是一个开放的选择,也是一个最终完全逃脱其他人的压制权力的选择。所以,自杀可以被看作与权力运作相关的一种行为[3]。

我不想把控制辩证法变成一种形而上学法则,变成一种现代版的主奴辩证法。控制辩证法仅仅是社会系统中规范化的权力关系的内在特征。不过,它确实与有关当代资本主义阶级冲突的分析相关联。我不想在这里进行这一分析,但我们可以把劳工运动的起源看作控制辩证法发挥作用的典型例子。像马克思在古典政治经济学批判中所表明的那样,资本

---

[1] 参见 Richard Sennett and Jonathan Cobb, *The Hidden Injuries of Class* (Cambridge University Press, 1977)。
[2] Albert Camus, *The Myth of Sisyphus* (New York: Knopf, 1955).
[3] 参见 "A theory of suicide," in *Studies in Social and Political Theory*。

主义所引入的"自由"劳动合同巩固了雇主对于工人的权力。但是,通过集体罢工,工人成功地将劳动合同变成了他们自己的资源,劳工运动由此产生。

历史的唯物主义解释

马克思著作中的矛盾理论在对历史变迁的解释中得到了发展,即"历史唯物主义"。在本部分,我将讨论马克思唯物主义所提出的一些问题(仅仅是一些而非全部)。

在维护和批判马克思理论的著作中,我们都可以找到马克思历史唯物主义的各种版本。这不足为奇,因为马克思所提供的唯物主义观的描述和解释也不是明确和一致的。这里,我对马克思本人的观点不是太感兴趣,我更感兴趣的问题是,那些自称以马克思著作为基础的各种观点在何种程度上是合理的?

我们可以区分出下列有关历史唯物主义的解读(当然,我们可以找到更多),根据马克思本人著作的某些部分,所有这些解读似乎都有其合理性。这些解读将历史唯物主义看作:

1. **一种方法论描述或者历史解释路径。**马克思是针对唯心主义哲学和历史观而提出自己观点的,尤其是针对黑格尔及其追随者的唯心主义哲学和历史观提出的。"德国哲学从天国降到人间;和它完全相反,这里我们是从人间升到天国。这就是说,我们不是从人们所说的、所设想的、所想象的东西出发,也不是从口头说的、思考出来的、设想出来的、想象出来的人出发,去理解有血有肉的人。我们的出发点是从事实际活动人……"①马克思经常指出,唯物主义观念用对人类社会生活的具体历史研究取代了将历史趋势人格化的抽象教条。

2. 一种人类实践观念。这种观念强调人类既不是被动的客体,也不是完全自由的主体。历史唯物主义观念在这种背景下既反对唯心主义,也反对"消极的"或"机械的"唯物主义。《关于费尔巴哈的提纲》对这种观念给出了最著名和最卓越的说明,在那里,马克思指出各种早期唯物主义观念(我们也可以包括后来的各种唯物主义观念!)的主要缺陷是将人类行动者之间以及人类与物质世界之间的关系看作被动思维(passive contemplation)的关系,而不是主动和实践的关系。马克思强调,对人类生活的研究也就是对与人类需求相关的特定社会实践的研究。人类与自然的互动是一种积极的改造活动:"全部历史是为了使'人'成为感性意识的对象和使'人作为人'的需要成为需要而做准备的历史(发展的历史)。"②

3. 与第二点相关但在某些方面又有所不同,劳动在人类社会发展过程中的重要性。在马克思的著作中,"劳动"这个词存在两种没有明确区分开来的含义。一种来源于黑格尔的理论,指人类行为与物质世界之间的相互作用。与固定的、本能的动物行为相反,人类行为与物质世界之间的相互作用是人类文化之"历史"特征的根源。这里,伴随着人类社会

---

① *The German Ideology* (London: Lawrence and Wishart, 1965). (我修正了这个翻译和下面的一些翻译)
② "Economic and philosophical manuscripts," in Bottomore, *Karl Marx: Early Writings*, p. 164.

生活特有的生产和再生产，劳动逐渐变成了实践。但是，马克思也用"劳动"表示劳动过程或工作过程，也就是狭义的经济行为。很显然，第一种意义的劳动分析被看作历史地理解人类社会的关键，它显然不同于从第二种劳动含义所做出的历史解释，后者与接下来的第四种有关唯物主义的解读非常接近。

4. 一种社会变迁理论。这种社会变迁理论在某种程度上强调经济因素对社会发展的决定性作用。当然，由于对"经济"、"经济的"和"决定"等词汇的理解不同，对马克思观点的解读也存在着多种方式。众所周知，在马克思的著作中，我们不难发现类似于经济决定论或技术决定论的观点。尤其是在《哲学的贫困》中存在着这样一段备受争论的话："社会关系和生产力密切相连。随着新生产力的获得，人们改变自己的生产方式，随着生产方式即谋生方式的改变，人们也就会改变自己的一切社会关系。手推磨产生的是封建主的社会，蒸汽磨产生的是工业资本家的社会。"①同样众所周知的是，在他们职业生涯的晚期，马克思和恩格斯都急于减少那些过分强调经济基础的作用的观点，而强调经济基础和上层建筑之间的相互依赖关系（尤其是恩格斯的经济有"最后的"决定权的著名论断）。这也使得很多评论者认为，他们的观点意味着：

5. 一种关于经济基础和上层建筑之间关系的功能主义理论。与唯心主义相反，这个理论也强调将政治和意识形态制

---

① *The Poverty of Philosophy* (London: Lawrence and Wishart, n.d.), p.92.

度与经济制度联系起来，它们都是一个整体的组成元素。根据这种观点，如果我们拒绝第四种解读，我们只能采取强调人类社会行动的不同领域相互依赖的立场。通过把经济活动看作社会存在的首要的、最根本的功能条件，功能主义解读仍然保留了经济活动的特殊作用。马克思著作也为这种观点提供了依据：

> 我们首先应当确定一切人类生存的第一个前提，也就是一切历史的第一个前提，这个前提是：人们为了能够"创造历史"，必须能够生活……但是为了生活，首先就需要吃喝住穿以及其他一些东西。因此第一个历史活动就是生产满足这些需要的资料，即生产物质生活本身，而且这是这样的历史活动，一切历史的一种基本条件，人们单是为了能够生活就必须每日每时去完成它，现在和几千年前都是这样。①

6. 一种关于意识的化约主义理论。这种理论认为，人类意识的内容是以某种方式被"物质因素"所决定的。这种观点存在着多种版本，但它们都不同程度地强调一个基本观点，即相对于"物质的"或"经济事实"对社会发展的决定作用而言，"观念"只有很少或者根本没有自主性，"观念"反映社会生活的物质条件。引起这种解读的马克思著作中的段落是："意识在任何时候都只能是被意识到了的存在，而人

---

① *The German Ideology*, p. 39.

社会理论的核心问题

们的存在就是他们的现实生活过程……我们的出发点是从事实际活动的人，而且从他们的现实生活过程中还可以描绘出这一生活过程在意识形态上的反射和反响的发展。"①

7. 一种有关阶级划分的核心地位的理论。根据这种理论，阶级关系很大程度上决定或主导着其他的制度安排，因此阶级冲突是社会发展的根本动力（至少无论在何种阶级社会中都是如此）。当然，《共产党宣言》宣告"至今所有一切社会的历史都是阶级斗争的历史"②。这种观点的原理是：与生产模式相协调的财产关系为划分社会类型提供了基础（比如《德意志意识形态》和后来的《政治经济学批判大纲》都这样认为），也为解释主要的社会变迁过程提供了基础。

显然，所有这些解读并不都是相互排斥的，尽管有些的确如此。出于不同的原因，这里我将不讨论观点 1、2 和 3 中的第一部分以及观点 5 和 6。前面三种观点表达了我所接受的立场，并且我在前面章节中已经试图进行过详细的说明；不讨论 5 和 6 则是因为它们是不可接受的观点，而且我也在其他分析中讨论过它们。我认为，剩下的 4 和 7 所做的解读都包含合理的成分，虽然理解它们需要考虑它们是如何提出的以及它们之间是如何彼此关联的。

在上面的分类中，我还没有引用马克思阐述其观点的最著名段落（虽然我在前面已经这样做了）：他的《〈政治经济学批判〉导言》。这段话包含了许多高度抽象的观点，但是

---

① *The German Ideology*, pp. 37 - 38.
② *The Communist Manifesto*, in Marx and Engels, *Selected Works*, p. 35.

我只想挑选下面这一段加以考虑：

> 社会的物质生产力发展到一定阶段，便同它们一直在其中运动的现存生产关系……发生矛盾，于是这些关系便由生产力的发展形式变成生产力的桎梏。那时社会革命的时代就到来了。随着经济基础的变更，全部庞大的上层建筑也或慢或快地发生变革……①

根据 4 和 7 中提出的问题评价这段话的重要性，我们必须问两个基本问题。是否像马克思所说的那样，"生产力与生产关系"框架可以作为解释剧烈社会变迁的一般框架而广泛加以应用？"生产力与生产关系"框架是如何与阶级划分和阶级冲突联系起来的？

我将会在本章的总结部分分析第二个问题。我认为，第一个问题可以这样重新表述：生产力的发展是否只发生在生产力的层次上？我的意思是，在不同的历史阶段或者在不同的社会类型中，生产力的发展如何成为相对独立的经济变迁过程的结果？在下一部分里，我将会讨论阿尔都塞对这个问题的回答。但是，我所主张的观点不同于阿尔都塞。通过区分各种社会形态中的"决定性"因素和"支配性"因素，阿尔都塞力图避免第 7 种解读所涉及的对社会变迁的"经济主义"解释。因此，他能够认识到在资本主义之前的社会里经济并不是支配性因素，却是"最后的"决定性因素。我将表

---

① Marx and Engels, *Selected Works*, pp. 182-183.

明，阿尔都塞所提出的"最后的决定性因素"的观点是站不住脚的，而且也不过是对正统观点的让步。我们有理由勇敢地抛弃这一观点，而且马克思对资本主义的理解也低估了资本主义区别于其他社会类型的特性。也就是说，只是随着资本主义社会的产生，生产力的发展才只发生在生产力的层次上。资本主义（既指一种生产系统类型，也指一种总体社会类型）将自然改造活动变成了社会发展的推动力。资本主义的发展使得持续的技术革新和生产力扩展成为一种动力：因为资本主义生产方式本身的运作又会促进资本再生产，所以它具有"自主性"。

阿尔都塞论结构因果性

阿尔都塞的著作既反对对马克思作"技术主义"或"经济主义"的解读，也反对对其作"历史主义"的解读，后一种解读受黑格尔的强烈影响[1]。因此，阿尔都塞使用"整体性"概念以区别于其他人所使用的概念，比如卢卡奇在其早期著作中所使用的概念。这里的整体性是一个由多个"客观层次"构成的统一体，这些层次作为社会的构成性要素而彼此相对独立地运作，它们在社会形态内部的影响是不对称的，我们可以把它看作"支配性结构"。经济基础就是这样

---

[1] 我尽可能地概括阿尔都塞宽泛的哲学立场。这个立场引起的各种观点参见 Barry Hindess and Paul Q. Hirst, *Pre-capitalist Modes of Production* (London: Routledge, 1975); *Mode of Production and Social Formation* (London: Macmillan, 1977); Anthony Cutler, Barry Hindess, Paul Hirst and Athar Hussain, *Marx's "Capital" and Capitalism Today*, 2 vols (London: Routledge, 1977 and 1978)。

一个客观层次，但它并不像我们通常所理解的那样"决定"了社会构成的其他层次。经济基础只是"最后"决定哪些因素会在社会构成中成为主导性因素。

> 经济辩证法从来不以**纯粹的形式**发挥作用；在历史上，形势和上层建筑等从来不会恭敬地与经济的作用亦步亦趋，或者是当经济昂首前行的时刻，作为神圣的经济的各种纯粹现象匍匐在它的面前。从始至终，这一孤独的"最后"时刻就从未出现过。[①]

因此，按照阿尔都塞的观点，生产力与生产关系之间的矛盾不会自动地带来根本社会变迁的条件。作为所有社会形态的基本矛盾，它通过在整体中其他各层次的不对称性来表现自己。他从"多元决定论"（overdetermination）和"结构因果性"（structural causality）的角度来解释这一点。阿尔都塞受到了一种指责，说他用属于第五种解读中的"多元主义"的观点来取代马克思的"经济基础/上层建筑"理论，上面的两个概念都与阿尔都塞试图逃避这种指责有关。根据阿尔都塞的观点，矛盾根本不是单一的，而是多元决定的：支配性结构存在于构成整体的所有矛盾中。生产力与生产关系之间的矛盾存在于整体的各个层次的不对称关系中，这些层次彼此相互"影响"而形成多种矛盾，这些矛盾又反作用于生产力与生产关系矛盾，如此循环往复。由于这些矛盾是分散的和

---

① Louis Althusser, *For Marx* (London: Allen Lane, 1969), p. 113.

游离的，所以不存在革命性变革的动力。但如果它们融合在一起，则将形成与现存社会形态的断裂。因此，不平衡的发展不仅使得社会形态具有偶然性，而且也内在于社会形态中。通过对列宁有关俄国是资本主义国家链条中最弱环节的分析进行总结，阿尔都塞证明了"多元决定论"的合理性。

在阿尔都塞看来，"多元决定论"的观点不能用传统的因果性来加以解释。他区分出了两种观点，并将它们与自己的观点相对照：一种是"机械"因果观。这种观点尤其与笛卡儿相关，也可能与休谟相关，它将因果关系看作原因和结果之间的"过渡性"关系，结果表现为各种事件或一系列事件；第二种观点可以追溯至莱布尼茨，但尤其通过黑格尔而得到发展，它涉及一种"表达性"的因果观。机械因果观不能说明整体对部分的影响，而表达性因果观则正好说明了这一点。也就是说，整体的各个组成元素都是整体本质的表现或显现，即"整体性质的内在原则体现在整体的所有细节和事件中"[1]。这两种观点都与阿尔都塞所反对的马克思主义理论相关：第一种观点与对马克思的经济主义解读相关，第二种观点则与对马克思的历史主义解读相关。阿尔都塞的"结构因果性"概念类似于第二种观点，因为他也关心部分与整体之间的相互影响，但他又说，在一个结构性的整体中，我们不能用"本质"来思考部分。

阿尔都塞指出，"结构因果性"或"转喻因果性"(metonymic causality)概念可以见之于马克思和弗洛伊德的著

---

[1] Louis Althusser and Etienne Balibar, *Reading Capital* (London: New Left Books, 1970), pp.186ff.

作中。所以，社会理论借用弗洛伊德的"多元决定论"术语并不是一个陌生的引入，因为马克思和弗洛伊德都曾力图解决同样的问题，即结构与其所产生的效果之间是如何相互影响的。阿尔都塞的结构因果观试图说明，结构通过其产生的效果而存在：

> 因此，这说明，结构产生的效果不是外在于结构的，不是先前就存在的、结构后来才影响到的事物、因素或空间。相反，这说明，结构内在于它产生的效果中，结构是斯宾诺莎主义者所说的内在于其效果中的原因，即结构是其效果的组成部分。简言之，其特殊元素组合而成的结构绝不是外在于其产生效果的。[1]

对阿尔都塞的观点进行简要解释，还需要评论一下他对转喻因果性与人类能动性之间关系的讨论。按照阿尔都塞的观点，如果我们把社会整体理解为一个结构，这种结构因此是"自我决定的"或者如他本人所言"决定其组成元素"的，那么，人类行动者不过是结构地位的占有者，也就是说，他们不过是结构的"支持者"或"承受者"。"生产关系（以及政治与社会意识形态之间的关系）不能还原为人类学意义上的主体间性，因为这一关系只是在关系、地位和功能等特定的分配结构中将主体和客体结合在一起，生产的主体和

---

[1] Louis Althusser and Etienne Balibar, *Reading Capital* (London: New Left Books, 1970), pp. 188-189.

客体处在这种结构中或者"维持"了它的存在。"①阿尔都塞指出,主体范畴,更准确地说是主体与客体之间的划分只是在意识形态领域被建构出来的。正是出于这种意义,阿尔都塞保留了"上层建筑"概念;通过将历史——社会形态的结构性特征——的真正推动者转变为具有特定意识和需要的主体,意识形态将"个体"整合进"社会"。

我现在不想讨论阿尔都塞关于意识形态的观点,但我在下一章综合分析意识形态的时候将会讨论到这些观点。我这里将集中讨论阿尔都塞所使用的"多元决定"概念,生产力与生产关系框架的"最后"决定论,以及转喻因果性概念;最后,我会再回到结构与能动性的关系问题上来。

要评价阿尔都塞对"多元决定"概念的使用,我们需要追溯他将这个概念与列宁的"最薄弱环节"观点结合在一起的推理过程。在俄国,因为资本主义社会的先进部门和半封建社会的落后部门结合在一起,所以各种主要矛盾也得到集中,革命的时机因此成熟。阿尔都塞认为,这个例子清楚地表明生产力与生产关系之间的矛盾不会直接导致社会变迁,"融合在一起形成断裂性统一体"的其他各种矛盾也需要积累起来。阿尔都塞还指出,"革命性断裂"(revolutionary break)是多元决定的。他继续说道,如果这是一种如此明显的普遍性事实,我们为什么还要局限在生产力与生产关系的矛盾上呢?我们发现,事实上,俄国革命是一个说明"多元矛盾决

---

① Louis Althusser and Etienne Balibar, *Reading Capital* (London: New Left Books, 1970), p.180.

定社会形态"的个案。

如我在前面所指出的那样,从"矛盾融合"的角度来分析社会变迁是一个重要的观点。将"多元决定"概念引入社会理论也是有道理的,但我还要加上两个重要的保留意见:

1. 如拉普朗什(Laplanche)和彭塔利斯(Pontalis)所指出的那样,在弗洛伊德那里,"多元决定"存在着两种不同的含义。其一是一种特定的心理状态是由多种无意识因素造成的,体现在各种意义结果上,但是在不同的解释层次上,这些因素和结果是一致的。其二是一种特定的心理状态是多种原因聚合的结果,但任何一种原因都不足以解释这种心理状态。① 虽然第二种含义不是典型的弗洛伊德的使用方式,但与阿尔都塞的多元决定概念最为相关。

2. 在社会分析中,"多元决定"概念的使用预先假定对社会变迁的"决定"因素——原因和能动性——能够进行充分的解释。但这的确是阿尔都塞整个理论框架的最大缺陷。

毫无疑问,阿尔都塞对经济主义整体观和黑格尔学派整体观的批判有其优点。如前文所言,阿尔都塞试图反对那种对于马克思的解读,即认为政治和意识形态因素对社会发展不存在影响,或者说试图反对还原论的解释。对于后者,他非常正确地区分出了组成整体的"层次"或者"领域",而且特别强调了它们之间存在的张力,尽管这种观念并不像他本

---

① J. Laplanche and J.-B. Pontalis, *The Language of Psycho-analysis* (London: Hogarth Press, 1973), pp. 292-293.

人所认为的那样与黑格尔学派或受黑格尔影响的"整体"观差异迥然。另外,阿尔都塞认为,生产力与生产关系之间的矛盾只发挥(非历时性的)"最后的"作用,这种观点承认非经济制度在社会形成过程中的重要性。但在这样做的时候也付出了相当大的代价:在阿尔都塞的理论中,"最后"这一概念仍然非常模糊,而且这一概念也奇怪地在两种含义——作为形而上学的教条式解释与作为某种非常类似于多元主义的功能主义解释——之间摇摆。①作为对经济基础与上层建筑之间区分以及经济因素对社会变迁作用的一种辩护,这个观点既显得非常牢固,又显得非常无力。这一观点之所以牢固,是因为这已成为一种明确的原则(但是,同时也是模糊的,因为"最后"在何种意义上具有最终决定性还是不清楚)。这一观点之所以无力,是因为其对经济特征的界定很大程度上并不明确,或者说生产力与生产关系之间的矛盾是如何发挥决定性影响的,这点并不清楚。②阿尔都塞有时把经济的影响与精神分析学中无意识因素的影响进行类比,认为这不是能直接观察到的,但通过其他结构的折射而存在。但是,这并没有阐明经济决定因素的性质,也没有证明"经济关系能够决定哪些层次会在社会形态中起决定作用"的观点。

这些困难的来源之一是阿尔都塞的"转喻因果性"概念的局限。为了说明这一点,我们必须谈谈结构主义对阿尔都塞的影响。阿尔都塞经常被认为是结构主义者,虽然也有人

---

① 阿尔都塞近期对这个问题的评论,参阅 Louis Althusser, *Essays in Self-Criticism* (London: New Left Books, 1976), pp. 176ff。
② 参见 Miriam Glucksmann, *Structural Analysis in Contemporary Social Thought* (London: Routledge, 1974), pp. 129ff。

反对这种观点。[1]因为这很大程度上是一个术语使用的问题，所以我们没有必要在这一问题上耽误太长时间。像波普尔在哲学中被认为是实证主义者一样，如果对"结构主义"进行准确的界定，阿尔都塞的理论就不是结构主义的理论[2]。阿尔都塞特别批判了列维-施特劳斯的核心论点。一方面，像波普尔与实证主义的关系一样，阿尔都塞与被认为"结构主义"理论家——包括列维-施特劳施——存在某些相同的观点。这些观点包括对"结构"概念的偏好，对"人道主义"的强烈批判态度，以及某种形式的"社会整体"观念等。这里，第三种观点尤其重要。像我在前面所说的那样，索绪尔在其语言学理论中采用了一个与社会科学中"全体"（whole）概念不同的"整体"（totality）概念，如果在社会科学中加以合理地吸收和发展，索绪尔提出的"在场/缺场"辩证关系也可以成为一组重要的概念。其中的一个主要特征是整体只存在于具体事件中——或者用阿尔都塞的话说，存在于它产生的效果中。毫无疑问，我们也可以在马克思的著作中找到类似的观点，虽然如阿尔都塞所言，马克思直接受到了黑格尔的影响。阿尔都塞的做法是，通过"结构存在于其产生的效果中"的观点，他用因果性概念来理解整体概念。但是，这确实是一个有益的发展。"在场/缺场"的辩证关系不是日常生活中所理解的因果关系，我们也没有必要把它变成这样一种因果关系：由于这一观点排除了阿尔都塞所说的"过渡的因

---

[1] 参见 *Essays in Self-Criticism*，pp. 126 - 131。
[2] Theodor Adorno, *The Positivist Dispute in German Sociology* (London: Heinemann, 1976).

果性",所以这一观点也存在消极的意义。阿尔都塞和结构主义都没有对结构和系统进行区分。像我在前面所说的那样,如果我们做出这样的区分,我们就既可以肯定"在场/缺场"辩证关系的重要性,又不会否定社会再生产过程中的"过渡的"因果性。

与结构主义相比,尽管阿尔都塞对主体性的分析受结构主义理论的强烈影响,但其理论为人类行动者的自我理解留出甚至更少的空间。无论是把行动者看作构成社会形态的各种关系的"维持者"的观点,还是主体性仅仅形成于意识形态中的论点,都经不起推敲。阿尔都塞将"结构"理解为转喻因果性,其唯一的推动力是多元决定的矛盾,这种"结构"概念无法理解结构与能动性之间的二重性关系。

矛盾与阶级支配

作为本章的总结,我将勾勒一种分析矛盾与阶级支配之间联系的方法。我将在下一本书对此提供更加广泛的解释,本部分旨在粗略地勾勒那一解释的本质特征。

作为对黑格尔观点的反对,马克思将矛盾、否定性概念主要与阶级冲突联系在一起。我要提出的是,马克思非常正确地认为阶级支配的出现为历史注入了新的动力(尽管马克思没有宣称这一观点是他的独创)。但我也认为,将矛盾、否定性概念与阶级支配完全联系在一起而没有看到阶级支配只是人类社会矛盾表现的一种方式,这也是一种错误。

我认为下述内容是一条基本原理:在所有社会形态中,

人类存在于他们与自然的矛盾性关系中。人类存在于与自然的矛盾性关系中，是因为他们存在于自然中，是自然的一部分，他们作为动物存在于物质环境中；同时，他们又与自然相对立，有他们自己的"第二属性"，而且这种属性不能还原成物理意义上的物体或事件。这种矛盾关系也许是所有宗教的核心，也是"此在"——作为对时空无限性的一种否定，每一条人类生命使时空表现出转瞬即逝的特征——有限性的普遍表现。这是一种真实意义的矛盾，因为"矛盾统一体"或者"第二属性"——作为人类区别于自然的独特属性——对于自然属性的否定，维持着人类对于自然的适应程度及其对自然的控制关系。此在与连续性存在之间的关系总是受社会或制度的调节，以它们为基础结构二重性使社会再生产得以实现。因此，人类生存的存在性矛盾转变成了结构性矛盾，这种结构性矛盾是人类生存的唯一媒介。

施特劳斯区分了冷社会（cold society）和热社会（hot society）两种社会形态，后者是以阶级划分为动力的社会。我认为，如果我们接受这一观点，矛盾的制度性媒介可以采取不同的形式。在冷社会中，人类与自然之间的矛盾关系是通过内在包含（internal incorporation）的方式得到表现的。我想这是列维-施特劳斯想要强调的观点：自然不是与人类思想和行动相分离，而是它们的内在组成部分。矛盾是通过制度来调节的，尤其是亲属制度和神话。只有在阶级划分出现之后，矛盾才以局部群体结构作为媒介。这虽然看起来像是同义反复，但实际上并不是。

这不是同义反复，因为阶级分化社会起源于相关条件的形成，而不仅仅是阶级的出现。我所使用的阶级分化社会术语不同于阶级社会。阶级分化社会是一个存在阶级的社会，而且从利益对立的意义而言，阶级关系也是一种冲突关系，但是阶级分析并不是解释阶级分化社会之制度安排的最显著特征的关键。从这一意义而言，唯一的阶级社会就是我前面用生产力/生产关系框架所分析的资本主义社会。我们可以说，马克思的生产力/生产关系框架强调了配置性资源——相对于权威性资源而言——在社会构成和社会变迁中的首要地位（在所有划分为阶级的社会形态中）。但我想说的是，与这一事实相反，较之于阶级社会，权威性资源在阶级分化社会中相对于配置性资源处于更加重要的地位。重复一下我前面已经提出的论点：只有在资本主义社会，经济活动机制才成为首要动力，因为资本主义生产方式的特征使得私有资本主导的积累过程得以运行。

所有阶级分化社会和阶级社会都是管理型社会（administered societies）。马克思写作于企业资本主义取得最大胜利的时代，但从未充分认识到这一点的重要性，因为在现代资本主义的秩序中，国家那时对于经济企业的管理程度或许是最低的。管理型社会是一个把知识和信息的集中控制作为支配媒介的社会。如果马克思考察了公元前3000年左右出现于近东的阶级分化文明，这一点的意义就会变得明显。在那些文明中，为了开发自然资源，对人类的行政控制比现代社会要无情得多[①]。我认为，阶级分化社会和阶级社会的结

[①] 特别是参见 Lewis Mumford, *The Myth of the Machine* (London: Secker and Warburg, 1967)。

构性特征本质上是由权威性资源与配置性资源之间关系的性质决定的，尤其是由权威和财产之间的关系性质所决定。它们不仅以各种方式相互关联，也以各种方式与对自然的开发相关联。

早期文明和现代资本主义都与自然形成某种"外在的"或者工具性的关系。在这两种文明中，对自然的剥削都与社会剥削关系相联系，直接适应于社会剥削，我认为这是具有根本重要性的一点。在封建社会，以税收、纳捐等为表现形式的剩余产品剥削并不是直接生产过程的一部分。农奴必须把其部分产品交给地方封建领主，这种剥削关系尽管是阶级支配的基础，但并不是生产过程的组成部分。在早期文明社会，情况不是这样，当代资本主义社会也不是这样。在这两种社会里，阶级剥削关系是生产过程的组成部分，社会/自然关系在这两种社会都主要是一种工具性的关系。但在早期文明中，权威性资源而非配置性资源是剥削自然和社会的主要媒介，生产技术的进步和对财产的控制则不是最主要的，起决定性作用的是威权式的劳动分工中对"人机"（human machine）的使用。现代资本主义以一种不同的方式将剥削自然和劳动剥削联系起来，而且这种方式是欧洲封建社会解体的特殊结果。资本主义起源于城市公社（urban communes）新型阶级体系的背景之下，这种阶级体系同时存在于封建社会制度框架的内部和外部。早期资本主义缺乏协调大规模人类群体而成为"人机"的手段，它们只是发明了生产企业中直接的协调手段，即把人和机器结合起来的劳动分工。

资本主义社会是一种阶级社会而不是阶级分化社会，因为资本主义企业的财产不仅成为生产的组织原则,而且成为阶级划分的源泉。只有在资本主义社会,矛盾和阶级冲突的源头才趋于一致。与阶级分化社会一样,私有财产权不仅成为剥削剩余产品的手段,而且成为经济体系的组织方式。这也是为什么马克思所强调的劳动力成为商品的过程是如此重要的原因,因为只有在劳动契约中,资本主义生产方式中的矛盾和阶级冲突才变得一致。

第五章 意识形态与意识

意识形态：孔德和马克思

意识形态的概念史经常得到分析，①但既然评估"意识形态"在社会科学中是如何得到理解的是一个不可逾越的步骤，这里就仍需对这一历史进行考察。我会集中考察这一概念演化的几个特定阶段：马克思对于这一概念的使用当前仍然是讨论这一概念的起点；曼海姆版本的"知识社会学"对于这一概念的理解；以及晚近哈贝马斯和阿尔都塞对于这一概念的讨论。

大部分意识形态的概念史都以德斯杜特·德·特拉西（Destutt de Tracy）作为起点，因为他常常被认为是第一个使用这一术语的人。但是，很多人（包括曼海姆在内）从培根的"谬见"（idola）概念中找到了更早的暗示。"谬见"是有效知识的障碍，与此相关，"意识形态"概念便有了贬义的含义。但是，在 19 世纪转折时期出版的《意识形态的要素》（*Éléments d'idéologie*）一书中，为了创建一门"关于思想的科学"，特拉西从积极的意义上使用这一概念。不过，特拉西深受孔迪拉克著作的影响，后者坚持必须在意识改革的基础上扩大培根对于"谬见"的批判，即用理性来改变"偏见"。

众所周知，拿破仑对于"观念论者"（ideologists）的抨击帮助确立了"意识形态"术语的贬义含义，从那时起，意识形态主要表达贬义的含义。其后，对于"意识形态"的批判主要表现为两种不同的方式，分别体现在孔德和马克思两者相互对立的视角上[②]。孔德对观念论者的批判集中体现在对传统和形而上学的激进攻击上。但是，他在用"实证主义"取代"激进否定论"（radical negativism）时，也延续了观念论者所强调的观点，他强调用"秩序"来调节变迁，意识形态则成为其中的组成部分。由于他把社会学主要看作对进步和秩序的综合，他认为这门有关社会的新科学的主要实践目的是建立新的社会整合纽带以完成对形而上学的超越。在孔德所开启以及后来为涂尔干所实质性发展的思想传统中，意识形态概念并不占据核心位置。孔德保留了观念论者研究人类心智自然演进的议题，但反对特拉西意识形态概念中的个人主义特征，后者认为，个人和他的思想都是真实存在的。[③]孔德在反对这种观点的同时，也抛弃了意识形态术语。

当然，马克思的观点非常不同。虽然马克思的思想确实与观念论者相关，但是他对这个概念的接纳受黑格尔和"费尔巴哈颠倒"的重大影响。通过用"唯物主义"取代"唯心主义"和诉诸法国启蒙运动的研究原则，费尔巴哈试图避免

[①] 比如参见 George Lichtheim, *The Concept of Ideology and Other Essays* (New York: Vintage, 1967); Martin Seliger, *Ideology and Politics* (London: Allen and Unwin, 1976); Bhikhu Parekh, "Social and political thought and the problem of ideology," in Robert Benewick, *Knowledge and Belief in Politics* (London: Allen and Unwin, 1973)。

[②] 这些作者已经注意到了这一点：Lichtheim, *Concept of Ideology*, p.154; 和 Alvin W. Gouldner, *The Dialectic of Ideology and Technology* (New York: Seabury Press, 1976), pp.11ff.

[③] 参见 Hans Barth, *Wahrheit und Ideologie* (Zürich, 1945)。

黑格尔的唯心主义和"神秘的神学思想"。但马克思认为，鲍威尔(Bauer)和他早期的同事(包括费尔巴哈本人)都是观念论者。马克思在反对黑格尔的同时，也恢复了被费尔巴哈抛弃的某些黑格尔哲学特征。在黑格尔看来，人类是自己历史的创造者，但是只能在他们部分地意识到的条件下进行，这些条件只能通过后来的反思才能得到认识。马克思反对第二种观点，并且主张社会分析(与哲学相对)可以认识并帮助实现当代社会发展的内在趋势，因此他在社会理论中引进了一个全新的视角。因此，对意识形态的分析就变成了一种超越人类行动者的意识和揭示人类行动"真实基础"的认知方式。孔德理论中科学与形而上学的对立一定程度变成了马克思理论中科学与意识形态的对立。对社会进行科学的实证研究可以排除以意识形态为代表的意识扭曲。但是，这种意识形态批判只有在现实社会介入的背景下才能够实现，因为"用意识来批判意识"正是马克思对"德意志观念论者"的批判。

事实上，《德意志意识形态》第一章只是马克思著作中详细讨论意识形态概念的一部分。值得注意的是，马克思在那里多次描述了意识形态的形象，这种形象不仅出现在其相对早期的著作中，偶尔也出现在其晚期的著作中。这一形象是相机中的倒影，是一个倒转的世界，或者说是反射和回声：①

---

① 关于相机倒影的文化重要性的讨论，参见 Sarah Kofman, *Camera obscura. De L'idéologie* (Paris: Éditions Galilée, 1973)。关于马克思早期和晚期著作中对意识形态的评论，亦可参见 J. Mepham, "The Theory of Ideology in *Capital*," *Radical Philosophy*, vol. 2 (1972)。

意识在任何时候都只能是被意识到了的存在,而人们的存在就是他们的现实生活过程。如果在全部意识形态中,人们和他们的关系就像在照相机中一样是倒立成像的,那么这种现象也是从人们生活的历史过程中产生的,正如物体在视网膜上的倒影是直接从人们生活的生理过程中产生的一样。①

如果说这一观点很大程度上归功于费尔巴哈,但马克思是在批判这个哲学家的过程中提出的,因为马克思从中借鉴的不仅仅是对事物的倒转:我们必须通过实证的历史研究揭示各种意识形态产生的环境。

在《德意志意识形态》中,意识形态还出现在另外一个语境中;这个语境与第一语境看起来并不十分相同。在这里,马克思断言意识形态表达或者维护统治阶级的利益:

统治阶级的思想在每一时代都是占统治地位的思想。这就是说,一个阶级是社会上占统治地位的物质力量,同时也是社会上占统治地位的精神力量。支配着物质生产资料的阶级,同时也支配着精神生产资料,因此,那些没有精神生产资料的人的思想,一般是隶属于这个阶级的……例如,在某一国家的某个时期,王权、贵族和资产阶级为夺取统治权而争斗,因而,在那里统治权是分享的,那里占统治地位的思想就会是关于分权的学说,

---

① Marx and Engels, *The German Ideology* (London: Lawrence and Wishart, 1965), p. 37.

于是分权就被宣布为"永恒的规律"。①

但是，阐明"相机中的倒影"所说明的"意识形态"概念，可以准确地将两者联系起来：绝对不能像观念论者那样根据统治思想"以颠倒的方式"来书写历史。②如果史学家或社会学家没有考察某个时代中意识形态的"物质"基础，那么他们就会被"那个时代的幻象"所捕获。根据马克思的观点，黑格尔哲学就是这种趋势的典型案例。

这里，马克思在这两种"意识形态"的用法之间建立起了联系，在其后的著作中，这个联系还会重复出现。但是，认识到两者之间的区别也非常重要。第一种用法围绕着科学与意识形态之间的对立关系而展开，第二种用法则围绕着局部利益与意识形态之间的对立关系而展开。"虚假意识"（由恩格斯所引入，而不是马克思）概念处于两者之间的模糊地带，依赖于对"虚假"如何进行界定。如果将"虚假意识"理解为与"有效"或者"真实"相对的认识，那么它就与第一种用法更加接近，但如果将"虚假意识"理解为行动者对其利益和动机的理解，则与第二种用法更加接近。经济基础与上层建筑之间的区分也是这样。如果将这种区分与第一种含义的意识形态联系起来，由此引起的是观念的社会决定作用问题，也会引起卢卡奇所关注的问题和曼海姆在"知识社

---

① Marx and Engels, *The German Ideology* (London: Lawrence and Wishart, 1965), p.61.
② 后来对马克思意识形态思想的评述大都依赖于《德意志意识形态》的开头部分，却忽视了这本书的主体部分——但是，主体部分毕竟是对特定意识形态论者的详细批判。

会学"中所讨论的问题。如果用意识形态的第二种含义来解释经济基础与上层建筑之间的区分,则将产生"霸权文化"这一社会学议题,而不是第一种情况下直接形成的认识论问题。

曼海姆与知识社会学

曼海姆对"知识社会学"的关注并不直接来自他"与马克思对话"的结果。在某种程度上,它似乎是为卢卡奇的《历史和阶级意识》所激发(卢卡奇对曼海姆的影响仍然是一个有争议的问题)。但是,曼海姆的理论属于德国历史学派传统,这一传统曾经影响过狄尔泰、韦伯和卢卡奇,也曾通过黑格尔而影响了马克思。考察曼海姆是如何从意识形态"转向"知识社会学的具有某些重要的意义。他指出,"马克思主义只是发现了一种理解的线索和思想的模式,而且整个 19 世纪都渐渐地卷入这一争论中"。这一"理解的线索"指的是:从意识形态的角度分析对手的思想也就是要打击那些思想。但这种策略并不为马克思主义所特有,马克思主义的批评者也可以以其人之道还治其人之身,把马克思主义看作意识形态。在任何人都可以把反对者的观点定义为意识形态的情况下,我们就必须"意识到我们的假设、本体论和认识论已经发生了深刻的转变"。[1]所以,讨论意识形态就必须重新审视

---

[1] 都引自 Karl Mannheim, *Ideology and Utopia* (New York: Harcourt, Brace and World, 1936), p. 76; 亦可参见 *Essays on the Sociology of Knowledge* (London: Routledge, 1952)。

使这个问题得以产生的思想传统,那就是德国历史学派所一直集中关注的问题——知识是在历史情境中得到发展和"生产"的。

用曼海姆的话来说,"意识形态"术语的一般化过程是一个由"特殊"意识形态观念变成"总体"意识形态观念的过程。他认为,"特殊"意识形态观念发生在这样的情景中:一派怀疑另一派所提出的观念,因为这些观念是用来掩盖他们所拥有的利益的,但是他们又不承认这种利益;当然,这种掩盖可能是故意的,也可能很大程度上是无意的。"总体"意识形态观念是指一个群体、阶级或历史阶段的整体意识形态。特殊意识形态与总体意识形态彼此联系,因为它们都试图超越或"深入"信仰或观念的表面内容,即两种观点都认为观念是其持有者社会背景的产物。但是,特殊意识形态只是把反对者宣称的部分观点看作是意识形态,总体意识形态则质疑反对者所有的观念结构。曼海姆指出,前者涉及的仅仅是个人,而且只发生在心理层次上,后者则涉及群体的组织。在当代社会,总体意识形态已居于主流地位,体现在政治、社会理论和哲学领域,它在这些领域引起了相对主义的问题。

由于总体意识形态观念只适用于某一个反对者的观念,曼海姆认为,我们还可以更进一步,承认自己的世界观也可以合理地进行意识形态分析。当我们前进到这一步的时候,意识形态理论就发展为知识社会学了。"没有党派偏见地分析现实社会环境中可能对思想造成影响的所有因素,成为对思想进行社会学历史分析的任务。这种社会学导向的历史分析一定能够给现代人提供一种关于整个历史过程的改良型观点。"①"可靠的知识由什么构成",这一问题便可能存在两种解决办法：第一种办法是接受某种相对主义的观点,第二种方法是选择关系主义(relationism)而非相对主义。曼海姆反对前者而接受后者。关系主义承认并研究社会活动的历史背景对观念形成的影响,但也承认我们能够而且必须区分有效的和错误的知识。曼海姆区分出了知识社会学的两个分支。作为对"知识的社会决定论"的解释,知识社会学可以简单地被看作社会生活对观念形成的影响方式的实证分析。这可能逐渐演变为第二种知识社会学,即认识论研究。但曼海姆认为,这两种研究方式可以保持分离。

曼海姆著作的评论者总是认为,他认为"社会上自由飘逸的知识分子"可以在认识论上提供更优秀的观点,这一点使得他避免了由"关系主义"转变为"相对主义"的潜在危险。但值得说明的是,其思想的主要着眼点是知识分子的立场问题。曼海姆认为,知识分子并不一定有接触真理的特权或者有逃离知识的社会决定论的方法。但他也主张,知识分子所受的教育使之能够在某种程度上超越阶级的立场(我们或许可以说马克思就力图这样做),而且教育也使得他们更有可能发现关于总体意识形态的有效知识。无论我们对曼海姆的观点存在什么想法,事实上,它们并不一定是相互矛盾的②。曼海姆的核心观点表现在对实证主义的批判上。在他看来,

---

① Mannheim, *Ideology and Utopia*, p.78.
② 这个观点是由 Seliger 提出的 *The Marxist Conception of Ideology*(Cambridge University Press, 1977), pp.136-137。

这种批判具有以下特征：

> 只能为某些特定的历史群体所获得的知识是不可靠的。只有那种不受主体的世界观影响的知识才是受欢迎的。没有注意到的是，纯粹可量化和可分析的世界本身只有在特定世界观的基础上才是可能的。同样没有注意到的是，世界观并不一定是错误的根源，相反，它常常揭示了某些被忽略的知识领域。[1]

如果不是与意识形态问题相关，我在这里将不会讨论曼海姆的"知识社会学"概念。像我前面所说的那样，虽然曼海姆有时会强调他与马克思之间的联系，但是，认为曼海姆对意识形态的分析是以其对马克思的批判为基础发展而来的则是一种误导，尽管他自己有时候强调这种关联。[2]虽然马克思和曼海姆都有德国历史学派的背景，但是马克思从未关注过相对主义的问题[3]。但相对主义问题是曼海姆的起点，他的社会分析和政治理论都必须通过这些问题才能得到理解。在社会分析中，曼海姆认为，历史主义是体现现代文化主要特征的思潮，即任何事物都是变化或者生成（becoming）的过程。[4]这也是他提出前面所说的"由特殊意识形态观念向总体

---

[1] Mannheim, *Ideology and Utopia*, p.168.
[2] 在其他时候，他更愿意反对这一点。参见 Gunter W. Remmling, *The Sociology of Karl Mannheim*（London: Routledge, 1975），pp.74 - 75。
[3] 马克思对这些问题的讨论并不多，其中之一是他对"为什么希腊文学当今仍然保有兴趣和吸引力"的简要分析。*Grundrisse*, pp.110 - 111。
[4] Mannheim, "Historicism," in Gunter W. Remmling, *Towards the Sociology of Knowledge*（London: Routledge, 1973）.

意识形态观念变化"的背景。在政治理论中，曼海姆力图综合或超越政治领域里特定的意识形态。这也是他提出"知识分子要发挥关键作用"观点的基础。

像默顿所强调的那样，[①]虽然曼海姆认为他的知识社会学没有受到新康德主义的任何影响，但后者对他的思想仍然具有决定性的影响。的确，曼海姆很多作品里的摇摆和模糊，正是根源于对新康德主义观点与黑格尔、马克思观点的混合。对于新康德主义哲学家而言，历史哲学存在着两个特别关键的问题：一是相对主义的问题；二是自然科学与社会科学的关系问题。像里克特和马克斯·韦伯一样，有些理论家通过区分两种对现实的认识方式来解决第一个问题（自然现实抑或社会现实）：导向"主体建构"的认识方式，它与"价值相关"；主体一旦建构后的研究方式。所有知识都是相对的，但是这种相对性是就价值观而言，价值观决定了潜在无限现实中的哪些方面会成为研究对象和焦点。主体一旦得到建构，将出现形成有效知识和抛弃错误假设的主体间规则。在我看来，这种观点存在着难以克服的难题，这一难题比曼海姆的关系主义更加困难，尽管它们之间非常相似。"价值相关"与承认知识的有效性相区别，前者至少以一种可行的方式为调和历史与获得抽象"知识"的可能性提供了某些基础。由于曼海姆没有讨论"价值相关"概念，却将关系主义与相对主义区分开来，所以其"知识社会学是关系主义而非相对主义"的观点就成了缺乏依据的主张。

---

① R. K. Merton, "Karl Mannheim and the sociology of knowledge," in *Social Theory and Social Structure* (Glencoe: Free Press, 1963), pp. 491ff.

在曼海姆的著作中，来自黑格尔和马克思的元素与来自新康德主义元素之间的结合，对特殊意识形态观念转向总体意识形态观念具有特殊的意义。在曼海姆的理论中，由有限的意识形态观念转向更综合的意识形态观念，在某种程度上是由一种哲学观点转向另外一种哲学观点。虽然马克思对意识形态的分析体现出分散和不成熟的特征，但他不是要将意识"情境化"，因而也不是要将它"相对化"。我前面已经说过，马克思所使用的两种"意识形态"含义都旨在对他所说的观念论者进行批判：他们仅仅用统治阶级的观点理解历史，历史被以一种"颠倒"的方式书写。每一种含义都与唯心主义的历史解释紧密相关，但它们也很容易就可以应用于马克思晚年所关注的问题——古典政治经济学。政治经济学不是唯心主义，却试图完全抛开历史，因为政治经济学社会分析的起点是"自由进入交换关系的个人"，而不是作为过去历史产物和开启未来变化的条件。虽然政治经济学不是"相机里的倒影"，但它将历史"从背后转向表面"；因而和唯心主义一样，也是意识形态性的。

马克思不担心自己的理论会被指责为意识形态，但这并不是因为他没有意识到他的理论也是在特定社会背景下产生的。观念的"情境性"并不是他把思想模式定义为意识形态的根据，至少这不是他的普遍性论点。在马克思看来，只有在对"事实"缺乏描述的时候，思想模式才会变成意识形态，而且这种误解是用来维护特定局部利益的。马克思从来没有详细说明过有效性的标准或形式是否必须被用来表明"事情的实际情况如何"这一点，他似乎最有可能持这样一种观点：科学程序的应用可以使我们揭示意识形态的本质。但我们还可以找到另一种替代性观点的线索（如果用不同的方式理解，也可以说是一种补充性的观点）：理论必须在实践中得到证实。这导致马克思主义的分析呈现出两种相反的观点：卢卡奇的视角倾向于上面所说的替代性观点，而且他也成为马克思与曼海姆之间的桥梁，使后者把意识形态研究变成了知识社会学。虽然曼海姆受卢卡奇的影响（卢卡奇又受马克斯·韦伯的影响），但他反对卢卡奇关于政党角色和真理的观点。因此，曼海姆对"真理"和"知识"的讨论在多种立场之间摇摆不定，因为他对其中任何一种立场都不满意。

曼海姆似乎从来没有下定决心提出确定知识有效性的标准，至少没有确定知识和党派信仰之间的界线。他阐述知识社会学问题时所使用的思想资源主要是各种政治观念或者历史哲学，而不是"科学"。[1]在他看来，社会观念影响"大部分知识领域"，但有些领域不受它的影响，比如，"形式知识"就不受社会环境的影响。曼海姆所说的"形式知识"有时似乎是指那些分析性的知识（逻辑学和数学），但有时他又将这一范畴扩展到更加广泛的自然科学和社会学知识领域（"形式社会学思想和其他纯形式性的知识"[2]）。与上述两种立场相反，曼海姆有时又像人文科学传统所主张的那样，自然科学与社会科学之间存在着根本性差异，因为后者表现在历史的环境中，而前者则不是。有时候，曼海姆似乎又认

---

[1] R. K. Merton, "Karl Mannheim and the sociology of knowledge," in *Social Theory and Social Structure* (Glencoe: Free Press, 1963), pp. 501ff.
[2] *Ideology and Utopia*, p. 188.

为，或者想当然地认为，存在着某种可以应用于所有人类知识领域的真理观念。但他有时又责备那些"从其他知识领域借用真理标准"和"没有意识到每一层次的现实都存在其特殊的知识形式"的人。①这些"层次"上的真理观显然以某种方式与实践相关（在其思想发展的晚期，曼海姆对实用主义的偏爱众所周知），而且比传统的真理观念更明确，尽管这种真理观包含哪些组成元素仍然非常模糊。

我们不能仅仅因为反对曼海姆有关知识分子拥有一个认识论的"零点"（point zero）主张，就抛弃其关于当代知识分子的任务的思想。像我前面所说的那样，曼海姆没有提出前面那种观点。正是因为其政治性的分析视角，曼海姆的观点很容易受到批判。在他看来，知识分子愿意能够超越政治生活中的党派斗争，因而能够仲裁各派别之间的冲突。这里我不想讨论这一问题，但是今天几乎没有人像曼海姆那样乐观地认为知识分子有这样的调解技巧和意愿。②

哈贝马斯：作为扭曲交往的意识形态

从曼海姆转向如哈贝马斯等的当代意识形态概念，并不意味着完全离开曼海姆耕作于其中的思想传统，因为影响哈贝马斯的最重要知识源泉同时也影响了曼海姆的思想。但是，哈贝马斯本人并没有受到曼海姆的影响，而且他对于意

---

① *Ideology and Utopia*, p.186.
② 参阅 A. Neusüss, *Utopia, Bewusstein und freischwebende Intelligenz* (Meisenheim, 1968)。

社会理论的核心问题 | 235

识形态问题的研究与曼海姆没有太多共同之处：后者在英语世界里的影响的确比在德国的影响要大得多。

哈贝马斯的著作中存在着两大观点与意识形态的研究及其批判相关，其中一个更加具体，另一个则更加抽象，前者属于他对现代社会和政治之发展的讨论的一部分，后者则是他在方法论层次上对意识形态的分析，但两者都与对意识形态的批判相关。哈贝马斯认为，意识形态概念不仅仅是随资本主义社会的产生而出现，它也与公共讨论的条件相关，这种条件为社会所提供。这些条件包括"公共领域"的产生，在公共领域里，可以对社会重大问题进行公开讨论，所做的决策基于理性而非传统或者有权者的命令。[1]在哈贝马斯看来，意识形态概念的发展"与意识形态的批判是同时进行的"，[2]因为将某种思想定义为意识形态也意味着揭示那种思想是由权力支配的，而不是由自觉的理性过程所支配。马克思并没有将意识形态与科学对立起来，因为他想说明在当代世界里科学技术已经与意识形态紧密联系在一起的事实。哈贝马斯认为，世俗化过程打破了传统的合法化方式，同时也允许对传统进行形式理性（韦伯意义上的）的重组。新的合法化方式

> 起源于对传统世界观的批判，而且声称自己具有科学性。但是，它们仍然发挥着合法化的功能，因而不能对

---

[1] Jürgen Habermas, *Strukturwandel der Öffentlichkeit* (Neuwied: Luchterhand, 1962).
[2] Habermas, "Technology and science as ideology," in *Towards a Rational Society* (London: Heinemann, 1971), p.99.

权力关系进行分析，公共意识也意识不到这种权力关系。正是以这种方式，严格意义上的意识形态产生了。通过现代科学的掩饰和意识形态批判产生的合法性，新的权力合法化方式取代了传统的权力合法化方式。①

哈贝马斯认为，当代社会中，由于科学和技术的结合以及对资产阶级"公平交易"理念的批判，支配性的意识形态变成了"技术统治的意识"（technocratic consciousness）。技术性要求的满足成为政治合法化的主要写照。因此，哈贝马斯对现代社会的意识形态问题的分析在某种程度上与曼海姆相反。曼海姆担心的首要问题是"众声喧哗"，即各种意识形态之间的冲突；哈贝马斯则像马尔库塞那样，认为最显著的趋势是对技术决策的偏好压制了这种喧哗。但是，哈贝马斯与曼海姆的基本取向是一致的：他们都将"对意识形态的研究"和"获得不受意识形态扭曲的共识的可能性"对立起来。哈贝马斯不是通过"'非评价性'的意识形态"概念进行分析，而是通过虚拟的"'不受限制的'或'不受权力关系影响的'交往条件"来进行分析。

要理解哈贝马斯有关这种条件是如何得到界定的观点，最好的方式也许是考察他对伽达默尔的"诠释的普遍性"②主张的批判。伽达默尔与哈贝马斯的争论涉及启蒙哲学家所提出的问题，正是这些问题导致了意识形态概念的产生。伽达

---

① Habermas, "Technology and science as ideology," in *Towards a Rational Society* (London: Heinemann, 1971), p.99.
② 参见我的论文 "Habermas's critique of hermeneutics," in *Studies in Social and Political Theory*。

默尔认为，诠释是传统的成果，这一点明显与"偏见"的启蒙批判相对照。传统是所有人类理解和知识的必要源泉，因此，"先入之见"是一种必要的基础。[1]哈贝马斯反对的正是伽达默尔的这种立场，因为后者没有为对传统——作为意识形态或者"系统扭曲的交往"——的批判提供总体性视角。因此，对哈贝马斯来说，意识形态批判是揭示扭曲交往的源泉，这一过程可以通过精神分析学与社会科学之间的类比来得到说明。精神分析治疗的目的是要打破患者与分析者之间的对话障碍，将患者从压制中解放出来，因为这些压制妨碍患者理性地理解他们的行为，因而也妨碍他们与他人进行交往的能力。压制（扭曲的交往）则相当于意识形态的社会起源。在伽达默尔看来，诠释可以被看作与传统相遇时所确立的对话。但在哈贝马斯看来，这种观点不能理解各种支配关系中所涉及的传统，而这种支配关系又会在所有可能的对话模式中造成不平衡。

哈贝马斯的观点似乎也有沦为困扰曼海姆的相对主义的危险：如果传统中的意义框架是所有人类理解的根源，那么我们如何理解位于这个意义框架之外、因此可以被批判为意识形态的立场呢？哈贝马斯对这个问题的回应与其"理想的交往情境"概念相关，这个"理想的交往情境"是所有交往行动所固有的，而且这个概念可以用来诊断交往行动的扭曲。按照哈贝马斯的观点，社会互动中的交往行为暗示着四种"有效宣示"：交往的内容是可以相互理解

---

[1] H.-G. Gadamer, *Truth and Method* (London: Sheed and Ward, 1975).

的、命题的内容是真实的、任何参与者都有说话或行动的权利，以及每个陈述和行为都是真诚的。由于所有的社会行动环境事实上都不满足这些有效宣示，所以交往也就被扭曲了。①

由于哈贝马斯的意识形态概念与其著作中的这些一般理论密切相关，所以不可能在这里得到充分的讨论。接下来一部分有关阿尔都塞理论的讨论也是如此。所以，对于他们的理论，我只对与我在结论部分要提出的意识形态研究路径有关的问题进行简要评述。

1. 哈贝马斯以两种方式来使用"意识形态"概念。他所说的"严格意义"的意识形态是指一种特定的观念：政治话语中引入的"意识形态"概念，这些观念需要用理性进行辩护，而且与传统或习惯性的合法化方式形成对比。②这一意义上的"意识形态"是特定历史阶段的产物，是作为对偏见的批判而被合法化的。根据哈贝马斯著作中更一般的含义，意识形态不是一种思想体系，而是交往中所用到的符号的一个方面或维度：所有符号体系都是意识形态性的，因为他们都是在扭曲的交往环境中发挥作用。很明显，严格意义的意识形态似乎是后者的一种类型。但我认为，两者的关系性质并非完全明确。第一种含义很明显忽略了意识形态的某些正面作用，比如它在社会演化话语发展过程中的作用。从第二种

---

① Habermas, "Was heisst Universalpragmatik?" in K.-O. Apel, *Sprachpragmatik und Philosophie* (Frankfurt: Suhrkamp, 1976).
② 这个观点由古德纳提出，参阅 Alvin W. Gouldner, *The Dialectic of Ideology and Technology* (London: Macmillan, 1976)。

意义而言，意识形态被看作是完全负面的。我们一方面不可能把意识形态看作一种与其他符号体系相区别的符号系统，但同时又把意识形态看作原则上可以用于所有符号体系的一种特征。

2. 哈贝马斯对"旨趣"（interest）概念的使用也有两种方式，这起码在术语使用上是令人误解的。在《认识与人类旨趣》（*Knowledge and Human Interest*）一书中，哈贝马斯在"准超验"的意义上使用这一词汇，用来描述各种知识形式的"旨趣相关"性质。但是，在其他著作中，他又在一种更加传统的意义上来使用这一术语，用来说明特定行动者和群体的特定旨趣。这两种含义之间的关系并非完全明确。下面我将表明，意识形态概念应该参考旨趣概念来加以理解，但是是通过旨趣的第二种含义，而非第一种。

3. 在把意识形态当作一种扭曲的交往来分析的时候，哈贝马斯暗示，意识形态批判可以比作从无意识向有意识转化的过程。总体而言，这种观点认为压制相当于交往的扭曲。但是，它在多个方面是不能令人满意的。（a）我们可以说，压制似乎是人格发展的一个必要组成部分，也是自我认同的一种实现方式（拉康），而不仅仅是自我理解的一种障碍。（b）人格中无意识元素的实际内容对于意识形态理论至关重要，这不仅仅是因为压制这一"事实"，而且还因为与意识形态批判关联在一起的压制的内容。哈贝马斯似乎忽略了这一点，因为他将精神分析学作为社会分析中意识形态批判的模型，而不是把它作为一种实质性理论。

4. 精神分析模式不能阐明意识形态是如何与社会支配或

者权力联系在一起的。①在哈贝马斯的解读中，精神分析理论是要把患者从"支配"他们的各种影响中解放出来，并将这些影响因素置于有意识的控制之下，从而扩展行动的自主性。但是，我们很难看出这种意义的"支配"与群体之间的权力关系有多少相似性。

阿尔都塞的意识形态理论

阿尔都塞的意识形态概念与哈贝马斯形成鲜明的对比。对阿尔都塞而言，意识形态既不是资产阶级社会的特定产物，也不是扭曲的交往，而是*现存所有社会形态中必需的功能性特征*。根据阿尔都塞的观点，"为了塑造人、改变人和使他们能够对付存在的紧迫性，意识形态在任何社会都是不可或缺的"。②阿尔都塞区分了这种一般意义的"意识形态"和特定社会形态中实际存在的意识形态。虽然意识形态随着社会的发展而变化，但"意识形态的终结"并不会发生，即使在社会主义超越了资本主义的条件下也是如此。虽然阿尔都塞经常比较意识形态和无意识，但是这种比较的含义不同于哈贝马斯。前者说道，"意识形态和无意识一样是永远存在的"。③

---

① 参阅哈贝马斯的 Introduction to the fourth German edition of *Theory and Practice* (London: Heinemann, 1974)。
② Louis Althusser, *For Marx* (London: Allen Lane, 1969), p.235（我调整了翻译）。但是，阿尔都塞对意识形态概念的使用并不总是一致的。相关的讨论可参阅 Gregor McLennan *et al*., "Althusser's theory of ideology," in *Working Papers in Cultural Studies*, vol.10 (Center for Contemporary Cultural Studies, 1977)。
③ Althusser, "Ideology and the state ideological apparatuses," in *Lenin and Philosophy and Other Essays* (London: New Left Books, 1977). 拉康对 *Wo es war, soll Ich werden* 的解释及其与哈贝马斯解释的比较，与这里的讨论相关（参见 pp.120 - 121）。

阿尔都塞反对将意识形态看作对现实的"反映",就像马克思的各种评论所暗示的那样。但他也同样反对将意识形态定义为支配群体或支配阶级利益的表现。对他而言,两种观点都是在主客体关系中定位意识形态,从而都与"经验主义"相关。意识形态研究不是获得社会现实的真实表现的一种方式,相反,意识形态是社会现实的一部分,是社会生活的内在构成因素。前述多种理论都错误地把意识形态看作对政治经济条件的被动和"虚幻"的表现。阿尔都塞却认为,意识形态的虚幻性不在于意识形态本身,而在于它与其维护的现实之间的关系。用阿尔都塞的话来说就是,意识形态是"社会的黏合剂",是社会凝聚力不可缺少的源泉:通过意识形态,人类在社会整体关系中以"有意识的主体"方式存在。意识形态不是人类主体有意识的创造物,只有通过意识形态和在意识形态中,有意识的主体才存在。阿尔都塞所说的"虚幻性"不是指这种思想或信仰本身,而是指社会行动者在现实中所体验到的日常行为的实际组织。"意识形态,"像卡尔兹所说的那样,"不是虚幻的领域,而是这种虚幻得以实现的领域。"[①]

这些思考对于阿尔都塞有关科学与意识形态之间关系的观点来说非常重要。从它们与现实之间的关系来说,科学和意识形态是一致的:科学不是消除意识形态歪曲的手段,而是另一种形式的意识形态。像所有其他人类活动一样,科学只在意识形态中存在。科学与意识形态的不同在于它制造了

[①] Saul Karsz, *Théorie et politique: Louis Althusser* (Paris: Maspero, 1974), p.82.

自主的话语体系，产生了反对意识形态的新知识。

作为具体社会形态的组成元素，意识形态体现为各种"领域"，这些领域由它们在其所处的社会整体关系中表达的内容所决定，因而反映了阶级支配的模式（在阶级社会）。意识形态直接体现在政治和经济斗争中：在所有类型的社会中，处于主导地位的意识形态为意识形态争论提供了总体性的意义框架。将意识形态批判为"虚假的"是无效的，因为这个概念不适用于意识形态。对它只能进行功能性的评价：阐明现实与虚幻在意识形态实践中是如何交织在一起的。这一点可以通过个人主义的自由意识形态来得到说明：

> 在"自由"的意识形态中，资产阶级的生活以一种直接的方式与它的存在联系在一起：也就是，是一种真实的关系（自由资本主义的经济规律），但这种真实的关系是包含在虚假关系（包括自由工人在内所有人都是自由的）中的。这种意识形态存在于关于自由的文字游戏中。像资产阶级所希望的那样，为了控制它所剥削的人，这种不真实的文字游戏迷惑了被剥削者（自由！）：通过自由理念的束缚，作为统治阶级的资产阶级所需要的好像是被剥削者的自由一样。①

如果没有参考其科学理论与认识论分裂这一观点，阿尔都塞的意识形态研究路径是不可能得到评估的。这一认识论

---

① *For Marx*, pp. 234-235（修正了的翻译）。

分裂标志着科学问题框架与意识形态问题框架之间的区分，后者以"理论性意识形态"（theoretical ideology）的形式得到建构（比如，政治经济学或者"资产阶级的社会科学"）；"理论性意识形态"仍然与其产生的实际情境联系在一起。乍看起来，这一立场逃避了相对主义——曼海姆将这一问题变成了意识形态分析的核心——的问题。但事实上它根本没能逃脱这一问题——或者说只是教条式地断言逃避了这一问题。在阿尔都塞看来，科学是在其"理论对象"得到建构之后才形成的，但是，像很多批评者所指出的那样，对于什么是"科学的"和什么不是"科学的"，他根本没有提供可资利用的评判标准。阿尔都塞经常提及的社会科学领域中的两种"科学"——马克思主义和精神分析学——恰恰被其他人（比如波普尔）认为是其科学地位最值得怀疑的知识事业。阿尔都塞经常提到的科学的特征——系统性特征和理性特征——与解决这些争端毫不相干。[①]虽然阿尔都塞力图逃避"虚假的"意识形态与"有效的"科学之间的对立，但他的区分的确缺乏依据。马克思主义（在阿尔都塞的理解中）是科学，政治经济学等则不是，因为后者仍然植根于"实践性意识形态"中。但是，其他人恰好得出相反的结论——我们又回到曼海姆的"特殊意识形态"争斗问题上来了。

因此，我们可以说，阿尔都塞与曼海姆之间的差别不像乍看上去那么大，因为后者所建立的论题似乎也出现在前者那里。曼海姆想要逃脱"意识形态完全是虚假的"这种假

---

① 参阅 McLennan, "Althusser's theory of ideology"。

设，所以区分了特殊意识形态和总体意识形态概念。与阿尔都塞的"普遍意识形态"概念一样，总体意识形态概念是人类社会存在的必要条件，也是特殊意识形态的中介。我们也许会想起曼海姆的言论："严格地说，说单个个体的所思所想是不正确的。相反，我们只能说，他更进一步思考了其他人在他之前所思考的东西……一方面，他发现了现存的情境，另一方面，他也发现了在那个情境中已经形成的思维和行为模式。"[①]曼海姆也强调，将总体意识形态概念仅仅看作"观念体系"或"思想体系"是错误的：它们存在于社会行动者的日常实践中，并使其日常实践成为可能。

意识形态：一些基本问题

意识心态概念起源于启蒙思想对传统和偏见的批判：理性的、有根据的知识要取代之前神秘化的思想模式。孔德在使用这一视角时，意识形态概念被抛弃了，这不仅是因为他想与特拉西的个人主义保持距离，也因为这个概念在他的理论体系中不拥有重要的位置。随着实证方法或者科学在人类的社会行动研究领域里取得胜利，孔德所创造的社会学取代了最初意义上的意识形态。意识形态概念在社会科学中能够幸存下来，这要归功于我前面所区分的马克思对这一概念的两种使用。虽然马克思在对"德国观念论者"的批判中就这个概念进行了特殊的改造，但他仍然强调用"真实的、实证

---

① *Ideology and Utopia*, p.3.

的科学"取代神秘化的观念。然而,他做了一个关键性的补充,即将意识形态与社会中支配群体的局部利益联系起来。因此,意识形态批判不再仅仅是科学对传统偏见的必然胜利,还必须在实践中用来打破阶级支配。科学/意识形态的对立与局部利益/意识形态的对立之间的结合是马克思研究方法的产物;这种结合也是意识形态概念从那时起所经历的各种奇思妙想的根源。马克思首先批判了以唯心主义历史哲学为代表的特殊意识形态,然后又批判了政治经济学,但马克思没有充分思考他的意识形态分析可能带来的普遍性启示。

在马克思之后,我前面简要讨论的三个理论家采取了互不相同的研究路径,而且他们都提出了自己的研究视角。但是他们都必须讨论一个对马克思没有显著影响的问题,因为马克思主义在马克思时代还不具有重大的政治影响力,那就是将马克思主义本身阐释为意识形态的问题。马克思的著作隐含着这样一个问题:马克思主义如何逃避他对其他思想体系所进行的指责,即它们都因为根源于特定利益而变成了意识形态?就像卢卡奇和曼海姆所做的那样,这个问题从德国历史主义的背景下进行考察将变得特别突出。正是在这里,意识形态与知识或真理的历史决定论结合在了一起。在卢卡奇那里,这两个问题是最为一致的。通过作为"历史先锋队"的政党的特殊地位,卢卡奇将历史主义与对真理的辩护结合在一起。但是,卢卡奇没有充分讨论自然科学的客观性以及它与具有历史决定特征的"人文科学"可能出现分歧,但这些问题正是德国历史主义所关心的。曼海姆讨论了自然科学与社会科学之间的分化,但他的讨论是模糊的和不一致的。

曼海姆区分了特殊意识形态和总体意识形态，两者好像很大程度上是从有限意识形态向无限意识形态概念的一种转变。揭示这种区分后面所隐藏的另外一种区分是重要的，自马克思以来，有关意识形态的讨论长期涉及后一种区分：一方面，意识形态指的是一种话语；另一方面，意识形态指的是生存模式中——社会生活实践——所包含的各种信念。存在于马克思那里的科学/意识形态的对立和局部利益/意识形态的对立也暗示了这种区分，虽然不是非常明确。第一种对立倾向于在话语层次上分析意识形态，即将意识形态看作形成有效知识的障碍；第二种对立则将意识形态看作社会生活实践的组成部分。马克思并不认为它们之间是完全分离的，因为如我所言，第一种意义上的"观念论者"的作品部分构成了第二种意义上的"意识形态"。作为话语的意识形态和作为生活体验的意识形态之间的区分也出现在哈贝马斯和阿尔都塞的作品中，其实，两者都明确地承认这种区分的重要性。但是，哈贝马斯的理论似乎更加强调作为话语的意识形态，阿尔都塞的主要贡献则是集中考察了作为社会生活实践固有特征的意识形态。

前面这些讨论表明了三大基本问题：如何对待意识形态与科学（包括自然科学和社会科学）之间的关系？科学/意识形态的对立和局部利益/意识形态的对立之间是什么关系？意识形态应该理解为话语，还是应该理解为社会实践，还是两者兼具？我们还可以增加另外两个问题。在关于意识形态的启蒙思想中，理性会克服谬误以及传统和习惯的缺陷。既然这已经变成了意识形态与科学之间的对立，那么我们可以得出这样一个暗示：科学或者"有根据的有效知识"占据了一个不同于意识形态的领域；他们是两种信仰体系，或者说两种不同的"知识宣示"。这种意识形态概念在阿尔都塞的作品中明显延续着，尤其是他的科学与"实践性"和"理论性"意识形态之间的对立。这里，意识形态排斥科学，即使意识形态为科学的起源提供了基础；另一方面，不可能把科学本身看作意识形态性的。在哈贝马斯的研究路径中，意识形态（在他的作品中出现的一种观点）是指包括科学在内的符号体系的某些性质，而不是指一类符号体系。因此，我们可以提出的另外一个问题是：意识形态应该被看作某种意义上不同于科学的思想或者信仰体系，还是我们只能说符号体系的某些意识形态方面？

在前面讨论的文献中不难发现第五个问题：存在"意识形态的终结"吗？当然，这个问题已经以多种方式得到大量讨论。在马克思本人的著作中，阶级支配的终结似乎标志着意识形态的终结，而且大部分马克思主义者也同意这种观点——虽然阿尔都塞是一个例外。但是，"意识形态的终结"这个说法是与对马克思主义的批判联系在一起的。按照这种批判，马克思主义是一种典型的意识形态，但是一种正在衰落的意识形态，意识形态的终结表示马克思主义作为一种重要政治力量的终结。

意识形态的概念

对于科学与意识形态之间关系的讨论，最好是再一次以启蒙运动及其对孔德的影响作为起点。对孔德和其他很多人而言,理性要取代偏见,理性的崛起相当于科学的统治。[1]科学不是要重复我们对人类社会的理解,不是要重复似乎已经完成的对自然界的"去魅"(demystification)。[2]这种观点也为马克思所强调,但是在与黑格尔和德国古典哲学结合之后,这种观点变得更加复杂和微妙。在孔德的理论中,科学纠正传统和习惯所体现的既存观念的能力包含了两种因素,即两种理解"偏见"的方式:将偏见理解为"先入之见",以及将其理解为"理性的缺乏"。在马克思的理论中,这种区分则更加模糊。

对于将科学/意识形态的对立尖锐化以及将意识形态界定为"非科学",这不过是前进了一小步:意识形态必然包含"无效的"知识,或者说,意识形态一定偏离了科学(自然科学和社会科学)。没有哪个接受这一立场的人能够对此提供有效的辩护。原因非常明显。以这种方式来理解意识形态给它的支持者带来了太重的负担——他们必须以明确且不可挑战的方式将科学或"有效知识"与意识形态区分开来。采取这一研究路径的人必定会更加关注"准科学"的意识形态性质和利用科学权威的伪装者,而不是关注宗教等现象(虽然,建立将科学与宗教区分开来的可行的哲学标准比18世纪晚期或19世纪早期进步论者所想象的更加困难)。最近数年来,在认为科学可以很明确地与其他符号体系区别开来方面,阿尔都

---

[1] E. Husserl, *The Crisis of European Sciences and Transcendental Phenomenology* (Evanston: Northwestern University Press, 1970).
[2] 参阅 *New Rules of Sociological Method*, p. 162。

塞和波普尔做出了最明确的辩护。但是，如我前面所说的那样，阿尔都塞所说的科学的典型例子——马克思主义和精神分析学，对波普尔而言是"准科学"的主要例子。阿尔都塞和波普尔提出的"划分标准"都是站不住脚的。[①]

对于意识形态与认识论存在必然联系的问题，曼海姆对这一观点作出很大的贡献。他关于科学/意识形态相对立的观点，与其有关意识形态具有"情境性"、科学（或者"形式性知识"）不具有情境性的观点相关。我已努力表明了马克思的意识形态批判与历史主义和诠释学传统的结合是如何对他形成影响的。曼海姆通过符号体系的情境性来理解马克思的意识形态分析。对前者而言，意识形态问题与避免相对主义的问题联系在一起，这不仅发生在认识论层次上，也发生在政治领域中各种意识形态相互斗争的层次上。因此，通过阐明知识与特定的社会历史条件相关联，曼海姆将马克思的意识形态批判理解为对知识的有效性或正当性的分析。对于马克思主义意识形态理论的两种遗产——科学/意识形态的区分和局部利益/意识形态的区分，在曼海姆的理论中，第一个区分很显然更加重要。因此，意识形态问题很自然地与知识社会学结合在一起了，两者之间唯一的不同是，知识社会学意识到了任何世界观都会受它们赖以产生的环境的影响。

像将意识形态与科学对立起来的其他人一样，在通过知识的情境性特征将意识形态从科学中分离出来的时候，曼海姆遇到了无法克服的困难。曼海姆没有提供区分关系主义和

[①] 参阅 "Positivism and its politics," in *Studies in Social and Political Theory*, pp. 57ff。

相对主义的明确标准，同时，他所说的逃避了其他思想所具有的情境决定性的"形式知识"也是不合理的。

这些讨论表明，我们应该抛弃启蒙思想在批判偏见时所产生的偏见遗产，即意识形态应该在科学/意识形态的对立中进行界定。对于与知识的"情境性"或"循环性"相关的认识论问题，我不想否认它们的重要性，也不想低估它们的难度。为了和我对第四个问题的回答联系起来，我确实认为，如果我们不再将意识形态界定为与科学相区分的、某种特定的符号体系，那么，和其他社会分析领域一样，意识形态分析就没有什么特殊的认识论问题了。我要提出的意识形态研究路径确实意味着社会科学可以建立起客观有效的知识。但是，这一路径反对这样一种观点：对意识形态的界定与"有效的知识"和"无效的知识"的关系联系在一起。

如果我们不再把意识形态和科学之间的对立看作意识形态理论的基础，而是把局部利益与意识形态之间的对立看作其基础，那么，我们就可以整个突破这些导向了。这也是哈贝马斯研究的启示；在这一点上，哈贝马斯比阿尔都塞更接近于马克思的观点。通过局部利益与意识形态之间的区分来理解意识形态理论，就是坚持认为意识形态概念的主要作用是对支配关系进行批判。无论是在其早期还是晚期的意识形态批判中，这显然都是马克思所首要关心的问题。在批判"德国观念论者"的时候，马克思在"相机中的倒影"中使用了意识形态与科学的对立，但是重新将这种观念与作为支配的意识形态概念联系起来了，因为观念论者维护了"时代的错误意识"。在《资本论》中，马克思扩大了对政治经济学的批判，但他不是将政治经济学看作"非科学"，而是把它的不足和它对阶级支配事实的遗漏联系起来。

像我前面所说的那样，否认只有通过意识形态与科学的对立才能认识前者的基本特征，这意味着要从一个不同的角度来分析上面提到的第四个问题——是否应该将意识形态看作一种符号体系。像阿尔都塞的理论那样，主张将意识形态看作一种符号体系的观点通常也意味着将意识形态与科学明确地对立起来。但是，如前面所言，在哈贝马斯的理论中，我们发现了另外一种观点，即将意识形态看作现代政治中观念体系的一种特殊形态。在这里，意识形态与作为传统合法化体系的宗教相对立。意识形态也常常被认为相当于曼海姆所说的"乌托邦"——发起政治活动以反对现状的信仰模式。[①]这种观点不同于上面那种观点，因为它通常与宗教和现代政治运动相关；但是，意识形态仍然是一种观念体系(通常或隐或显地与科学相对)。我要提出的研究路径则主张，严格地说，根本不存在意识形态这种东西，只存在符号体系的意识形态性。将意识形态看作是某些类型的符号体系的命题或假设，建立在我所放弃的意识形态/科学之间对立的基础之上。但我也反对将意识形态概念局限于现代政治领域，任何类型的观念体系都可以是意识形态性的。我不特别反对继续使用"意识形态"甚至是"一种意识形态"等词汇，只要它们被理解为下面这种观点的省略形式：将某种符号体系看作

---

① 例如，参阅 Lewis S. Feuer, *Ideology and the Ideologists* (Oxford: Blackwell, 1975)。关于对"意识形态"使用的考察和分析，参阅 Norman Birnbaum, "The sociological study of ideology (1940 - 1960)", *Current Sociology*, vol. 9 (1960); George A. Huaco, "On ideology," *Acta Sociologica*, vol. 14 (1971)。

意识形态，是指要把它作为意识形态性的来研究。

意识形态、利益

当然，所有这些并不能说明意识形态是如何与利益或者支配关系相关的。但是，通过回答前面所提出的其他问题，我们有希望解决这一问题。通过借鉴其他文章里介绍的观点，我将试图进行这一分析。我主张，分析符号体系的意识形态性质，就是考察意义结构是如何被用来将支配群体的局部利益合法化的。

在社会理论中，利益与其他概念一样也饱受争议，引起了诸多难题。这些问题虽然值得进行详细分析，但是我在这里将不尝试这样做，但鉴于我将在本书所提出的视角，我将提出一些观察结论以说明利益问题如何才能得到分析。我已经提出了意识形态理论必须回答的五个基本问题，让我们也用同样的方法来讨论利益问题吧。像巴里（Barry）一样，我们可以考虑三种经常提及的"利益"定义，[①]以此为基础，我们可以简要讨论一下在何种意义上我们可以说"客观利益"和"集体利益"或者"群体利益"。

一种观点认为利益等同于需求（wants），因此，说某一行动符合某人的利益，也就是说这个行动者想要采取这一行动。但这种观点是行不通的，因为它排除了在某些情况下行动者想做之事与其利益不一致的可能性，而我们似乎又没有

---

① Brian Barry, *Political Argument* (London: Routledge, 1965), p.174.

理由否认这种情况的存在。"利益"的第二种用法只是在同样的陈述中用"合理需求"代替了"需求"概念。[①]但是，它遇到了类似于第一种观点所遇到的反对意见：需求的合理化似乎可以使行动与利益分离开来。第三种界定是一种功利主义的观点：如果某一行动比其他可能的行动更能使人快乐，那么它就可以被认为是符合行动者的利益的。对这种观点的质疑是多方面的，而且都与功利主义计算的传统困境相关。如果从日常意义上理解快乐的含义，那么这种观点很显然是错误的，因为我们可以很容易地说，在某些情况下，引起个人痛苦的行动也是与他的利益相一致的。

我认为，利益的确与需求紧密相关，尽管将利益和需求这两个概念等同起来是错误的。将利益归结于某个或多个行动者逻辑上同样意味着将需求归结于他们。需求［或者"需求着"（wanting）］是利益的"基础"：说 A 在某个行动、事情或状态中有利益，也就是说这一行动可以提高 A 满足其需求的可能性。[②]因此，认识到某人的利益，并不仅仅是意识到某种或多种需求，而是意识到他是如何着手实现其需求的。

如果利益在逻辑上是与需求联系在一起的，而需求又只能是主体的特征（这是我一贯持有的观点：社会系统没有需求或需要），那么我们可以说"客观利益"吗？我们可以这样

[①] S. I. Benn, "Interests in politics," *Proceedings of the Aristotelian Society*, vol. 60 (1960).

[②] 乍看起来，这一表述与巴里所做的表述很接近；而且，他对其使用所做的限制（*Political Argument*, pp.178ff）在这里也有相关性，虽然我不会讨论这些。但是，巴里似乎很大程度上是通过"实际的需要"来理解需要，显然，这种理解不是我的观点。而且，他还将需要的概念局限于个人的"基本需要"；这使他的观点回到功利主义那里。关于这种观点的批判，参阅 William E. Connolly, *The Terms of Political Discourse* (Lexington: D. C. Heath, 1974), pp.53ff。

说，因为如果把利益等同于需求的话，那么利益就只能是"主体的利益"（从某种意义而言，总是如此）。虽然利益意味着需求，但是利益并不关心诸如此类的需求，而是关心特定条件下可能的利益实现方式。像社会分析中的其他概念一样，这些利益是被"客观地"决定的。"客观利益"通常与"集体利益"概念联系在一起：利益是集体的结构性特征，与行动者的需求没有多大关系。但是，如果群体没有需求或需要，那他们有利益吗？答案一定是：他们没有利益。然而，正是由于行动者是特定群体、社区或阶级的成员，所以行动者才有利益。这也是不能将需求与利益看作相同概念的原因：在特定社会和物质环境中，利益意味着可能发生的行动。比如，因为某人是工人阶级的一员，所以他和其他工人存在某种共同的利益（假定他们也有相同需求的话），资本主义生产中的资本家与工人之间也就存在着利益冲突。

在我看来，完备而详细的意识形态理论需要一种哲学人类学。我们一定不能简单地将需求看成是"经验需求"（即人们在特定时间和地点中的需求），因为后者受社会性质的影响和限制，而个人又是那个社会的成员。这一观点所产生的问题极为复杂，而且，对于社会学中的批判理论的性质来说，这些问题也非常重要。这些问题尽管很重要，但是，即使我们不去解决它们，我们仍然可以继续当前的讨论。支配群体存在着某种局部利益或者说"局部利益领域"，即维护现存的统治秩序或者其主要特征，因为这一统治秩序事实上是资源的不对称分配，而这些资源又可以用来满足需求。

社会理论的核心问题 | 255

话语与生活体验

利用前文所说明的那些区分,我们可以为分析话语(discourse)的意识形态外貌和更加强固的符号秩序建立一个分析框架。像图5.1和图5.2所表示的那样,意识形态分析可以在两个层次上进行,这两个层次在方法论上与策略性行动和制度分析相对应。将意识形态作为策略性行动进行研究,就是要关注图5.1和图5.2的左上角(这两个图示应该被看作是重合的)。在最为"有意识"和"表面"的形式中,作为话语的意识形态涉及支配阶级或群体为促进其局部利益而使用骗术或者对交往的直接操纵。以马基雅维利命名的那种政治策略就是这种情况的典型。但是,这也是最容易被政治操纵对象发现的意识形态——无论君主是如何的狡猾和聪明。

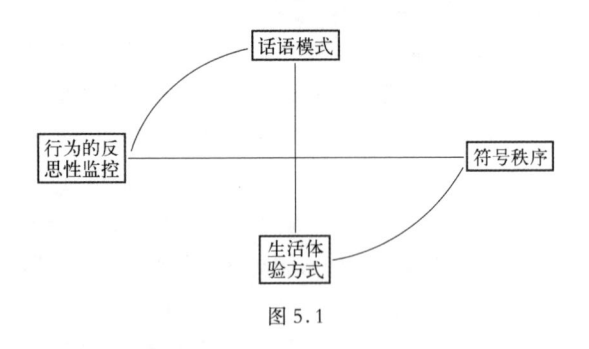

图 5.1

下一章我将讨论时空在场与缺场的互动空间背景下前台区域与后台区域的关系,这种区域划分尤其与更具操纵性和

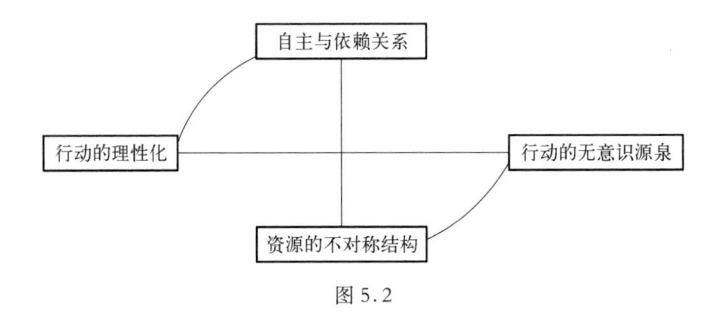

```
         ┌──────────────┐
         │ 自主与依赖关系 │
         └──────────────┘
┌──────────┐         ┌──────────────┐
│行动的理性化│─────────│行动的无意识源泉│
└──────────┘         └──────────────┘
         ┌──────────────┐
         │ 资源的不对称结构│
         └──────────────┘
```

图 5.2

话语性的意识形态相关。在支配阶级或群体对于符号体系的意识形态性使用中，以及在被支配阶级或群体所做出的回应中，维持社会活动的"公开表演"部分与"隐蔽"部分之间的区分是一个非常重要的组成部分。所有更具有话语性的意识形态则会布置好经常是一种仪式化的"表演场景"，而且，这种场景本身很容易区分出前台区域和后台区域。

显然，话语模式（也包括知识学科中形式化的话语）的意识形态分析不能仅限于策略性行动的方法论上。从制度的角度分析意识形态是要说明符号秩序是如何在日常"生活体验"的背景下维护统治关系的。图 5.1 和图 5.2 的右下角代表了从制度视角研究符号体系的意识形态性，从这一视角研究意识形态就是要找出按照支配利益将符号化和合法化结合起来的结构性要素。最"隐蔽"形式的意识形态是将无意识的行动源泉与资源分配的不对称结构连接起来的那条弧线。正是在这里，意识形态因素很可能深深地沉淀在心理和历史中了。比如，日常生活中维持"隐私"和"自律"的压力。这种压力可能与后封建社会中普遍的"前台/后台"区分紧密

社会理论的核心问题 | 257

相关。像埃利亚斯所表明的那样,"文明的进程"是通过提高限制或者"掩饰"令人厌恶的行为而实现的。[1]包括例行化的工业劳动在内(但不仅限于此)的日常秩序和纪律,可以被看作当代社会最深层的意识形态特征。

格尔茨在其著作中对意识形态做了最富有启发性的讨论,[2]他的主要观点与我的立场较为一致。但格尔茨沿用了意识形态的普遍用法,即将意识形态看作一种我所说的符号体系。在我看来,他所说的意识形态特征——产生多重意义的比喻和转喻——也是所有符号体系的特征。像巴特对《巴黎竞赛》(*Paris-Match*)封面上黑人士兵图片进行的著名分析一样,将这些符号体系作为意识形态加以讨论,就是要说明他们是如何维护现存的支配秩序的。在接下来的一章,我将考察符号体系的多重含义是如何与传统的影响联系在一起的,以及是如何与这样一些社会因素联系在一起的,那些社会因素催生了对文本和其他符号体系的多重"解读"。然而,这里提及这一点也许仍然很重要,因为有些意识形态研究者倾向于将意识形态定义为"情绪性"或者"煽动性"的符号,而且这些符号可以动员行动的力量,而且"超越了科学"。这是一种通过科学/意识形态的对立来界定意识形态的方式,同时也是在"意识形态终结命题"的支持者中备受欢迎的一种界定方式。在我看来,反对通过科学/意识形态的对立来界定意识形态,就是反对通过它所涉及的思想或信仰的认识论

---

[1] Norbert Elias, *The Civilising Process* (Oxford: Blackwell, 1978).
[2] Clifford Geertz, "Ideology as a cultural system," in David Apter (ed.), *Ideology and Discontent* (New York: Free Press, 1964).

地位来界定意识形态，就是反对通过这些思想或信仰的"科学性"来界定意识形态。当然，我不是想说，在将意识形态潜在地整合进社会系统方面，科学与其他话语模式或符号体系不存在任何区别。

意识形态、支配

仅仅在这样高度抽象的层次上讨论这一问题显然还不够：我们必须说明意识形态在社会中实际运行的主要方式。在作后一种分析的时候，我们必须在制度分析的层次上发现*支配被隐藏的方式*，也就是在策略性行动层次上被隐藏了局部利益的权力使用方式。这些分析并不意味着不同类型的意识形态因素，而是通过结构二重性联系起来的意识形态分析的两个层次。在我看来，意识形态主要表现为以下形式：

1. *将局部利益表述为普遍利益*。马克思有关"统治阶级的思想在每一个时代都是占统治地位的思想"原理，可以看作这种含义。在现代政治中——按哈贝马斯的说法，在这种政治中，"意识形态与意识形态批判同步进行"——通过声称代表共同体的整体利益来维持对于合法性的需要，变成了政治话语的核心特征。但是，合法性要求或隐或显地诉诸普遍利益，这可以被看作社会系统更加普遍地整合符号体系的一个基本特征。

在资本主义社会的现代政治中，意识形态批判的主要背景仍然是对于阶级支配的分析，最重要的意识形态斗争仍然围绕着掩饰或揭示作为资本积累过程之根源的阶级支配而进行。但是,很多马克思主义者(马克思本人更不那么如此)倾向于轻易放弃狭隘的"资产阶级自由",然而,事实证明,从某种实质意义而言,"资产阶级自由"可以在资本主义社会的框架内变得普遍化——作为劳工运动斗争的结果。比如,当今的"契约自由原则"在相当大程度上仍然是资本权力的意识形态支柱。但另一方面,如我在前面所言,通过与工人集体权力的使用相关联,契约自由原则同时也是促进工人权利现实扩展的主要因素。经过纳粹主义和斯大林主义的历史影响,今天已再没有哪个人会将"资本主义"和"不自由"联系在一起,也没有哪个人会将社会主义与自由的必然产生和扩展联系在一起。

自由-民主国家的成长与资本的高度集中这一孪生过程很大程度上是后马克思时代出现的现象。"自由-民主"这一对观念中"民主"部分的扩张为最初派别性的政治理想转化为潜在普遍性的理想提供了另一个重要的机会。如麦克弗森(Macpherson)合理地认为的那样,在西方,自由民主是自由国家与民主选举的"历史化合物"。[1]自由国家首先是指法律面前人人平等和政治结社自由。但是,这两个最初主要服务于企业资本家局部利益的原则,使得大众选举成为可能——但在19世纪晚期之前,支配阶级很大程度上认为大众选举是自由国家的主要威胁。

---

[1] Macpherson *et al.*, "Social explanation and political accountability." 我们应该注意到麦克弗森的立场与 T. H. 马歇尔立场之间的区别。参阅 T. H. Marshall, *Citizenship and Social Class* (Cambridge University Press, 1949); Reinhard Bendix, *Nation-building and Citizenship* (Berkeley: University of California Press, 1977)。

2. **否认或转移矛盾。**我在其他章节已经表明，系统矛盾转化为社会冲突依赖于各种不同的因素，包括行动者对行动的结构性环境的理解程度。否认矛盾的存在或者掩盖真正的矛盾通常是符合支配群体的利益的。

在资本主义社会，私人占有与社会化生产之间的基本矛盾就是这样。我认为，用来掩饰这一真实矛盾的政治意识形态的主要特征之一是，掩饰这一矛盾所处的领域，把它说成是存在于不同于"经济"领域的"政治"领域。在意识形态方面，政治关心的仅仅是如何将公民整合进政治社会中，政治社会主要通过选举权得到调节。发生在这一领域之外的冲突，尤其是经济冲突，被宣布为"非政治的"。工业企业的权威体系从矛盾和冲突之间的潜在迅速融合中得到保护，因为工业冲突被"排除在政治之外"——或者说"政治被排除在工作场所之外"。如我在其他地方所说的那样，这是所谓的"阶级冲突的制度化"命题的合理因素。①

3. **将物化(reification)的现状自然化。**支配群体的利益与现状的维持紧密相关。将现状"自然化"的各种意义模式阻碍了对人类社会变动性、历史性特征的认识，因此可以维护这种利益。如果物化是指社会关系看起来具有像自然规律那样的固定不变的特征，那么这可以被看作使现状自然化的主要方式已经奏效。

尽管我不赞同《历史与阶级意识》中的大部分观点，但

---

① *The Class Structure of the Advanced Societies*.

卢卡奇在那里对物化的讨论仍然是分析这一问题的来源。但我要增加一个限制性条件：卢卡奇研究物化的认识论立场涉及统一主客体关系的期望，这种立场是非常难以接受的。[①]

把马克思的"商品拜物教"概念作为自己的出发点，卢卡奇将作为意识形态现象的物化与商品形态联系起来。我认为，卢卡奇所说的"商品拜物教是我们这个时代的特殊问题，即现代资本主义时代的特殊问题"是正确的——但是，与卢卡奇相反，今天我们也必须说，这个判断同样也适用于国家社会主义。卢卡奇明确认为，物化在生活体验的各种理所当然的假设中是一种完全普遍的现象，也是知识话语的一种普遍特征：

> 就像资本主义体系在越来越高的水平上在经济方面持续生产和再生产自身那样，物化的结构也累进性地、更加致命地和更加确定地沉淀在人类的意识中……就像资本主义经济理论陷入自己制造的窠臼中那样，同样的事情也发生在资本家在意识形态上理解"物化"现象的努力中。即使那些不想否认或掩饰物化存在的思想家，即使那些或多或少明白它对其思想具有破坏性后果的思想家，也还停留在这个现象的表面上，还没有超越它客观上最具派生性的形式——那些与资本主义的实际生命过程相距最远的形式，那些最表面和最空洞的形式——因

[①] 关于阿多尔诺对卢卡奇的批判的分析，参阅 Gillian Rose, *The Melancholy Science* (London: Macmillan, 1978), pp. 40ff.（亦可参见在1967年的前言中，卢卡奇对他本人观点的评论。）

而，还没有涉及物化的本质现象。①

当然，物化问题与社会科学的意识形态特征直接相关。自然主义社会学与物化的模式之间有一种紧密的关系。物化与诠释哲学——否认人类社会行动中存在着因果规律——之间也存在相似的关系，虽然它们的关系更不那么直接。在意识形态的含义方面，对特定人类社会形态中的因果规律不加分析，意味着认为这种因果规律与自然科学中的那些规律具有相同的逻辑特征。现在，社会科学经常被作为意识形态而以一种操纵的方式直接加以使用，其中，最为重要和影响最深远的一种使用方式是把系统分析作为对人类进行社会控制的媒介。但是，如果认为仅仅从这些角度就可以理解社会科学的意识形态影响，那则是一个错误。自然主义社会学的物化特征——它主导了我上一章所说的"正统共识"——体现了生活体验内容的深层因素，同时生活体验反过来也强化了这种特征。鲍曼很好地表述了这种观点。自然主义社会学

> 充斥着将生命过程描述为本质上不自由或者将自由描述为恐惧产生状态的前谓词判断（pre-predicative），它可以在认知和情感上为两种直觉提供相互对立的解释……它告诉个人自由不过是错觉，或者告诉他们自由是由理性支持的，而这种理性又是由个人所无法挑战的评判权威——即社会——所预先界定的；因此，它可以帮助个

---

① Georg Lukàcs, *History and Class Consciousness* (London: merlin, 1971), pp. 93 - 94.

人自发地应对过度的,因而充满焦虑的选择自由。[1]

总结性评论:意识形态的终结

在前面提出的问题中,我们还没有讨论"意识形态终结"的问题。"意识形态终结"的概念也可以追溯到早期意识形态研究者试图用科学或理性知识来取代偏见的思想。最初,意识形态是指非理性的、无根据的信仰体系的消亡,即非理性的终结——后来,这种思想变成了意识形态本身的消亡。在马克思的理论中,意识形态的终结可以通过我们区分出来的两种视角进行理解:因为意识形态支配被等同于阶级支配,因此对阶级关系的超越实际上也会导致意识形态的消亡。后来主张意识形态终结的理论家又将这个贬义的"意识形态"概念应用于马克思主义,他们主要在区分科学/意识形态的分析框架中理解意识形态消亡。其中一个理论家认为,"意识形态是一组信仰,这组信仰与激情相结合以改变整个生活……一种世俗宗教"。[2]意识形态是宣扬在现存秩序中需要发生剧烈社会变迁的一种信仰体系,无论这种社会变迁是革命性的、渐进性的还是反动的。很多人(比如,赖特·米尔斯)认为,在这种语境下,宣扬"意识形态终结"本身就是一种意识形态。根据我在本章中所使用的"意识形态"概念,我们很容易接受这一判断的逻辑,因为我们可以说,"意识形

---

[1] Zygmunt Bauman, *Towards a Critical Sociology* (London: Routledge, 1976), pp. 34–35.
[2] Daniel Bell, "Ideology: a debate," *Commentary*, vol. 39 (Oct 1964), p. 70.

态终结的命题"有助于将现存的支配关系合法化。[1]这一点非常重要,因为它可以提供一个更具一般性的结论:包括马克思主义在内,任何预测"意识形态终结"的政治话语,本身都有可能成为意识形态。

---

[1] 关于相关的文献,参见 Chaim I. Waxman, *The End of Ideology Debate* (New York: Funk and Wagnall, 1968)。

第六章　时间、空间与社会变迁

在前文论述能动性与结构的过程中，我提出结构化概念所引入的时间性（temporality）已变成社会理论的组成部分，而且这种观点打破了共时与历时、动态与静态的划分，这些划分一直是结构主义和功能主义的显著特征。当然，认为有关这些思想传统的著作就完全没有关注时间问题，那也站不住脚。但它们普遍倾向于将时间与历时或动态相等同，把共时分析则看作对社会进行"没有时间的快照"，把时间等同于社会变迁。这种情况在功能主义思想那里尤其如此。

将时间与社会变迁相等同，其所对应的是把"无时间性"（timelessness）与社会稳定相同一，这种情况尤其或隐或显地与社会理论中各种形式的功能主义联系在一起。这些理论认为，静态分析就是要寻找社会稳定的根源，动态分析则是要理解社会系统中变迁的源泉。拉德克利夫-布朗、马林诺夫斯基以及受他们影响的功能主义人类学在方法论上吸纳了这些观点。由于我们对诸多小规模、孤立社会的过去所知无多，我们因此无法对它们进行动态的研究，更不用谈对它们所经历的变迁进行详细说明。然而，通过研究它们的现状，我们可以揭示它们的共同特征，通过说明影响其社会凝聚力的因素，我们可以表明其社会稳定的根源。但是，将静态与稳定对等起来的做法是站不住脚的，在这种做法中，时间以两种方式顽固地闯入其中：首先，此类"静态"分析在实践层次上根本就没有办法得到实施，因为就像社会行动本身包含时间的流逝一样，有关社会行动的研究也必然包含时间的流逝。面对这种事实，功能主义人类学家已经有效地提出了类似于列维-施特劳斯所说的"可逆时间"概念，似乎这样就可以抵制时间性的闯入。因此他们认为，作为一种研究原则，人类学家必须花费至少一年的时间来研究某个社会，因为只有这样才可能获得关于社会生活的整个年度周期的资料。[1]但是，如果时间在研究实践中的重要性得到承认，通过把时间看作"可逆时间"，时间概念仍然处在组织和解释研究的理论框架之外。其次，即使在理论层次上将静态与稳定对等起来，暗中也纳入了时间的因素。因为"稳定"意味着时间上的连续性，社会稳定从而意味着不可能从时间中抽离出来。一种稳定的社会秩序是其现状与过去非常相似的社会。[2]

结构主义思想比功能主义更加关注时间性、历史以及共时与历时划分之间的关系。[3]通过列维-施特劳斯与萨特之间的激烈交锋，[4]这些关系某种程度上已变得不存在多大怀疑。

---

[1] 参阅格鲁克曼对"资料和理论"的评论：Max Gluckman, *Politics, Law and Ritual in Tribal Society* (Oxford: Blackwell, 1965)。

[2] 参见 Gellner: "How can one say, as some anthropologists seemed to say almost with one breath, that the past of a tribal society is unknown, and that is known to be stable?" Ernest Gellner, *Thought and Change* (London: Weidenfeld, 1964), p.19.

[3] 参阅 R. N. Bellah, "Durkheim and history," *American Sociological Review*, vol.24 (1959)。

[4] 列维-施特劳斯与萨特之间的争论发生在20世纪50年代。列维-施特劳斯的《忧郁的热带》《结构人类学》等著作出版后，萨特不同意施特劳斯的结构主义思想，尤其不接受其"共时性""中断性"等反历史主义思想观点以及人类思想始终维持同一稳定结构的看法，他在其主办的《现代》杂志中对列维·施特劳斯的结构主义进行猛烈批判。同时，面对来自萨特的批判，列维-施特劳斯也进行反驳，捍卫结构人类学的立场。这一争论成为法国20世纪下半叶最具重大历史意义的一场理论争论。——译者

列维-施特劳斯对于这些问题的看法很大程度上受雅各布森（Jakobson）的影响，并对后者的立场进行了详细说明，尽管这些说明并不特别具体和全面。在讨论萨特的时候，列维-施特劳斯提出了一些值得坚持的观点——尽管不能以列维-施特劳斯呈现它们的方式。观点之一是历史是以"编码"方式得到保存的，另外一个观点则是他针对时间与历史问题所做的一些根本对比——相对不变的小规模社会与更加高级的社会之间的对比，即冷社会与热社会之间的对比。

从某种意义而言，列维-施特劳斯把历史看作某类型的编码的观点是正确的，当然，萨特认为这种编码不同于其他编码的观点也同样正确。作为对过去的一种解释和分析，历史包含对某种概念工具的应用；作为时间性或者在时间中发生的各种事件，历史是所有社会形态的固有特征。这里的问题不仅仅是时间的问题，也不仅仅是历史的问题，而是历史性（historicity）的问题——有关"进步运动"的意识是特定社会中社会生活的特征，尤其是在封建社会之后的西方社会，这种意识积极促进了社会变迁。列维-施特劳斯强调历史性和其他相关历史观念在现代世界中的重要性，并将这种观念与传统文化中的"可逆时间"观念进行比较，这无疑非常合理。但"可逆时间"是一个误称，[1]它不是指列维-施特劳斯所指的真实时间，而是指社会变迁。或者说相对于其他社会而言，他所研究的社会缺乏社会变迁。正是在这里，我们再次发现时间等同于社会变迁，尽管这种等同方式与功

---

[1] J. A. Barnes, "Time flies like an arrow," *Man*, vol. 6 (1971).

能主义相区别。时间在所有社会类型中都表现为前后继替,但与当代工业社会相比,在那些为传统所主导的社会,社会再生产过程以不同的方式与过去、现在和未来意识相联系。

传统是最"纯粹"和最单纯的社会再生产方式,就像某一位作者所说的那样,从最基本的外观来看,传统是"某种行动的无限重复系列,所有这些重复都假定,在以前的所有情况下也是如此行动的,而且这种行动还为过往的知识或者假设所认可——尽管认可的方式可能存在很大的差异"。[1]从某种意义而言,打破传统以对传统的理解作为开始:当传统被理解为事情曾经如此、现在如此以及应该如此,传统的影响力最为强大。但在把某些实践植入"传统"的时候,后者也因此而遭到破坏,因为它在各种已经认可的既有实践中加入了其他的模式。文化教育,尤其是大众教育的出现是改变传统的最主要影响因素。当教育仅限于少数精英时,它并不必然直接消解传统,因为少数人对教育的垄断可以被用来宣传内在于"经典"中的各种学说。但我们可以同意前面所引用的作者之主张:"一种文化传统不会是纯粹的传统,因为文献的权威不会仅仅依赖于它的使用和假设。作为一种恒久的物质材料,它们贯穿于传播过程中,并且创造新的社会时间模式和直接对遥远的子孙后代进行言说……"[2]

当传统不再是"纯粹的社会再生产",不再仅仅依赖于"使用和假设"时,这些情况的出现为"解释"的介入扫清

---

[1] J. G. A. Pocock, *Politics, Language and Time*(London: Methuen, 1972).
[2] J. G. A. Pocock, *Politics, Language and Time*(London: Methuen, 1972), p.255.

社会理论的核心问题

了道路。尽管书写和文本已成为某些更加抽象形式的结构主义者所关注的话题(巴特、德里达),它们的出现实际上与解释学和历史编纂学存在深层的关联。更进一步而言,它们与知识领域或者政治活动领域对于意识形态问题的关注的提升有关。面对各种相互冲突的文本解释,世界所有重要宗教都出现了"对解释的关注"(hermeneutical concerns)。在后封建时代的西方,这是历史性介入的标志,也正是在那里,解释学与历史编纂学紧密结合在了一起。这种结合是对传统进行启蒙批判的重要组成部分,启蒙哲学家没有停留在对过去进行解释的层次上,而是质疑传统自身的原则——过去对现实所行使的权威。[1]

书写的发展是"线性时间意识"兴起的基础,这种时间意识随后在西方社会成为作为社会生活特征之历史性的基础,假定这一点并不完全是一种臆想。前面提到过,书写允许人们与遥远的"子孙后代"联系在一起,这种具有实质意义的线性观念则可能促进这样一种观点,即把时间流逝看作"从"某一时间点向另一时间点进步的过程。我们也许可以这样说:就传统而言,从时间意识的角度来看,"时间"并不是传统文化中的一个单独的"维度",社会生活的时间性体现在现在渗透在以传统为根基的过去当中,社会生活的循环性因此是其主要特征。当时间被看作一种可以单独分离开来的现象而且可以被量化时,它也就变成了一种稀有和可以被

---

[1] 关于解释学发展的保守主义分析和对启蒙运动的批判,参阅 H.-G. Gadamer, *Truth and Method*。关于书写和文化的分析,参阅 Jack Goody, *The Domestication of the Savage Mind* (Cambridge University Press, 1977)和 Paul Ricoeur, *The Conflict of Interpretations*, pp. 288ff。

剥夺的资源。[1]马克思正确地把这一现象看作现代资本主义社会的特征。使劳动力能够转变成为商品的东西，正是劳动时间的量化以及明确界定的"工作日"。

时 空 关 系

我前面说过，将时间与社会变迁相等同是一种根本错误，通过考察社会构成的时间维度，我们可以就这一点做进一步说明。在做这一说明的时候，我想进一步声明，大多数社会理论不仅没有认真对待社会行为的时间性，而且没有认真对待其空间性。社会活动发生在时空当中，乍看起来，没有哪一命题比之更无聊和更无趣了。然而，不论是时间还是空间，都没有成为社会理论的核心，相反，它们通常更被当作社会行动的"环境"。在时间方面，这主要是因为共时与历时的划分：将时间与变迁相等同的结果是，时间被看作社会秩序某种"界线"或者某种次要的现象。[2]社会理论对于空间的忽视来源良多，从某种程度而言，这或许与社会学家都想从自己的理论中剔除地理决定论有关。社会科学中"生态"概念的引入没能改变这种状况，因为它似乎促进了空间与物理世界的其他特征之间的混合，这种物理世界对社会生

---

[1] 参阅 Wilbert E. Moore, *Man, Time and Society* (New York: Wiley, 1963); Georges Gurvitch, *The Spectrum of Social Time* (Dordrecht: Reidel, 1964)。
[2] 希尔斯说道："时间不仅为某一时间点与另一时间点的状态进行解释性比较提供了背景，时间还是社会的一种构成特性。社会不过是各个时间点上的变动性状态所构成的系统，它不是在某个时点上，而是在多个阶段显示其特性；而且在不同但连续的各个时间点上，社会表现出多样但关联的状态"。参阅 Edward Shils, *Center and Periphery* (Chicago University Press, 1975), p. xiii。

活造成影响，同时强化了将空间特征视为社会活动"环境"的趋势，而没有将空间看作社会行动的构成性元素。

我在前面章节中主张将社会系统看作行为互动的系统，并且讨论了这种系统性的某些特征。这里粗略地考察一下前文所忽略的某些互动特征依然非常重要。大多数社会理论传统——尤其是功能主义——都没有将互动置于时间中加以考察，因为它们主张共时与历时的划分[①]。社会系统的共时性形象强调社会的再生产——起码把它看作是不言而喻的；如我在前面所言，将时间与变迁相等同也意味着将不变或静态与稳定相等同。当社会分析者以这种笔法进行写作时，他们通常将互动系统看作模糊地存在于意识中的"模式"，这种模式是社会互动关系的一种"快照"。这里的缺陷正是体现在"静态稳定"的假设上。事实上，这种快照根本不能揭示什么模式，因为任何互动模式都存在于时间的情境中，只有进行历时性考察它们才会表现出某些"模式"。这种情况在个体面对面的互动中也许体现得最为明显。无论常人方法学（ethnomethodological）的作者所关注的对话"轮次"现象说明或反对了什么，它都的确表明了某种重要现象：参与者行为的系列性。[②]这不仅仅是对话中的一种明显而琐碎的特征，即同一时间往往只有一个人在说话，至少对于大多数社会分析者来说它并不是那么清晰明了。如果常人方法论作者所研究的对话轮次现象显得琐碎，那是因为他们没有以一种广泛的

[①] 参阅"Functionalism: après la lutte"。

[②] Harvey Sacks and Emmanuel A. Schegloff, "A simplest systematic for the organization of turn-taking in conversation," *Language*, vol. 50 (1974).

方式将其含义与时间性和社会再生产问题联系起来。但当他们强调作为一种组织对话的模式,行动者在时间中的对话例行化地使用了交谈"管理"时,他们作出了重要的贡献。①

通常所说的"微观"与"宏观"社会学研究之间的区分实际上并没有阐明面对面互动与其他构成社会系统的互动关系之间的不同。但是,**面对面确实传达了社会互动中身体空间在场的意思**。当然,面部表情通常是社会互动中关注的中心,而且作为身体中最具表现性的部分,行动者通常通过观察面部表情来考察他人话语和行动的真诚。并不是所有与他人在场的社会互动都是面对面的,这里,对他人在场的感觉也会影响社会互动,某些群体性行为可能是一个例外。但是,大部分例子都是无足轻重的,重要的问题是,即使在大型聚集中,"面对面"在何种程度上仍然是重要的,在集会、演讲和音乐会等场合,观众都是集体地面对表演者的听众。

在面对面互动中,他人的在场是社会交往过程中所使用到的一个主要信息来源。微观社会学与宏观社会学之间的区分集中体现在对小群体与更大集体或者共同体之间对比的强调上,但是,**更根本的差别体现在面对面互动与身体不在场(通常也是时间上不在场)的他者之间的互动上**。社会系统在空间和时间上的扩展是人类社会总体发展的一个显著特征。如前文所言,书写的发展以一种根本的方式使行为互动在时间上得到扩展。在没有文字的文化中,传统包含了前代人所有的文化成果;但文字的出现使与过去的直接交流成为可

---

① Garfinkel, *Studies in Ethnomethodology*.

能，而且这种交流方式类似于与身体上在场的个体进行互动。[1]但是，与面对面互动中的他人在场相比，文本的物质性存在所开启的那种切入过去的互动是一种远程互动。书写的发展在时间和空间上极大地延展了远程互动的范围。在没有书写的文化里，文化群体内部和文化群体之间的互动必然是面对面的那种。当然，在这些情况下，行动者本人可以充当他者的中介。然而，书写改变了进行交往的性质：文字可以"绕过"其实施者而直接对接收者进行言说。因此必须注意到，信件发送者在给接收者发送信息时形成了互动的空间延展，在接收者打开和阅读信件并形成交流的那一刹那，发送者同样在时间上是缺场的。显然，书信交往过程中的时间区隔要比对话"轮次"交流中的更大。另一方面，现代通信技术的主要特征之一是：它们在中介互动的过程中不再使空间距离主导时间距离。以限制沟通中的感官性环境作为代价，电话跨越空间距离而重新体验到面对面互动的即时性；通过将远程互动转化为面对面的互动，电视和视频交流在这种即时性方面更胜一筹。尽管麦克卢汉对电视和视频的某些观点表现得极端，但对于当代世界中意义结构所发生的变化，它们确实提出了某些重要的问题。[2]

时间、空间与重复紧密关联。我们所知道的所有估算或计算时间的方法都涉及重复：太阳的周期性运动、手表指针

---

[1] 参阅 Paul Ricoeur, "The model of the text: meaningful action considered as a text," *Social Research*, vol. 38 (1971)，他在这里讨论了其中的某些相似性。
[2] Marshall McCluhan, *The Gutenberg Galaxy* (Toronto University Press, 1962).

的转动、石英钟的钟摆等；所有这些也涉及在空间中的运动。[1]离开空间比喻来讨论时间是很困难的——如果沃尔夫（Whorf）的观点是正确的，那么，这一点或许还在某种程度上导致印欧语系的某些独特特征。我在前面段落的分析已经表明了社会生活中时间、空间与重复之间的紧密关系。那些为传统所主导的社会所表现出来的周而复始的特征和社会再生产，间接地体现了它们对于时间的体验和描绘。但是，时间体验也许从来没有完全摆脱过周期性的外观——即使在"线性时间意识"占据主导地位的时代也是如此。就像日历和钟表将周期性楔入时序中一样，在当代社会，每天、每周和每年的时间继续维持着社会活动组织的周期性特征。个人的生命过程同样是周期性的，所以生命过程仍然很容易被称作"生命周期"。

作为社会发展的总体特征，社会生活在时间和空间上的扩展已经被提及：交流距离的演变改变了社会活动的时间范围〔参见海德格尔的"去隔离化"（de-severance）——使遥远的距离得以消失〕。时间和空间的相互联系可以从行动者对社会活动周期的参与来得到考察，也可以从社会本身的转型得到考察。[2]时间-地理学关注特定时间段中——一天、一周、一年或者一生——个人存在的时空"摇摆舞"（time-

---

[1] 参阅怀特曼的话："无论时钟的重复性控制是多么精确，如果没有与空间相一致的参考框架，人们就不可能形成一个标准的连续性时间概念。事实上，时钟越是精确，我们所需要知道和使用的时空规律就越复杂。" Michael Whiteman, *Philosophy of Space and Time* (London: Routledge, 1978), p. 71.
[2] 关于随着封建主义的衰落而出现的时空观念的发展，参见 Agnes Heller, *Renaissance Man* (London: Routledge, 1978), pp. 170-196。

space choreography)。比如,某人的日常活动可以被看作时空中的行动路线。因此,"离家工作"的社会场景变化同时也是在空间中的运动。从这个角度来看,社会互动可以被理解为社会交往中行动路线的"结合",即哈格斯坦德(Hägerstrand)所说的"行动束"(activity bundles)。"行动束"发生在两个或多个人的行动路线同时集中在特定情境中——某个建筑物或其他区域单位中;当行动者在这个时空中离开去参加其他"行动束"时,社会交往也就此结束。对于这种将社会行动看作"时空中的摇摆舞"的观点,[1]其意义不在于哈格斯坦德本人的界定,而且我们可以从多个方面质疑其观点;其更一般的重要性在于,它强调行动在时空中的协调,即多种行动路线或轨迹的结合。我后面还将讨论到,这种观念还可以用来分析关于社会变迁的更多问题:社会变迁也可以通过时空路径这一概念得到理解。社会发展典型地涉及时间和空间的变化,其最典型的形式是当今时代西方工业资本主义在世界范围内的扩张。

空间的在场与缺场

像身体的解剖结构和建筑的钢筋结构一样,空间想象也使社会结构概念在社会科学中得到普遍使用,除了担心陷入地理决定论之外,这也是为什么社会理论很少充分重视空间本身重要性的原因。空间因素在社会分析中的重要性可以通

---

[1] Alan Pred, "The choreography of existence: comments on Hägerstrad's time-geography and its usefulness," *Economic Geography*, vol. 53 (1977), p. 208.

过多种方式得到说明，但为了与前文的讨论保持一致，我们首先将考察阶级理论。

空间划分在阶级社会是阶级分化的主要特征。以一种非常简略的方式来说，阶级在地域上趋于集中这一点具有重要的社会学意义。我们可以很容易地找到说明这一点的例证：英国南方与北方之间的对比，苏格兰东部与西部之间的分化。此类空间分化在社会理论中应该被理解为时空的构成。因此，阶级空间分化的重要特征之一是不同地域的"阶级文化"随着时间的推移而沉淀下来；当然，这些阶级文化今天已经在某种程度上被超越时空距离的新模式所消解。

然而，阶级与空间之间的最重要关联既更加广泛、又更加直接。一方面，资本主义的阶级特征包含了由核心和边缘所组成的国际体系；另一方面，农村与城市之间的分化以及城市内部社区之间的分化也强烈影响和再生产了阶级支配。[1]在资本主义社会，社区区隔并非主要是管理的过程，相反，它是房地产市场中阶级斗争的产物。[2]然而，空间的社会管理乃所有社会的显著特征，事实上，所有群体都拥有一个区别于其他群体的运作场所。从一定意义而言，"场所"（locale）是一个比"地点"（place）更加可取的术语，因为前者意味着作为互动场景的空间，后者则经常在社会地理学中得到应用。场景不仅是互动发生的空间参数或者物理环境，而且是互动的构成性元素。如我在前面所说的那样，行动者在

---

[1] 只是在最近一段时间才有部分文献开始熟练地处理此类问题，尤其是 Harvey 和 Castells 的著作。
[2] John Rex and Robert Moore, *Race, Community and Conflict* (London: Oxford University Press, 1967).

社会理论的核心问题 | 277

维持交流的过程中习惯性地使用了包括空间和物理方面在内的互动场景特征——这在语义学理论中绝不是一种无足轻重的现象。

如果场所概念与身体在场或者缺场的影响联系在一起（这种身体在场/缺场既是时间性的，也是空间性的），那么，小型社区就是那些只具有短程时空分离的社区，也就是所有互动在这种场景中只需要跨越很小的时空"区隔"。在"小型"互动中，重要的不仅仅是身体在场，而是互动场景中他人在时间和空间上的可得性。

戈夫曼比所有其他人都更深刻地分析了这种现象，他在其所有作品中提出了空间和地点的重要性——在其第一本书中被称作"区域"（regions）。[①]在他看来，一个区域也就是我所说的场所的一部分；这个区域会为在场的某些重要特征划定边界。这些区域划定边界的方式是不同的，它们所划定和允许的在场特征也各不相同。广播室里的厚玻璃屏可以从听觉上将一个房间隔离开来，却不能从视觉上进行隔离。他指出，区域通常是通过时空关系而得到界定的：家庭中"起居空间"与"睡眠空间"的分离也是根据使用时间而得到区分的。

戈夫曼对社会活动的前台区域和后台区域所做的对比非常重要，但社会理论文献不适当地忽略了这种划分（戈夫曼本人的作品除外）。戈夫曼对前台区域和后台区域的空间划分和社会划分——互动过程中的各种调和性特征因此保持缺场和

[①] Erving Goffman, *The Presentation of Self in Everyday Life* (New York: Doubleday, 1959); 他关于这一问题的最新观点，可参阅 Goffman, *Frame Analysis*。

隐匿——可以以一种深具启发性的方式与实践意识和规范性制裁的运作联系在一起。在话语意识和实践意识的行为反思性监控中，持续的前台区域与后台区域之间的空间区分是场所使用的一个显著特征。

我在本书的多个地方力图批判帕森斯所提出的关于"价值内化"和"规范性制约"的关系理论。我想强调的是那些没有受到帕森斯重视的规范性顺从和越轨行为的重要性，但我又不想落入"共识理论"和"冲突理论"之间的徒劳争论中去——此类争论曾经主导了对于这些问题的讨论。其中一种顺从行为是将规范看作实际的行动环境而对其进行"实用主义的接纳"（抱怨、半隐居式的生活、通过幽默来保持距离等）。前台区域与后台区域之间的划分有助于表明这种"实用主义接纳"是如何通过控制互动场景而实现的。

戈夫曼很好地分析了前台区域与后台区域之间划分所具有的规范性意义。前台区域的表现通常包括努力地创造和维持与规范性标准相一致的形象，在后台区域，行动者则往往对这些规范性标准表现得漠不关心，甚至积极地反对这些标准。前台与后台之间的区分通常意味着对互动的各种制度性形式进行实质性的推论分析。再者，这可以很容易地与阶级理论和支配结构的合法化问题联系起来。比如，工作场所中的工人可以从管理监控的前台区域转向空间上分离的后台区域，这一区域除非是管理者或者监督者直接在场的条件下才会变成前台区域。戈夫曼在下面这段话中描述了造船厂工人的态度，它很好地表明了这一点：

当工头们在船体或工作场所中说话时,或者当管理监督者经过并说话时,观察工作场所发生的突然转变是很有趣的。工段长和领班会跑到工人们那里去,让他们表现得他们正在干活。"不要让他们抓到你坐下了"是一个普遍的警告,即使没有工作可做,他们也会忙碌地折弯和拉直管道;或者,他们会进一步拧紧本来已经牢固的螺栓,虽然这是没有必要的。[1]

像这段话的作者所指出的那样,双方这种情境中往往都不同程度上意识到了所发生的事情:对于管理方的承认同时也是对其权力局限的理解。因此,对于组织中的控制辩证法而言,这种社会空间-社会交往是极为重要的。

工作场所通常被划定为与"办公室"不同的物理场所。[2] 但所有组织运行的场所都可以转化为类似于戈夫曼所说的以空间划分为基础的区域。韦伯刻画的现代科层制等级结构同样适用于物理空间的分化和权威分化。办公室的空间分化允许各种后台区域的行为发生,这些后台区域行为包括控制信息向上流动以限制更高层级人员的权力。[3]当然,对于前台和后台区域的控制不仅限于组织场所中正式的从属地位,控制场景的能力也是权力本身的一种主要特征。比如,董事会办

---

[1] Kathleen Archibald, *Wartime Shipyard* (Berkeley: University of California Press, 1947), p.159.
[2] 关于阶级理论的更多问题的讨论,参阅 David Lockwood, *The Black-coated Worker* (London: Allen and Unwin, 1969)。
[3] 参阅 R. E. Pahl and J. T. Winkler, "The economic elite: theory and practice," in Philip Stanworth and Anthony Giddens, *Elites and Power in British Society* (Cambridge University Press, 1974)。

公室是一个明显的前台区域；在这里，行动是做给公众看的，因而掩饰了更重要的、为人们所看不到的操纵行为。

在小型社区或者集体中，空间和在场只包含短程的时空分离，因而主要通过身体的物理特征和感知能力表现出来。但在民族-国家、城市贫民窟等大型集体的场所中，可得性的媒介必然不同，比如可以是信件、电话等，而且通常只包括一定程度的在场可得性。前台与后台的对立似乎主要体现在社会整合层次上，在这一层次，面对面互动过程中的反思性监控直接控制着场所的场景。但类似的情况也会以一种非精确计算的方式发生在城市层次上；在当代社会，城市是短程在场可得性场所与民族国家之间的中间层次。比如，对于那些居住在这个城市但不住在贫民窟的人来说，贫民窟可能从他们的时空路径中"消逝"而去。

现代民族国家的兴起及其地域范围的明确界定表明了空间控制的重要性，因为空间是形成权力分化的一种资源。对于这一点已经存在诸多的论述，但将时间看作一种统治资源的论述还非常有限。如我在前面所言，《资本论》的一个主题是，资本主义经济秩序依赖于对时间的精确控制：劳动时间成为阶级支配及其剥削系统的核心特征。资本家的武器是通过对时间和动作的研究来提高效率，工人的武器则是放慢节奏以应对这种措施。这都说明，时间仍然是劳资冲突的核心。但是，作为支配结构所使用到的资源，时间控制在历史上或许比马克思所认为的更加重要。在早期近东地区，历法的发明似乎与书写的出现紧密关联，两者又与对"人机"的剥削紧密相关。就像芒福德所说的那样，在现代资本主义起源的过程中，钟表而不是蒸汽机应该被看作机械化生产的原型。他宣称，定量方法在自然分析中的应用首先体现在对时间的量化上。动力机械在钟表发明之前就已经存在了，但在后者那里，我们发现了"一种新的动力机器；在这种动力机器中，动力源泉及其转化在性质上保证了工作过程中形成一种稳定的能源流，而且使常规化的生产和标准化产品成为可能"。[1]

稳定和变迁：默顿和埃文斯-普理查德

我前文已经指出，在用结构化概念取代共时与历时的二元对立之后，变迁的可能性被认为存在于社会再生产的每一个环节。但是，就此止步显然不够充分，这一点的含义还有待进一步阐明。那些坚持共时与历时划分的人也经常认为，任何对于社会稳定的分析实际上也是对于变迁的论述。但如果不说明这一点在实际中是如何实现的，那么这种观点仍属老生常谈。抛弃共时与历时的划分实际上是使它不再仅仅是陈词滥调的条件。

在倡导社会科学中的功能主义议程时，罗伯特·金·默顿在"显性功能"与"隐性功能"之间进行了著名的区分，并主张社会分析的任务是超越前者而揭示后者。尽管这一区分并非完全清晰，[2]但他试图在行动者的行动目的或原因与其

---

[1] Lewis Mumford, *Interpretations and Forecasts* (London: Secker and Warburg, 1973), p.272.
[2] 参阅 "Functionalism: après la lutte"。

行为的未知功能之间进行比较。在用隐性功能概念对某种社会现象进行解释时，社会理性或需要被看作与行动者采取该行动的目的或理由不同的理由或需要（而且它还暗示，前者比后者更加重要）。与之相对，在前几章我所勾画的结构化理论中，社会或社会系统根本不存在诸如此类的理由或需要：功能主义的根本错误在于，它用行动的后果（没有预料到的或没有被意识到的）来解释该行动的存在（和持续）。某种社会现象和社会实践对社会系统再生产所发挥的作用——这种作用为行动者或他人所没有意识到或者不知道——既不能解释它为何能够发挥此种功能，也不能解释它为何会作为一种循环往复的社会实践而持续存在。[1]

实际上，我们可以在某种意义上颠倒默顿所做的区分。尽管考察行动的意外后果对社会系统再生产所发挥的作用在社会理论中是不可或缺的，但在分析社会稳定和变迁的过程中，具有解释意义的"功能"（或者目的性功能）只是默顿所说"显性功能"。也就是说，只有当社会成员利用关于行动在社会系统再生产中的作用的知识，从而积极地控制行动结果以满足他们认识到的社会需要的时候，社会再生产的目的论解释才能在社会分析中发挥作用。

围绕默顿提供的霍皮人（Hopi）祈雨舞的例子，让我们进一步考察一下他对于隐性功能的讨论吧。他提出，显性功能与隐性功能之间的区分"有助于对很多持久的社会实践进行社会学解释，即使它们的显性功能没有明确地得到实现，这

---

[1] Elster, *Logic and Society*, pp. 121-122, 强有力地说明这一观点。

些社会实践也会持续"。他认为，对于这种现象的传统解释策略是：将它们看作"迷信"或者"非理性存在"。当某种特定模式的行为没有实现"其直接目的时，我们倾向于将它归结于智力的缺乏、纯粹的无知、生存策略或者所谓的习惯"。对于参加者而言，霍皮人的祈雨仪式是用来造雨的，即使他们没有实现这个目的，他们仍然会继续这种仪式，这是因为他们迷信、无知或者非理性。默顿反驳道，这种"诋毁"可以解释关于祈雨舞持续进行的任何问题。但利用"隐性功能"概念所进行的分析应该是这样：

> 如果某人仅仅关注显性（目的性）功能是否发生的问题，那么这就变成了一个气象学家而非社会学家的问题。当然，我们的气象学家同意祈雨仪式不会产生降雨，但这不是我想说的。这仅仅是在说，这个仪式不存在技术上的用途，但这个仪式的目的与其实际后果之间并不吻合……（但是）通过将分散的群体成员聚集起来参加共同的活动，这些仪式可以发挥强化群体认同的隐性功能。像涂尔干等人很早以前就表明的那样，仪式是集体表现的一种手段，进一步分析可以发现，这种集体情感是群体团结的一个基本来源。因此，通过系统地应用隐性功能，**明显的非理性行为有时候也会对群体发挥积极的功能**。[①]

[①] R. K. Merton, *Social Theory and Social Structure* (Glencoe: Free Press, 1963), pp. 64-65, 原文用斜体。

这一分析中有很多值得关注的内容。第一，不用细读上面这段话我们就可以认识到，霍皮人仪式的"隐性功能"实际上根本不能解释这种仪式的持存性（由于与当前讨论的论点无关，能否发现隐性功能的问题可以暂时被悬搁）。通过为情感提供表达方式，群体聚集并参加仪式活动有助于提高共同体的团结，因为这种情感有助于共同体的团结，但这一命题只是发现了仪式活动的一种意料之外的后果，无论如何都没有解释这种活动为何能够持续存在。更准确地说，这一命题只是给出了一种"社会理性"的假设，而且这种理由不仅超越群体成员的个人理由，而且还要求后者做出特定的社会反应：社会不仅有必须得到满足的需要，而且在某种程度上还设法鼓励或者维持在功能上合理的需要满足方式。形成所有这些（潜在！）假设的唯一方式是求助于适者生存的原则：也就是说，所有已经存在的此类社会都会发展出某些类似于祈雨舞的聚会。这即使在总体上是一种可以接受的观点，[①]仍然必须注意到，它没有解释事情是怎样的、是怎样发生的，以及祈雨舞为什么会持续存在。为何霍皮人要持续地实行这种非理性的活动？默顿认为，仅仅将这些活动描述为"迷信"或者"生存模式"是一种很差的解释，他在这方面无疑是正确的。

第二，默顿合并了两个独立的问题，其分析的合理性来源于这种合并，这两个问题是：行动的意外后果的重要性，信仰和行动的理性。默顿明确地将隐性功能（我想说明或暗示的是一种物化："社会理性"）与对其所谓的"看似非理性的

---

① "Functionalism: après la lute," pp. 111 - 112.

社会模式"的考察联系起来。实际上,他对显性功能和隐性功能的讨论与埃文斯-普理查德对阿赞德人(Azande)的神谕和巫术的著名研究极为相似,后者是从对信仰的理性分析的角度来研究的。[①]像埃文斯-普理查德一样,默顿对霍皮人的祈雨舞提出这样的问题:当我们知道某种社会活动的信仰是错误的,为什么人们还会持续地参与这种社会互动?默顿和埃文斯-普理查德提出和回答这个问题的方式存在着很大的不同,而且这些不同也很有趣。默顿作为一名社会学家提出这一问题,关注的是霍皮人参与各种仪式的明确目的或理由;埃文斯-普理查德更多地从"西方观察者"的角度来解释这一问题,关注的是异质文化背景下信仰与行为之间的关系。默顿力图通过行动的意外后果来找到答案——发现参与者没有充分认识到的"社会理性",而埃文斯-普理查德则恰恰是从行动者理性角度来寻找答案——力图表明他们实际上根本不是那么"非理性"。

关于信仰的理性问题的争论涉及一些极其困难的问题;但幸运的是,这些问题很大程度上与当前讨论的问题没有多大的关联。默顿和埃文斯-普理查德都合理地反对了诸如"迷信"或"生存模式"的拙劣解释。但前者的观点明显不如后者,尽管他指出了考察行动的意外后果的重要性。事实上,默顿并没有解释为什么祈雨仪式会持续存在。埃尔斯-普理查德确实指出了将阿赞德巫术解释为"迷信"或"非理性生存

[①] E. E. Evans-Pritchard, *Witchcraft, Oracles and Magic among the Azande* (Oxford University Press, 1950);还有 Bryan Wilson, *Rationality* (Oxford: Blackwell, 1970),以及其他很多文献。

模式"的错误，也就是说，在他们的传统信仰中，阿赞德人所做的事情是非常合理的。但是，埃文斯-普理查德所做分析的社会学意义被它引起的更广泛的哲学争论给掩盖了。与默顿对仪式的隐性功能的分析相比，他的解释为理解稳定的社会再生产提供了一个更好的基础。如我前面所言，我们必须倒转默顿的观点：在考察行动的意外后果的规律性之前，必须考察实践本身是如何得到再生产的，而且这种考察要以更接近于埃文斯-普理查德而非默顿观点的方式来得到落实。需要再次强调的是，这样说并不是要否认意外后果对于社会再生产的重要性；相反，对于解释某种社会实践的持续性和稳定性而言，这种将意外后果理解为"功能"的方法是徒劳的。需要注意的是，尽管其分析相当简短，但默顿对于霍皮人仪式的分析根本没有考虑他们参加仪式的背景。他谈到了祈雨舞的"目的"，那就是为了降雨，但认为这一目的是非理性的，因为其信仰的基础就是错误的。但是，除了上面提到的埃文斯-普理查德的观点的重要性之外，我还要指出的是：霍皮人持续参加祈雨仪式的理由/目的并不必然与其"公共合约"（public charter）相同，或者说不一定与前台区域所发生的事情相同。怀疑主义在传统文化中并不陌生。我们甚至不能假定是社会分析者首先发现了仪式对于群体整合的功能。相反，宗教领袖甚至普通参与者也很可能已经认识到了这种现象。

社会变迁与结构化理论

寻找一种关于社会系统稳定和变迁的一般性理论是没有

意义的，因为社会再生产的条件在不同类型的社会差异实在迥然。在接下来的篇幅里，我将集中考察发达工业社会的社会变迁问题，但我这里将只是说明某些一般性思考，那就是这些问题可以与我前面所说的结构和能动性概念联系在一起，而且这些问题源于我前面对默顿显性功能与隐性功能之间区分所作的批判性评述。

默顿解释的缺陷不仅在于其隐性功能概念所遇到的难题，而且还在于其没有对"显性功能"投以充分的关注，认识到这一点极为重要。实际上，他根本没有说明显性功能是什么；显然，他仅仅将它看作是某种特定的社会现象或者社会实践的目的。当他要"走到背后"去考察他所要研究的社会活动的参与者时，他几乎没有关注社会实践的持续性与我提到的行动理性化之间的关系。这也是为什么较之于罗伯特·默顿，埃文斯-普理查德的观点更具启示性的原因。后者的著作可以被看作表明了行动理性化在解释各种形式制度的连续性方面的必要性。从这一意义而言，普理查德的著作与默顿的形成互补，前者没有考察（这也不是他的目的）实践参与中意料之外的后果，他考察的是由行动者组成的更广泛社会的其他方面。

前面的分析表明，为了解释社会系统中再生产、稳定与变迁之间的关系，我们必须结合两种分析模式。我们必须首先说明，在行动理性化的背景下，各种特定的实践是如何得到再生产的：行动者对通过其实践并在这些实践中得到再生产的制度的理解是如何使这些实践的再生产成为可能的。这必然会使用到我前面所强调的原理——行动者在互动过程中对于自身行为具有充分的认识，但同时又没有充分认识到自身行为的条件和后果，然而这些条件和后果会影响到他们的行动。其次，通过将所考察的实践与其所属的更广泛的社会系统联系在一起，我们必须考察行为"逃离"行动者的目的而对实践再生产所造成的影响。这可以通过前面所说的三个系统性层次得到考察，其中的第三个层次（即反思性自我调节）可以直接与行动的理性化联系起来，因为对于反馈原则的意识可以指导行为。如我在前面所表明的那样，这就是默顿所说的"显性功能"的确切含义：因为在这里，行动的目的性或者反思性监控包含了对行动所具有的系统再生产功能的意识。需要指出的是，这很大程度上依赖于谁具有这种意识的问题。默顿没有讨论这一问题，因为他没有说明"显性功能"对谁而言是显性的。就宗教仪式而言，如果职业领袖比普通参与者更有可能认识到这些仪式的"隐性功能"，那么我们不难发现，这可能会强化他们对其他参与者的权力。

再生产与例行化

既然我在前面章节已经详细地讨论了系统再生产的三个层次，这里我将集中讨论直接的实践再生产。我已经证明，行动理性化是人类社会互动的普遍特征。行动理性化总是在结构二重性的背景中进行。我已经指出，行动理性化是人类社会互动的普遍性特征，这种理性化总是通过结构二重性而运作的，社会生活在这种结构二重性当中反复得到组织。"秩序问题"的本质在于结构二重性是如何在社会生活中发挥作用的： 社会形态的连续性是如何在日常社会活动中得到实现的。对于社会稳定与社会变迁的关系考察而言，"连续性"（continuity）是一个比"持久性"（persistence）更加有用的概念，因为连续性存在于最激烈和最深刻的社会转型过程中（除非在所有社会成员都在生理上被消灭了的情况下）。只有通过各种连续性，"革命"等诸如此类的概念才会有意义和用处，无论是对革命过程的参与者还是对描述和解释它们的历史学或社会学观察者而言，都是如此。各种非连续性概念在当前社会科学和哲学中的重要性不能抹杀连续性，因为正是后者使非连续性成为可能。从某种意义而言，当前流行的非连续性概念是对"进步演化主义"（progressive evolutionism）所做的一种受人欢迎的回应，但某些版本的非连续性概念是以静态视角为背景提出的，也就是在批判静态视角时提出的。如果我们正确理解了所有社会活动的时间特征，那么稳定与变迁、连续与非连续的划分就都不是彼此排斥的对立性概念。社会系统只有在时间过程的连续性结构化过程中才能够存在： 如我在前面所说的那样，社会分析根本没有给"去结构化"概念留有余地。

在帕森斯及其大部分反对者看来，"秩序问题"很大程度上是遵守的问题，即个人为什么会遵守其所属社会群体的规范标准的问题。但如果将"秩序问题"解释为连续性——相对于非连续性而言——问题，将开启社会理论中的某些基本问题。这在我看来将为理解帕森斯提出的动机与规范之间的关系提供新的视角。

帕森斯和阿尔都塞的观点被看作不同形式的"客观主

义"，布迪厄已经对他们的观点进行过批判，而且其立场与我这里想要提出的立场存在着某些相似之处。布迪厄用下面这种方式表达了我所说的结构二重性。他说道，我们必须认识到"各种客观结构本身是历史实践的产物，而且通过历史实践而不断得到再生产和发生变化；另一方面，历史实践的生产原则本身又是它们持续再生产的结构之产物"。[①]以一种更加简单的方式来说就是：社会生活本质上是循环往复的。布迪厄引入"习惯"（habitus）概念来取代帕森斯理论中价值标准与动机之间的联系。就这一点而言，布迪厄所表达的似乎是群体或社区成员共享的习惯。

提出习惯的重要性表明了一些值得重视和可能非常重要的事物，而且这在某种意义上采取的是与帕森斯相反的立场。"习惯"或者"惯例"（convention）意味着活动或者活动各个方面的相对非动机性。帕森斯研究"秩序问题"的方法是假定社会中社区或社会活动的最核心特征是它们具有强烈的动机（通过价值内化，价值成为个性的动机要素），但我想要证明的恰恰是相反的事实。也就是说，社会行为的很多深层因素在认知上（从"话语可得性"意义而言，它们并不必然是意识形式的）是根深蒂固的，并不以明确的"动机"作为基础，它们的连续性通过社会再生产本身得到保证。最后这一论断听起来好像是循环论证，但如果得到合理的解释，它实际上并非如此。

行动和话语可以通过语言而得到相互理解，这种相互理

[①] Pierre Bourdieu, *Outline of a Theory of Practice* (Cambridge University Press, 1977), p. 83.

解性是持续互动的最根本条件,但作为话语行为和其他交往行为之条件和结果的语言不是一种有动机的现象。这里所提出的论点必须得到清晰的理解。当然,语言及其再生产不是与讲话者的需求无关,而且从某种程度而言还是需求实现的中介。因此,说某种语言的人都在进行着该语言的再生产,但对他们而言,进行语言再生产并非其动机。(进行语言再生产有时也会成为一种动机;比如,面对语言行将消失的危险,保护那种语言就成为一种动机。)

如果我们接受这一观点,那么例行化(routine)就会在实践再生产中占据非常重要的位置,例行化是一种浸渍着强烈"理所当然"特征的行为,在例行化行为中,无论它们涉及多少反思性关注,在时间中发生的互动行为通常都是常人方法所引起的,这种方法为互动各方所潜在地接受。例行化与动机之间的关系与我在分析紧急情形时所描述的关系一样。根据前面提出的能动性分层模式,行动者的需求根源于本体安全体系,而且这种安全体系在生命的最初阶段很大程度并未被意识到却根深蒂固。我们可以认为,本体安全体系的最初形成过程包含着紧张的管理模式;儿童在这一过程中会针对社会世界的情况而进行"外向型设计",以此形成自我认同的基础。当个体体验到莱恩(Laing)所说的本体性安全时,这些深层的紧张管理模式(主要是减少或控制焦虑)是最为有效的,提出这一点似乎是合理的。从行动者的角度而言,当这些管理模式最为有效的时候,它们对于行动的反思性监控的影响也就最不明显。我们可以把本体安全看作依赖于行动者通过惯例(意义编码和规范性调节模式)而获得的潜在信念；在结构二重性中，社会生活正是通过这些惯例而得到再生产。在大部分社会生活情境中，本体安全感通常习惯性地建立在共有知识的基础之上，通过这些知识而形成的互动不仅"不会成为问题"，而且很大程度上被看作"理所当然"的。

不难理解为什么本体安全的维持与社会生活的例行化特征之间会存在如此紧密的联系。在例行化普遍存在的地方，行动的理性化很容易将行动者的基本安全体系与互动中存在并作为共同知识而加以利用的习俗联系起来。所以，在例行化的社会环境中，行动者很少为符合习惯的行为提供理由，以回应社会活动过程中彼此提出的质疑，而且他们也感觉没有必要提供此类理由。

如果例行化是社会再生产连续性的一个如此重要的特征，那么我们就可以通过表明社会活动例行化特征持续或消失的条件来解释工业社会中社会变迁的起源和性质。当例行常规为传统所支持或神圣化的时候，当社会再生产中过去与现在的联系导致"可逆时间"观念的时候，这也是例行常规最为坚强的时候。虽然"传统社会"概念通常像雨伞那样宽泛地涵盖了所有还没有完全实现工业化的社会类型，但在小规模和更加孤立的社会中，传统的支配显然更加牢固，现在，这些社会实际上已经从世界上消失了。（"传统社会"概念的误导性是双重的，因为传统的影响从未完全消失，即使在流动或变化最频繁的当代社会也是如此。）

当然，变迁即使是在被传统牢固控制的社会也是存在的。但此类社会似乎只存在两种形式的社会变迁：第一种可

社会理论的核心问题 | 293

以被称作渐进性（incremental）社会变迁：变迁是社会再生产的意外后果而出现的。最典型的例子可能是语言变迁。每一次语言使用都可能导致语言改变，同时也导致语言的再生产。语言的例子表明，渐进性变迁发生在所有形式的社会中。虽然语言变化的速度在18世纪以来的西方国家是空前的，[①]而且也包括大量精心制造的新词，但就对语言整体组织的影响而言，大部分语言变迁都是缓慢的。在那些为传统所主宰的冷社会（cold society），除少部分内生变迁之外，其他所有变迁都可以被认为是源于导致去例行化的外部影响：纯粹生态变化的后果、自然灾害的结果，或者与具有不同文化的社会建立起依赖或冲突关系。但在那些已经形成种族或其他形式团体支配的大型社会，情况则有所不同。但是，如果认为种族或者阶级冲突形成了一种新的去例行化的内部来源，那则是一种错误的观点，因为它们同时也意味着社会"内部"与"外部"之间的划分被打破了——虽然这种划分像以往那样是必要的（随后我将论证这一观点）。

迄今为止，我使用了"去例行化"概念而没有澄清其含义。为了探讨工业社会的社会变迁问题，澄清其含义仍然是必要的。我所使用的"去例行化"指的是对日常互动中的理所当然特征造成抵消作用的影响力量。因为传统在时间的消逝中"保证着"实践的连续性，所以例行化与传统存在着密切的关联，所有腐蚀或质疑传统实践的力量都可能加速变迁。我们可以区分出三种现存传统实践被破坏的情形，但这

[①] 参阅 Raymond Williams, *Keywords* (London: Fontana, 1976)。

种区分无论如何都是分析性的；根据他们促进社会变迁的可能性，这三种情形按升序可以排列如下：第一种是前面提到的从外部影响冷社会的情形。无论是各种自然事件的影响还是与其他社会的冲突（如果这些社会是相同类型的社会）都没有对传统形成广泛的怀疑，相反，只是某些传统实践被其他实践所取代。这并没有破坏传统的信仰和行为模式，只是用其他的传统实践取代某些传统实践。但在我所区分的第二种情形中，情况就不同了。这种情形出现了对现存规范的不同"解读"：我已经表明了文化能力在这种情形中的重要性。对传统的不同解读之间的冲突在某种程度上已经怀疑到传统本身，但只是用"各种传统"来取代"传统"，在具有巨大变革潜能的社会运动兴起的过程中，这显然是一个根本的要素。

第三种情形实际上为现代西方社会所特有。传统在这种情形中被作为一种合法化的方式而遭到否定；这种情形因此是最深刻地去例行化的潜在来源。这不仅仅是韦伯意义上的祛魅过程，无论这种祛魅过程对传统支配的消解可能具有多大的贡献。最能体现这种情形的是作为一种历史意识的历史性的出现：在追求社会转型的过程中积极动员各种社会形式。无论这种关系涉及的准确性质是什么，历史性的胜利毫无疑问与现代资本主义的崛起息息相关[①]。现代资本主义时代是一个为两种不同类型的集体性所支配的时代："法理型"的组织和世俗的社会运动。如果我们保留"组织"的技

[①] 关于这些问题的不同观点以及"历史性"概念的不同用法，参阅 Alain Touraine, *The Self-production of Society*。

术含义，那么组织既可以用来指有意识社会变革的结果，也可以用来指其形态受有意识社会变革所强烈影响的集体。从这种意义而言，韦伯的"例行化"概念尽管与其对传统权威和科层机构的分析紧密相关，却是一个误导性的概念。因为科层制管理尽管不可否认的是当代社会行动理性化的主要形式；但强调这一点也容易使我们忘记，与传统群体或社区相比较，高度科层化的组织也具有持久的创新性。我们还可以就韦伯对魅力型社会运动之本质所作的分析做类似的评论，他所使用的"魅力"概念准确地捕捉到了社会运动的去例行化的潜在能力，但它不能说明前面提到的第二种去例行化运动与当代社会运动之间的区别。

对变迁展开模型的批判

任何试图理解当代社会变迁情况的人都必须承认我前面所说的社会系统的时空扩展的基本意义，历史性和去例行化是这一扩展的两个根本要素。历史意识在当代社会表现为进步的意识，而不是传统的持续和重复，也不是其他时空中的事件为当前社会变迁所树立的"榜样"；这种历史意识从根本上改变了当代社会再生产的总体状态。爱德华·霍烈特·卡尔说，"历史不再进行自我重复的一个原因是，第二次演出的人物知道了上次演出的结局"[1]（或者如马克思所言，那些没有从历史中吸取教训的人在重复历史之时，倾向

---

[1] E. H. Carr, *A History of Soviet Russia*, vol. 1 (London: Macmillan, 1969), p. 88.

于导致悲剧或闹剧的结局)。

基于这些考虑,我们可以对迄今支配社会科学的各种社会变迁观念做某些批判性评论。如我在其他地方力图说明的那样,①这些观念典型地受其产生背景的重大影响,那就是18世纪末到20世纪初西欧所经历的政治和经济转型。古典马克思主义和工业社会理论——我认为工业社会理论在19世纪是与古典马克思主义相对立的理论——都深受这一经历的影响,而且这一经历为欧洲所特有,今天的社会变迁很难再有类似的经历。19世纪和20世纪早期的西欧是一个政治经济革命的时期,政治革命与经济革命紧密联系在一起,经济发展为政治转型提供了条件。人们所经历的从农业社会向城市工业社会的转型似乎是民族国家固有的进步过程。马克思和很多自由革命思想家的作品都存在着相似的缺陷:那就是低估了国家对于经济发展和作为强制力量的军事实力的重要性,同时过于强调变迁的内在过程。当然,马克思也重视西方资本主义对世界历史的影响,强调其不断扩展的性质及其对传统文化的侵蚀。他因此可以在某种程度上与我说的社会变迁的"展开模型"(unfolding model)分道扬镳,该模式将某种社会类型中逐步呈现的特征看作该社会从一开始便存在的特征。对于那些通过生物类比来解释社会变迁的人而言,这种观念尤其明显,他们认为社会的"成熟过程"类似于有机体的成长。在当代功能主义理论那里,由于直接的生物类比已经不再流行,所以主要的展开模型是以功能分化过程为特

---

① *Studies in Social and Political Theory*, pp. 14ff; "Classical social theory and the origins of modern sociology," *American Journal of Sociology*.

征的模式：社会变迁通过社会制度的渐进性功能分化而得到分析。与马克思和后来的马克思主义者相反，这些模式倾向于将社会发展视作一个协调一致的制度分化过程，就像有机体成长过程中的各个组成部分一样。

如尼斯比特(Nisbet)所言，[①]反对展开模型并不一定要抛弃所有类似于"发展"这样的概念。在讨论当代社会变迁的时候，我们也不一定要认为社会变迁总是起源于"外在事件"对社会或文化的影响［像尼斯比特那样受迪加特(Teggart)的影响］。在社会再生产为传统所主导的社会里，外部影响尤其明显，尽管我们也可以发现渐进变化的影响。但在历史性和去例行化已经取得很大发展的社会，情况则完全不同。工业资本主义不仅会打破和吸纳其他社会形态，而且也通过长期的经济变化和技术发明而运行；经济变化和技术发明是马克思所提出的"不断扩展"观点的核心，这种扩张起源于其所分析的积累过程。如果说展开模型强调的是社会或假定社会类型的内部影响，奇怪的是，像尼斯比特那样的"外部论"解释也把社会看作一个内在封闭的系统(除非被外部影响所打搅)，也没有详细阐明其所极力强调的"外部侵入"的来源。如果我们考虑的是那些社会的起源而非其影响，那么尼斯比特所提到的事件或者插曲等外部现象——"侵略、移民、新贸易路线、战争、探险"——很显然都是"内部性的"。

---

① 参阅尼斯比特对"生长"比喻的批判；这个比喻包括"内在的因果关系、连续性、分化、必要性和均变论"［原文如此］。Robert A. Nisbet, *Social Change and History* (New York: Oxford University Press, 1969), p. 251 and *Passim*。

这些概念上的不足可能存在两个来源：一是倾向于将社会看作统一的整体。在将社会看作统一而封闭的整体方面，外部论解释把展开模型与它们在其他地方反对的模式相提并论。① 但如果我们认为各种社会都包含了群体之间的自主与依赖关系，而且这些关系又存在于彼此间的冲突和紧张关系中，那我们就将发现，"内部"因素和"外部"因素在某些方面是同样重要的。二是没有将空间看作社会分析的组成要素，这一点我在前面已经提到过。"内部"和"外部"这类词语明显具有空间的特征，但它们在各种文献中通常以一种模糊的方式得到使用——从某种意义而言，更多是作为比喻而得到使用的。前面引用的尼斯比特所使用的事件都包含了物理空间的转换，从直接"外部"空间的意义上说，它们的始作俑者来自社会的外部或者来自受其影响的社会（需要注意的是，它们大部分可以发生在"内部"）。因此，这些事件都涉及某些群体或人口从某一地方向另一地方的迁移：如果我们承认"外部侵入"的空间特征，那我们可能就不会仅仅关注其"最终结果"，相反，用哈格斯坦德的话来说，我们将把它们看作集体而非个人的时空路线。

第二点或许还存在着一个更重要的特征——它与当代世界的关联，那就是具有固定领土边界的民族国家对空间加以控制的意义。非常明显，"社会"和民族国家在很多社会学著作中是等同的。这种用法之所以合理，继续使用发生在社会"内部"和"外部"的事件等说法之所以仍然必要，关键在

---

① 相关讨论请参阅 Herminio Martins, "Time and theory in sociology," in John Rex, *Approaches to Sociology* (London: Routledge, 1974)。

于领土边界与行政集权之间的一致性。工业社会不是展开模型所假设的那种统一整体，但它们的确存在着明确的边界，而且它们在民族国家的政治—军事体系内部将社会与空间联结在一起。

当代社会变迁

对当今世界的社会变迁问题，令人满意的研究路径应该强调以下这些观点：[①]

1. 社会或民族国家之间的自主与依赖关系。在抽象层次上说，这不过是对所有社会系统都具有的特征的进一步概括，即所有社会系统都是由有规律的自主与依赖关系（权力关系）构成的。如果我们认为民族国家的地域性是划分社会变迁的内部和外部来源的基础，那我们同时也很容易发现，这种划分并没有包括自主和依赖关系：国家内部的集体可能更强烈地被整合到跨国网络中了（当代最重要的例子是庞大的跨国公司）。

从实质的层次上说，民族国家之间的自主和依赖关系应该放在资本主义世界经济的形成过程中加以理解。我在《发达社会的阶级结构》一书中提出，工业资本主义社会的阶级结构体现了经济与政治之间的一种特定关系，即经济组织的主要特征与政治的运作相分离（在各种特定的环境下可能存在

---

① *Studies in Social and Political Theory*, pp. 19 - 20.

多种不同的方式）。①我认为，世界经济体系内部的国际关系中也存在着类似的"分离"，而且这种分离很大程度上是其支柱之一，这种分离同时运作于世界经济体系的内部和外部。实际上，这就是沃勒斯坦分析15世纪晚期以来欧洲世界经济体系崛起的主要任务。他认为，西方资本主义的出现和发展所导致的世界经济体系与之前的各种帝国存在着根本性差异。在帝国那里，大都会中心地区与从属地区之间的关系主要是一种政治关系，税收的科层机构管理着经济关系。但在资本主义的世界经济中，国际关系主要是一种经济关系，政治决策很大程度上仅局限于民族国家所垄断的法律和暴力手段控制的区域。如沃勒斯坦所言："作为一种经济模式，资本主义的基础是经济因素运行的领域超过了任何政治社会可以完全控制的领域。"②即使我们不同意沃勒斯坦的整个分析，也可以接受这一观点。如尼斯比特以不同的方式所说的那样，沃勒斯坦倾向于夸大世界经济的外部组织的影响，但这是以资本主义积累过程这一"内部"因素为代价的。③

需要指出的是，今天我们不仅生活在世界经济体系中，而且生活在世界军事秩序中，因为两个主要阵营之间的军事实力平衡——以及他们对已建立的国家和叛乱运动进行隐蔽和直接的军事援助——是全球各地社会变迁的一个主要影响因素。

---

① *The Class Structure of the Advanced Societies*.
② Immanuel Wallerstein, *The Modern World-system* (New York: Academic Press, 1974), p.348.
③ 相关批判请参阅 Robert Brenner, "The origins of capitalist development: a critique of neo-Smithian Marxism," *New Left Review*, No. 104 (July-August, 1977)。

2. 社会系统中不同部门或不同区域之间的不平衡发展。无论是民族国家内部还是在它们之间的自主和依赖关系中，我们都可以在这个意义上追溯发展的时空路径。如我在前面指出的那样，社会理论中流行的展开模型很大程度上体现了19世纪西欧发展的特殊性，尤其是英国。马克思理论中包含的展开模型因素（由于工人大量向工厂和城市社区集中，革命性变革发生的条件逐步呈现；持续增加的工人阶级的生活变得相对悲惨；最终将获得政治权力的战斗性工会和政治团体的形成）也强烈依赖于英国的情况及对它的解释。但马克思也提出了一种"第二革命理论"，它与第一理论没有多大关系，只是模糊地与之唱和。[1]这一理论包含了不平衡发展的概念，这一概念后来为托洛茨基和列宁所发展。"第二革命理论"所包含的思想是：革命性变革出现的条件可以在落后地区与发达地区并存的条件中找到，马克思在1840年代后期的德国和1870年代的俄国看到了这种毁灭性局势。但不平衡发展不仅局限于这些极端情况，尽管它对于解释当代政治革命的发生无疑是一个基本概念，它既体现在民族国家内部的不平衡发展上，也体现在全球层次发达工业社会与"第三世界"的不平衡上。

不平衡发展无论在哪个层次都可以通过时空路径来加以表示，因为这一概念不仅意味着不同程度的政治或经济变迁，而且意味着不同的区域和位置。乍看起来，日常意义上的"区域"似乎对社会理论没有多少重要性，因为这一术语

---

[1] 参阅 *The Class Structure of the Advanced Societies*, pp. 38–40。

显得非常普通和笼统。但我已经表明了它在面对面互动中的重要性，而且还可以用在更高层次上。可以说，当今世界的分裂和整合主要集中在三种基本划分上：阶级、民族分化和领土要求。每一种划分都在时空中形成重新区域化。我前面已经提到，在大型区域和在城市的社区分布上，阶级划分已经被典型地区域化了。但是，社会内部的各种区域通常也存在文化或种族的意义，这些意义可以跨越或者促进阶级划分。从民族国家关系的角度来看，区域之间不同发展速度和模式的影响体现在"西方"（包括日本）仍然或多或少被用作"发达资本主义社会"的同义语这一事实中。如我已经指出的那样，展开模型的流行反映了一种种族中心主义，这种中心主义来源于西方世界对世界其他地区的政治、军事和经济支配（以及由此形成的解释）。显然，将自主和依赖关系与区域不平衡发展联系起来的思想很大程度上起源于那些被支配的地区。这些起源于边缘地区的思想总体上仍处在社会理论的边缘，但它们应该被置于中心位置。比如，卡萨诺瓦提出的内部殖民主义概念尽管受到诸多批判，但在经过合理修正之后，它对于分析工业社会和其他社会都可以启发良多。另外，我们可以很容易就发现，将自主和依赖关系与区域不平衡发展联系起来的意义并不局限于经济发达国家与"不发达国家"之间的关系。作为一个例证，我们可以用之于地中海国家，比如西班牙和希腊。这些国家通常来说并非"不发达国家"，但它们也没有像北方邻国那样完全实现了工业化。其特征在于：它们在空间上靠近发达资本主义的大都会中心，这些中心对它们形成直接影响，而远离这些中心的社则缺乏此类影响。

3. 剧烈社会变迁的关键阶段。在这些关键阶段，无论是否涉及政治革命，社会的主要制度安排都发生了转变。这一观点兼具方法论和实质意义。从方法论意义而言，它表明了某些学者所说的片断研究（episode studies）在社会变迁理论中的重要性，这些理论关注中程变迁过程，但这种变迁会对该社会或者地区产生深远的影响。[①]当代世界存在四种明显而重要的片断，它们可能以各种方式结合在一起：（a）快速的工业化进程，无论它们是如何引起的；（b）政治革命，不仅包括权力转移或征服等直接事件，而且包括革命前的"剧变环境"和革命后的社会重组；（c）制度衰退或断裂过程，由传统文化与作为经济帝国主义的发达社会之间的冲突所引起；（d）由战争导致的制度衰退或断裂过程。

从更加实质的意义而言，这个观点涉及传统与现代的二分法，这种二分法典型地见之于变迁的各种展开模型中。这种二分法以各种形式支配了19世纪的思想，比如，地位与契约的对立、共同体与社会的对立，或者机械团结与有机团结的对立。它们的影响一直延续至20世纪，尽管它们受到诸多批判和反对，它们在社会理论中的优势地位产生了深远的影响，标志之一就是帕森斯在共同体与社会的基础上建立起"模式变量"解释——他因此将19世纪欧洲发展基础上形成的对立概念变成了所有人类社会形态都存在的一组普遍性特征。

---

① Gellner, *Thought and Change*.

这种二分法并非全然没有启发意义，它们的缺陷源于它们与展开模型的结合以及由此产生的各种假设。其中的两个假设值得注意，这两个假设通常是含蓄而不是明确的：①一个社会的制度特征主要取决于其技术或经济的发展水平；因此无论在哪一时间点上，经济上最发达的社会（无论"经济上最发达"是如何界定的）都显示了其他社会的未来形象。在19世纪，英国通常被视为典型，在20世纪，至少在非马克思主义的社会和政治理论中，美国取代英国而成为典型。

除了具体社会中可能出现传统与现代的具体"混合"外，还没有出现对二分法的其他批判。尽管将注意力从展开模型转向依赖和不平衡发展观念可以非常有益，但我认为，意识到变迁中"关键阶段"的重要性可以增加某些更重要的东西。它或许表明，关键阶段形成了某种制度的"焊接点"，这种焊接点将形成某些随后将抵制进一步变迁的整合模式。因此，关键阶段理论原则上既可以用来理解片断的某些普遍性特征，也可以用来分析具有相似经济发展水平的社会之间出现的差异。我在其他地方已经表明，这种理论可以用来阐明美国、英国和法国在阶级意识、产业冲突和劳工运动方面的某些长期差异。②

4. 关于社会变迁的"跃进"观点。按照这种观点，某些情况下的"先进事物"后来可能阻碍进一步变迁，另一方面，某时点上的"落后事物"后来可能成为快速发展的有利

---

① *The Class Structure of the Advanced Societies*, pp. 19-22 and *passim*.
② *The Class Structure of the Advanced Societies*, pp. 211ff.

条件。前面三种观点实际上已经预示了本观点。这一原理的第一部分可以通过过去一百五十年中英国命运的变化而得到很好的解释。英国在19世纪中后叶获得了实质性的领先地位，因为它是"第一个工业社会"，可以在世界范围内攫取帝国主义统治的成果。但在今天的后帝国主义阶段，与其他在不同内外环境下较晚进行工业化的国家相比，英国早期工业发展的残余降低了它实现快速经济发展的能力。跃进观点除了用于分析社会变迁中各种更加宽泛的片断之外，它还可以用于解释更小范围的技术变迁。

在一个去例行化具有各种形式来源的社会，跃进观点使我们的注意力再一次回到历史性，或者使我们意识到现代历史的基本特征。因为跃进过程涉及这样一种意识：过去的某些事件不能在未来重演，那些必须避免的可能世界是我们应当努力追求的未来社会的另一副面孔。

社会科学与历史：几点评论

作为本章的总结，我将对历史——作为历史的书写——与社会科学的关系做某些评论，但我不会详细阐述这些评论。在社会科学中，作为对实证主义哲学的回应，经常有人主张社会学应该具有"历史"的特征，或者应该视为有"历史"特征。但直白地说，当历史学家变得更加"社会学"的时候，当历史研究的性质如往昔一样仍然处于争论中的时候，这种观点没有太大的意义。从最低程度而言，可以说，对历史是什么或应该是什么的分析，不能离开对社会科学是什么或应该是什么的分析。但我想比这更进一步：如果合理地进行界定的话，社会科学与历史学之间没有逻辑上的甚至是方法论上的区别。

对于社会科学与历史学之间的关系，布罗代尔写道："社会科学研究者用结构来表示组织、连续以及社会事实和群体之间相对固定的关系。对历史学家而言，结构无疑是某种构造和建筑物，是时间只能对其进行缓慢改变的现实……"[1]但这只是系统-结构划分的另一个版本：如果布罗代尔对于"结构"的用法和我有什么不同，那就是他同时关注了我在本书中强调的时间的"束集"。

当然，布罗代尔关注的"长久绵延"的历史在盎格鲁—撒克逊历史学家中只有寥寥的回应，与哲学家通常讨论的历史案例则相距更远。在过去几年英语世界的历史哲学中，最突出的问题乃亨佩尔—德雷（Hempel-Dray）之间争论所引出的问题。我这里将不讨论这些问题，相反，我将指出辩论双方所没有关注的一些问题。

值得注意的是，两者的争论与社会科学中实证主义/反实证主义的辩论非常相似。也就是说，他们关注的问题主要是：从行动者理性的角度来解释人类行动，还是从与自然科学规律具有相同逻辑的普遍规律的角度来解释人类行动。无论这一争论还涉及其他什么问题，它都没有阐明人类行动分析所提出的一些重要问题。第一，德雷在界定争论的问题时使用的术语非常明确，那就是他所说的"个体行动者的行

---

[1] Fernand Braudel, *Écrits sur l'histoire* (Paris: Flammarion, 1969), p.50.

为"。他承认,"这种个体行动不属于有意义的研究范围,它们能够进入历史是因为它们具有'社会性意义'。"[1]但他没有讨论如何界定"社会性意义"[一个从曼德尔鲍姆(Mandelbaum)那里借来的术语],他也没有讨论从这种有限视角进行历史解释的合理性。由此造成的结果是,德雷的立场回避了某些重要的问题。仅仅断定行动者的理性或者"行动者所作所为的合理性"是不够的,无论这种表述可能多么有道理。他回避了行动合理性或我说的"行动理性化"与其他社会生活的主要特征之间关系的问题;也就是它们与行动理性之外的其他特征之间关系的问题,以及与目的性行动的意外后果之间关系的问题。

第二,虽然这一争论集中在行动理性化与人类行动规律的关系问题上,但就人类拥有的关于行动条件的各种知识而言,这一争论并没有将这种关系本身看作一个历史问题。行动者行动的理由,或者说行动的反思性监控与行动理性化联系在一起形成各种模式,包含了各种"普遍性"或者"规律",就后者而言,它们绝不是历史学或社会学研究者的绝对命令,无论这些规律是否表现为因果律。

第三,所有此类"规律"本身都是"历史的",因为它们产生于特定的社会再生产环境,涉及行动的预期和意外后果的特定组合[2](虽然一般的自然规律的确会设定人类活动的界限和影响人类活动的技术发展)。说社会规律是"历史的",

---

[1] William Dray, "The historical explanation of actions reconsidered," in Sidney Hook, *Philosophy and History: A Symposium* (New York University Press, 1963), p.105.
[2] *New Rules of Sociological Method*, pp. 153 - 154 and *passim*.

也就是说由于行动理性化的条件变化——这种条件变化也包括对规律本身的使用，这些规律所描述的关系在原则上是不稳定的。我们可以想想亨佩尔—德雷争论中的一个例子（实际上是由其他人引入这一争论中的）：①"在1653—1805年间的海战中，庞大的舰队是如此笨重以至于难以控制"这一论断，可以看作对维伦纽夫在特拉法加战败的解释。对此，我们可以做出如下评论：（a）自然规律的确为17世纪的海战设定了"技术界限"，但这种界限是实际活动的限制条件；（b）这一论断可能改变了纳尔逊参与战争的决定以及他以特定方式指挥战斗的理由，无论他是否知道这一论断，也无论他是否知道这对其思考的重要性；（c）这一论断在海军军官之间的传播可能影响了后来海战的形式和策略。

第四，也是最后一点，亨佩尔—德雷争论尽管是解释性的，而且两个主要争论者都认为历史学解释缺乏单一的逻辑，但历史研究和解释的情境性特征没有得到充分关注。德雷正确地指出，解释的目的"是要解决某种难题"，他还说："当某个历史学家开始解释某一历史行动时，其困难通常是他不知道行动者采取行动时的理由。"②但这仅仅是各种"为什么如此"难题中的一个——即使我们假设历史解释的主要任务是理解特定个人的特定行为。尽管德雷承认历史不仅仅是对"历史行为"的解释，但我们还是应该认识到这种观念是多么的有限和武断。

---

① N. Rescher and O. Helmer, "On the epistemology of the inexact sciences," *Management Science*, vol. 4 (1059).
② Dray, "The historical explanation of actions reconsidered," p. 108.

第七章　当今社会理论的展望

在本结尾章，我将把本书前面所讨论过的问题置于社会理论前景中进行总体分析。这个分析的逻辑起点是当今社会理论的混乱状态——社会科学领域中所有人都意识到了的一种状态。过去十年左右的时间见证了既有理论传统的复兴（如解释学），领略了新颖理论视角的出现（尤其是常人方法学），体会到将不同哲学研究融入社会理论的努力（维特根斯坦后期的哲学、日常语言哲学和现象学）。此外，我们还可以加上马克思主义的重生。在非马克思主义社会科学中，马克思主义的重生并不总是能够明确地被区分开来，因为非马克思主义中存在的大部分理论流派也存在于马克思主义中，尽管形式各异，它们包括各种形式的"现象学马克思主义""批判理论""结构主义的马克思主义"等，它们在马克思主义之外也同样突出。

现在，我们还必须意识到各种相当不同的"民族国家社会学"——更准确地说，与主要的语言共同体联系在一起的思想传统，比如英语、法语和德语。前面提到的各种理论视角在不同的语言共同体中具有不同程度的显著性，本章关注的主要是英语世界的社会科学。

正 统 共 识

在英语世界的社会学中，我们很容易就可以发现社会理论混乱状态的直接来源。从二战结束到至少 1960 年代后期，社会学达成的共识是一种"中间立场"。显然，这并非一种不容挑战的共识，它为其支持者和批判者提供了争论的焦点。这种共识在我看来存在着两条相互联系的主线，这两条主线都可以追溯到 19 世纪，但在 1950—1960 年代被以新的方式得到详细阐释。第一个主线是我所概括的工业社会理论。[1]工业社会理论的支持者——比如美国的李普赛特、贝尔和帕森斯，以及欧洲的阿隆和达伦多夫——持有一系列相似的观点。通过选择"传统社会"与"工业社会"的两极对比，他们得出如下的结论：社会主义社会和资本主义社会不存在明显的差异，两者都只是工业社会中存在局部区分的亚类型。他们还都持有这样的观点：随着工业秩序的成熟，阶级冲突将失去其社会变革潜能。他们同意涂尔干[2]的观点：尖锐的阶级斗争是工业社会早期发展阶段所产生的张力特征；一旦阶级关系得到规范性控制，阶级冲突就将适应现存的社会秩序。"阶级冲突的制度化"——对阶级斗争进行的规范性控制，以及将阶级斗争限制在劳资谈判和政治运动领域——还将导致意识形态的终结：马克思主义和其他形式的

---

[1] *Studies in Social and Political theory*, pp. 14–20; "Classical social theory and the origins of modern sociology," *American Journal of Sociology*, vol. 81 (1976).
[2] 参阅我自己的作品 *Durkheim* (London: Fontana, 1978), pp. 21–33。

激进社会主义思想被视为工业社会早期发展阶段的张力体现,虽然这种张力也导致了激烈的阶级冲突。

此类观点是在进步自由主义的政治背景中发展起来的,也是在西方资本主义取得相对稳定经济增长的时候提出的。但在经历了剧烈政治和经济冲突之后,这些观点业已显得陈旧。不过,这些观点在社会分析中可以成为对过度概括的一种警示:过去大约十年左右的时间可以被看作一种证据,以此证明"工业社会"理论中存在的某些最为根深蒂固的主张和规划。(基于当代西方经济稳定增长过程中出现的起伏,有些人试图恢复正统马克思主义教条。这些人也不应忽视这个教训的意义。)工业社会理论今天已失去了它曾经获得的社会学家和政治理论家的支持,即使那些最坚定的支持者也对其早期观点进行了重新思考。

1950—1960年代提出的工业社会理论与对战后初期政治经济变迁的解释息息相关,因此我们可以很容易根据发达资本主义社会的后来发展来发现其缺陷。(我们可以用高等教育的大规模扩张来加以说明,它仅仅在数年前才成为深深嵌入工业社会理论的一种长期趋势。)[1]在社会学达成共识的另一条主线上,情况就不同了。这条主线更加抽象,涉及对社会科学的逻辑形式和可能取得的成就的总体评价。我们可以区分出正统或主流社会学在第二条主线上的两大特征:*功能主义和自然主义的流行*。我将在本章中对它们予以关注。

这两大特征都与工业社会理论存在着长期的联系:从孔

---

[1] 参阅 Jerome and A. H. Halsey, *Power and Ideology in Education* (New York: Oxford University Press, 1977)。

德、涂尔干到帕森斯和现代美国社会学传统，这些思想传统对于维持这种联系至关重要。功能主义思想总是和以生物成长或进化的比喻为基础的展开模型密切相关，这种思想总体上和"有序进步"的理念高度一致，孔德的这种理念已经以各种方式为工业社会理论的支持者所回应。①当然，"功能主义"只是一个松散的观念体系。20世纪已经出现了好几种版本的功能主义：拉德克里夫-布朗和马林诺夫斯基的"人类学功能主义"，帕森斯的"规范功能主义"，以及默顿的"冲突功能主义"。我们这里没有必要直接说明功能主义思想的主要特征。但值得注意的是，功能主义往往认为生物学为社会学提供了一个近似的模型，因为两个学科关注的都是系统而非集合体。我在其他地方已经表明，生物系统模型，尤其是动态平衡的观点，不足以描述社会系统分析所提出的某些关键问题。②帕森斯在某种意义上已经认识到了这一点，所以他在最近的著作中转向了信息控制论模型。③

如果将自然主义理解为主张自然科学和社会科学本质上具有相同的逻辑框架，那么，从孔德到涂尔干再到现代美国社会学，功能主义都和社会哲学中的自然主义立场紧密相关。孔德对自然主义立场做出了比所有其他人都更加综合的阐释。至少，我想指出孔德的一个重要遗产，这个遗产依然

---

① 像我在其他地方所说明的那样，将功能主义主要与保守主义的政治立场联系起来是一个错误。参阅"Four myths in the history of social thought," in *Studies in Social and Political Theory*。
② 参阅"Functionalism: après la lute," in *Studies in Social and Political Theory*。
③ 关于帕森斯有关控制论的观点，参阅"The relations between biological and socio-cultural theory," and other papers in Parsons, *Social Systems and the Evolution of Action Theory* (New York: Free Press, 1977)。

是二战后主流社会学的组成因素。孔德同时从分析和历史的角度使用了"科学等级体系"概念。也就是说，这一概念为科学——包括生物学和社会学——之间的关系提供了逻辑说明：每一种科学都依赖于在科学等级体系中低于它的科学，但同时又具有自己明确而自主的研究领域（涂尔干后来重新强调了这一观点）。但如果从纵向而不是横向的角度理解，科学等级体系也为科学发展过程提供了一种历史解释——当然是和"三阶段论"联系在一起的。科学首先在与人类参与和控制相距最远的事物和事件那里发展起来。因此，数学和物理学是最先在科学基础上建立起来的学科，其后的科学史则距离人类社会本身越来越近。人类行为是科学最难驾驭的现象，因为对人类而言，科学地理解他们自身的行为是最困难的。因此，社会学是最后形成的科学。现在，这一总体性观念的意义在于，它将对社会学逻辑形式的自然主义解释与社会学比自然科学更加稚嫩这一点联系在一起。社会学作为一个"后来者"，标志着实证精神向解释人类社会行为的扩展的完成。

与生物学相比，尤其是与物理学和化学比较，社会学更加稚嫩这一点仍然是主流共识的重要组成部分。这种观点的重要性恰恰在于，它将假定的社会科学的逻辑特征与对学科历史的特定自我理解联系起来。如果社会科学和自然科学之间的确存在不同，比如在准确地建立普遍规律方面的不同，那么这些不同的产生原因可以解释为：相对而言，社会学在科学基础上发展的时间还很有限。自然科学和社会科学分别发展的时间差维系了自然主义的论点。

1950年代和1960年代，功能主义和实证主义科学哲学又部分地重新结合了，尤其在美国社会学里，其中，实证主义的科学哲学主要是通过卡尔纳普（Carnap）、亨佩尔（Hempel）和内格尔（Nagel）等人得到建构的。这种结合是正统共识的自然主义立场形成的一条主要途径。这种实证主义哲学本质上是自由化的逻辑经验主义，[1]很多社会学家如此热情地接受了这种实证主义哲学，以至于他们对这样一种事实视而不见：科学的逻辑经验主义观点只不过是众多科学哲学中的一种而已。科学的逻辑经验主义完全被看作自然科学原貌，同时也表明了社会学应该成为的面貌。经验主义哲学家尽管不急于完成与功能主义的结合，而且很大程度上对功能主义的逻辑地位抱怀疑态度，但因为他们都关心生物学和社会科学，因此认为可以对功能主义进行调整从而使其符合科学方法的要求。[2]

当前的困境

在正统共识消失之后，"巴别塔"似的各种理论声音喧闹不止，以吸引人们的关注。我们可以区分出对社会理论的混乱状态做出的三种普遍反应：第一种是绝望或幻想破灭。有些人倾向于主张，由于那些关注社会理论中的抽象问题的人没有对人类社会行为研究的基本假设达成共识，所以这些问

---

[1] 参阅"Positivism and its critics," pp. 44-57。
[2] 特别是参阅 Carl G. Hempel, "The logic of functional analysis," in *Aspects of Scientific Explanation* (New York: Free Press, 1965)。

题在以后的社会研究中可以被忽略。他们声称,社会理论所处理的很多问题实际上是哲学而不是社会学问题,"社会理论家"的争论因此可以忽略这些问题,转而关注社会研究的实践。但这种立场经不起仔细考察。明确区分哲学问题和社会理论问题的实证主义观念是站不住脚的;此外,我们必须坚持,理论研究不可能不对社会调查产生影响,哪怕是纯粹的"经验"调查。第二种反应可以描述为不惜代价地寻求安全保障:回归教条主义。很多人已经转向正统马克思主义立场,就是一个例子。从某种意义上说,这种反应和之前的主流社会学共识是相似的,面对其他理论视角所提出的问题,它们同样显得贫乏。

对当前社会学理论的混乱状态所做的第三种反应恰恰与第一种相反。这种反应不是绝望,而是喜乐:理论视角的多样性是受欢迎的,是社会理论固有成果的见证。我们不能结束这种多样性,也没有必要去结束。甚至是某些曾经支持正统共识的主要人物现在也转向这种观点。[1]确切地说,这种观点值得大加赞扬。可以认为,关于人类社会行为如何研究的长期争论和持续分歧正好体现了人类社会行为本身的性质;关于人类行为的本质的深刻而持久的分歧是人类行为的组成部分,因此必然会成为哲学话语和社会理论话语的核心。但承认这一观点的重要性并不意味着需要创造尽可能多的关于人类社会行为的抽象理论视角。我们可以承认关于人类行动

---

[1] 参阅默顿那篇有趣的文章:Robert K. Merton, "Structural analysis in sociology," in Peter M. Blau, *Approaches to the Study of Social Structure* (New York: Free Press, 1975)。

研究的根本问题可能会产生持续分歧，但同时我们也必须强调将不同立场联系起来和努力超越它们的重要性。

因此，我否认对理论巴别塔的各种反应，相反，我主张社会理论需要系统地重建。我这样说并不是要用一种新的正统来取代旧的，而是希望为讨论社会理论的关键问题提供一个比正统共识更令人满意的基础，一个比多元理论视角中与世隔绝的观点更令人满意的基础。我认为，我们不能把正统共识看作对福利资本主义意识形态的反应而加以忘记或抛弃，相反，如果我们要证明放弃它的合理性，我们必须找出它的缺陷；我想要说的是，我们现在已不难找到这些缺陷。我还想进一步指出，诊断先前共识的缺陷意味着对那些所忽视的问题进行理论化——把它们变成理论分析的焦点。我已列出了先前共识的五个缺陷或者说五组缺陷。

"社会学"的起源

我在上面已经暗示了第一个缺陷：相对于自然科学而言，主流社会学对自身起源所做的错误解释。我前面也提到，这一缺陷具有两个方面：关于社会科学过往发展的观点；从自然科学与社会科学对立中得出的关于社会科学发展的逻辑启示。

这里，限于篇幅，不能详细地罗列关于这一观点的所有文献：与生物学和其他自然科学相比，社会科学是后来者——社会学是在科学基础上最后发展起来的学科，从而与思辨哲学和历史学相分离。但是，如果我们考察了这一观点是如何经常地被使用的，我们就有充分的理由去怀疑这些主张：事实上，至少自18世纪初期以来，每一代社会思想家中都有人认为，与前人不同，他们是在提出一种关于社会中的人的新型科学研究。[①]维科认为他自己是要建立一种关于社会的"新科学"。孟德斯鸠和孔多塞做了同样的宣告，认为他们与前人不同。孔德在他那个时代也说了同样的话，尽管他承认了这些先行者的贡献，但是他仍然把他们归入了社会学的史前史，而他要通过自己的努力将社会学置于科学的基础上。事情还在继续：马克思对孔德做了同样的反驳，涂尔干则对马克思进行了反驳，一代人之后，帕森斯又对涂尔干和其他人进行了反驳。这种宣告持续地被历代社会思想家所使用，这一事实本身并不能说明这些宣告是站不住脚的，但这确实足以让我们以怀疑的态度对待它们。无论如何，我这里想要提出的一点是，与自然科学相比社会学是后来者的观点是错误的，而且这个错误的根源在于对某一代思想家宣告的观点的表面接受（涂尔干要么属于马克思那一代人，要么属于"1890—1920"那一代人）。社会科学的历史与自然科学的历史一样悠久，它们都可以追溯到欧洲文艺复兴之后的历史时期，即形式上可以被称为"现代"的历史时期。

当然，不论在自然科学还是社会科学中，不同部门的发展是不平衡的。为了防止可能出现的误解，我必须强调，否认社会科学稚嫩的观点并不是要否认它们内部所取得的进步，也不是要否认不同的发展阶段之间或相互竞争的思想传

[①] 参阅"Classical social theory and the origins of modern sociology"。

统之间的裂痕和混乱。另外，我们也必须认真对待术语的使用：孔德对"社会学"概念的发明以及后来涂尔干对它的推广（虽然他认为它是一个"有些粗糙的概念"）与这样一种观点存在着相当大的关系，即社会思想在19世纪中后期出现了一个"大分野"。"社会学"的含义和后来的正统共识非常接近——与工业资本主义走向成熟关联在一起"有序进步"、作为社会科学逻辑框架的自然主义、功能主义。因此，"社会学"是一个富有弹性的概念。我继续使用这个概念是因为它在今天已得到如此广泛的使用，以至于不可能用一个更加合适的概念来取代它。

法理的问题

如果说社会学稚嫩的说法站不住脚，那么由此而来的推论——与自然科学相比，社会科学的发展还处在初级阶段——也是站不住脚的。社会学并不是处在自然科学已经成功经过的初级阶段上（我要着重强调的是，这并不是说自然科学取得的成就与社会科学没有关系）。

自然主义的支持者不可避免地关注社会科学与自然科学之间的区别，但两者最明显的区别在于，社会科学明显缺少一组专业群体成员都认同的、精确的规律。理解这一点还需要提出一些限制条件。自然科学的发展是不一致的，一些学科和一些学科分支比其他学科或者分支更加"先进"。如果社会科学包括经济学在内的话，那么，社会科学的发展也不是一致的。社会科学家似乎没有充分认识到，对他们研究领域的根本问题，物理学家也普遍地持有不同的意见。就规律而言，最"先进"的自然科学研究领域和最"先进的"社会科学研究领域之间的对立是显而易见的。

否认社会科学是后来者的观点，也意味着否认对这种不同所做的"滞后"解释。那么，我们应该怎样理解社会科学规律的性质和逻辑形式呢？

我认为，如果我们将规律综合地理解为对因果关系的一般概括，那么社会科学中的确存在规律。社会科学被认为缺乏规律仅仅是因为与自然科学的某些领域发现的规律相比，前者的一般性概括被看作是不重要的或者不够格的。（但这并不是说建立规律是社会科学和自然科学必须关注的唯一问题。）即使在那些最有可能进行定量化的领域，社会科学的规律也与物理学各研究领域的规律差异甚迥。一方不涉及逻辑问题，这一问题尽管不是不重要，但我认为它在本质上意义不大；另一方则涉及逻辑问题，而且对我当前的讨论更加重要。

第一个理由是事实对理论的非充分决定性（underdetermination）。这一点已经成为科学哲学的一个牢固确立的规则：任何数量的事实本身都不能决定对某些理论的接受和对另一些理论的拒绝，因为可以通过修正理论等方式来使之适应于正在探讨的观察。我们有理由相信，事实对理论的非充分决定性在社会科学领域中比在自然科学领域中更有可能发生。这里存在诸多众所周知的影响因素，我们没有必要在这里加以详细说明：观察的难以重复性；实验的相对不可能性；就关于社会整体的理论而言，比较分析中"案例"的缺少等。

第二个理由更加重要，至少对我当前的讨论而言是这样，因为这个理由涉及自然科学规律与社会科学规律之间深刻的逻辑形式上的不同。虽然自然科学规律的性质问题也存在诸多争议和讨论，但我们没有理由怀疑，这些规律在其应用领域里具有公认的普遍性；①所有规律都在特定的条件下发挥作用，但他们所阐明的因果关系在这些特定条件下是不变的。但对于社会科学规律而言情况就不同了，像我在其他地方所说的那样，②在社会科学中，因果关系总是涉及再生产活动的预期后果和意外后果的"混合"。社会科学规律在性质上是历史的、在形式上则是可变的。如我在前面所说的那样，任何常规的社会行动都典型地包括以下几组相互关联的要素：行动未被意识到的条件，有目的的反思性监控背景下的行动理性化，行动的意外后果。③社会科学规律的限制条件是特定制度背景下行动者对行动环境认识的基本组成部分。行动未被意识到的条件、行动理性化和意外后果之间形成的典型关系发生变化，可能导致规律所说的因果关系随之发生变化，而且这种因果关系的变化可能是由于认识到了这些规律。一旦其行为与规律相关的那些人认识到了这些规律，这些规律就会在结构二重性中被使用为规则和资源："规律"这个概念存在双重含义（或者双重起源），即规律可以指行动的感知，也可以指对我们所研究的行动的一般概括。说所有社会科学规律都是历史的和易变的，不是要否定人类生物体的

---

① 关于科学规律的传统观点的修正，参阅 Mary Hesse, *The Structure of Scientific Inference* (London: Macmillan, 1974)。
② *New Rules of Sociological Method*.
③ Ibid., pp. 153 - 154 and *passim*.

生理特征——可能与社会行动研究相关——可能存在普遍的规律性。

以"自我实现"和"自我否定"的预言形式,正统共识也对社会科学规律的可变性了然于胸①。但在正统共识那里,反思性的知识使用与行动条件之间的关系:1)被看作社会研究者所面临的"问题";2)仅仅影响进行概括的证据收集,而不是与概括本身的性质息息相关的认识论问题。换句话说,自我实现或自我否定预言被看作一种预测,这种预测通过宣扬和传播将创造使自身变得合理的条件,或者形成相反的效果。它们的"问题"在于忽略了这些令人厌恶的预言对假设检验所产生的恶劣影响。但是,如果我们承认社会科学概括的可变性,我们也就必须承认这一观点存在着很大的不足。作为社会科学理论和社会观察的对象,人类行动者可能会在其反思理性中潜在地将二者结合在一起,我们不应忽视将这种现象或者仅仅将其视为"问题",而应将其视为社会科学的根本旨趣和根本问题。情况现在已变得非常明显,任何对于现存社会的一般性概括和研究都可能对该社会构成潜在的干预,这就涉及了作为批判理论的社会学的任务和目的。

日常语言与社会科学

正统共识的第二组缺陷是,这种共识是以过时的、有缺

---

① 这些说明根源于 R. K. Merton, "The self-fulfilling prophecy," in *Social Theory and Social Structure* (New York: Free Press, 1957)。

点的语言哲学为基础。我将表明,这一观点与我刚刚讨论的问题直接相关。正统社会学想当然地接受了关于语言的一种古老观点,但通过罗素、早期维特根斯坦以及后来逻辑经验主义的著作,这种古老观点获得了新的活力。按照这种观点,语言首先是世界(物理世界和社会世界)的描述工具。语言应当被作为描述工具加以研究,而且语言的结构或者语言的基本特征与其所描述的客观世界之间存在着相同的形式。这个观点最成熟和最精致的版本是维特根斯坦的《逻辑哲学论》(Tractatus),按照该书的说法,语言的基本单位是现实中相应单位的"图像"。

维特根斯坦本人对自己早期观点的否定是各种哲学走向融合的一个要素,否则,它们就将差异更迥:日常语言哲学、舒茨的现象学和当代诠释学。所有哲学最终都认为,语言最好被视为描述工具的观点是错误的。描述不过是在语言中和通过语言实现的事情中的一个。语言是社会实践的媒介,社会行动者所从事的丰富多彩的活动包括语言。奥斯汀所举的例子仍然能够很好地说明这一点。婚礼上所说的话并不是对那个仪式的描述,而是其组成部分。另外一个同样著名的例子是:就像工具箱中的各种工具一样,语言有很多用处,因此存在多方面的性质。[1]

由于正统共识接受了关于语言的这种传统观点,所以,其研究者忽略了日常语言——日常生活中使用的语言——与社会科学技术语言之间的关系,因为他们认为这种关系没

---

[1] Ludwig Wittgenstein, *Philosophical Investigations* (Oxford: Blackwell, 1972), para. 11.

有意义或者不重要。社会学家认为，他们发现或提出概念的目的在于弥补日常语言的不足，或者（如果需要的话）纠正日常语言的错误。日常语言通常是模糊的和不精确的，但这些缺陷可以通过元语言（metalanguage）得到克服，因为元语言体现了明确而精确地界定的概念。[①]但是，如果我们理解了关于语言的更新的哲学观念，那么，这种日常或世俗语言与社会学技术语言之间关系不重要或不成问题的假设就站不住脚了。我们不能从社会学术语的角度将日常语言视为可修正的语言而加以抛弃，因为日常语言正是社会活动本身的构成部分。

受后维特根斯坦哲学和现象学影响的人认识到了这一点。对于应该如何理解日常语言与社会学技术语言之间关系的问题，我们至少可以区分出两种观点。第一种观点是舒茨借用韦伯概念而提出的适当性假设（postulate of adequacy）。舒茨认为，社会科学家所关心的知识与行动者在日常生活中所关心的知识是不同的。在社会科学中，我们关心的是一般性的、情境无涉的知识。相反，行动者在社会生活中所使用的知识库存是"食谱式的知识"，这种知识强调对日常生活的娴熟控制。社会科学家发明的概念不同于日常语言所使用的概念，因为它们涉及两种不同的知识体系。但是，前者必须满足对后者的适当性原则。舒茨对适当性假设的各种解释并非全然清楚，他似乎主张，只有在原则上能够转换成普通

[①] 比如，参阅 C. W. Lachenmeyer, *The Language of Sociology* (New York: Colombia University Press, 1971)。

行动者的日常语言时，社会科学概念才是适当的。[1]如果确实如舒茨所说的，这确是一个经不起考验的观点。"流动性偏好"（liquidity preference）概念在何种意义上必须能够转换成从事经济活动的行动者的日常语言？我们似乎没有理由假定，一个在经济理论中充分有效的概念与它能否被转化为日常语言之间有什么关系。通过思考幼儿的行为，我们也可以表明舒茨观点的缺陷：我们可能很想将技术语言应用于幼儿的行为上，但如果幼儿的年龄太小以至于只掌握了一些初步的语言能力，那么很显然，通过这个转换过程来判断术语的适当性是不可能的。

因此，舒茨的适当性原则不是理解日常语言与社会科学概念之间关系的令人满意的方式。另一种是温奇的观点。我将表明，这种观点更加正确。温奇主张，日常语言与社会科学专业语言之间存在着一种"逻辑纽带"，而且他还表明，这一纽带与舒茨的适当性假设所说的关系相反。这种纽带的存在不是因为社会学概念可以转换成日常语言，恰恰相反，而是因为社会科学家发明的概念能够精通社会行动者在日常行动中所使用的概念。温奇并没有令人满意地说明这一点——他没有清楚地说明，这些日常概念通常只能部分地以不得要领的方式为行动者所使用。而且与舒茨一样，他实际上也没有解释我们为什么需要与日常语言不同的社会科学语言。[2]

---

[1] 社会科学的概念"必须以这种方式来建构：对于个体行动者在生活世界里进行的人类行动的说明，不仅要为行动者本人所理解，也要为其他人通过常识解释所理解"。Alfred Schutz, *Collected Pater* (The Hague: Mouton, 1967), p. 44。

[2] Peter Winch, *The Idea of a Social Science* (London: Routledge, 1963).

但其主要观点还是足够清楚和有效的：类似于流动性偏好的概念只能用于那些已经掌握了"风险""利润""投资"等概念的行动者的行为那样，社会科学概念内嵌于日常语言使用的环境中。

对于社会科学的元语言为什么必要的问题，我将留待下一部分回答，因为这一问题的回答涉及我这里将要讨论的内容。但就日常语言与社会科学术语的关系问题而言，我们必须解决温奇所没有解决的问题。它们之间的"纽带"不仅在本质上是"逻辑性的"，它还具有实践的意义，这种意义与前面所说的反思性相关。事实不仅仅是为了描述其研究领域的特征，社会分析者依赖于"共有知识"——以日常语言作为表现形式。日常语言与社会科学语言之间存在着一种双向关系，因为社会学研究者提出的概念原则上可以为日常行动者所使用，而且是作为"日常语言"的一部分来使用的。因此很可能出现这样的情况（"经济"这个词就是很好的例子）：技术专家会使用日常话语中的词语并赋予它们新的含义，这些新的含义后来又回到日常语言中。这种现象不仅具有观念史的意义，而且提出了社会科学不能忽视的问题。但正统共识通常以某种方式忽视这些问题，它通常假定：社会学发现与其实践"应用"之间是一种工具性关系，这种关系在逻辑上与自然科学和技术之间的关系是相同的。

启示、共有知识、常识

但是，如果作进一步的讨论，将遇到另外一个我们必须加以分析的正统共识的缺陷。在我看来，这个缺陷就是：以自然主义的假设为基础，正统社会学依赖于一个过于简单的社会科学启示模型（revelatory model）。这个模型的本质是这样的：自然科学发现就是要揭示有关物理世界的常识性信念，使之非神秘化；科学所做的事情就是"检查"对世界持有的常识性观念和态度，表明有些观念和信念是错误的，并以其他观念和态度为起点，对日常语言中的事物和事件做出详细而深刻的解释；科学的进步揭露了传统习惯性信仰的欺骗性。科学家所声称的发现在有些情况下会遭到坚持传统信仰或信念的人的抵制。这些发现遭到否认或被忽视，或者是因为受到它们威胁到既定利益，或者是因为习惯或偏见的惯性。有人仍然坚持认为地球是平的，无论相反的证据在其他人那里是多么的确定。

这种观念在正统共识那里被完全移植到社会学中。我们有充分的理由相信（特别是根据胡塞尔在《欧洲科学危机和超验现象学》中所提出的观点），就自然科学与"常识"的关系而言，这是一种非常不充分的观点，但在这里，我将只考察这种观点被置入社会科学后的含义。

按照刚才描述的启示模型，社会研究者的发现所遇到的"抵制"在形式上与一些自然科学发现所遇到的抵制是一样的："拒绝听从"，而且顽固地坚持先前的信仰或思想。但是，所有社会科学领域的研究者可能都熟悉一种与自然科学发现遇到的抵制不同的抵制：对社会学研究发现的抵制不是因为它们传达了人们不想知道的观点，而是因为这些发现已经是众所周知的了。经常有人认为，社会学不过说出了我们已经知道的东西——不过，由于通常以晦涩难懂的术语来表达，因此最初会显得是新颖的。这种现象可以称为对社会学的常俗性批判(lay critique of sociology)。

社会学家现在似乎不再认真对待这种常俗性批判了，他们通常将这种批判归结为根深蒂固的思想习惯和偏见。在他们看来，抵制社会科学发现也包括抵制用科学方法对人类社会行为进行研究。但是，对社会科学的常俗性抵制是如此普遍，以至于我们需要一种更加合理的辩护，这种辩护可以见之于启示模型中。社会学的目的在于检查常识性信念，当社会研究发现行动者对他们的行动条件和对其他社会特征的信念符合事实的时候，这些发现必然显得陈腐、平庸和没有启示性。有人认为，这些正是对社会学的常俗性批判所关注的情形。但在另外一些情况下，社会分析也可以说明常识性信念实际上是无效的。在这些情况下，社会科学就显得富有启示性了。

虽然社会科学家不再认真对待社会学的常俗性批判了，一些哲学却这样做了。比如，劳奇(Louch)主张，社会学概念是"没有必要的和矫揉造作的"[①]。为了解释社会行动，我们只需考察行动者所持的理由即可。一旦我们确定了这些理由，我们就没有必要再问其他问题了，而且这些理由可以在日常语言中找到。劳奇说道，如果说人类学家还可以为我们提供"旅游见闻"的话，那么社会学就是多余的工作了——更糟糕的是，因为技术性概念对日常语言概念的取代使得众

---

① A. R. Louch, *Explanation and Human Action* (Oxford: Blackwell, 1966), p. 160.

所周知的事情变得模糊,这些技术性概念因此可以被强者用作统治弱者的手段。温奇也爱慕同样的结论,虽然与劳奇相比,他认为人类学更加重要。由于他没有阐明技术性概念在社会科学中的作用,而且排除了发现社会行动的因果规律的可能性,我们因此很难想象"温奇式社会学"的样子。①

我想指出的是,我们确实应该认真对待社会学的常俗性批判,尽管它最终是站不住脚的。我们确实可以认为,由于亲身参与其中,每一个社会成员都一定对那个社会的运作拥有充分的知识(同时以实践意识和话语意识的方式);或者更准确地说,这种知识通过结构二重性而成为社会生产和再生产的组成因素。弄清社会科学为社会成员——作为其研究对象——所提供启示的条件,根本不像正统共识所想象的那么简单。社会学家不能忽视对人类社会行为的理性进行解释:行动理性化是社会活动的基本组成部分,但正统共识忽略了这一点。另一方面,我们同样应该强调,不论在何种历史条件下,行动理性化也都存在限制条件,社会科学的任务正是要探索这些限制条件的本质和持续性。如我在前面指出的那样,我们可以区分出三种相关条件:行动未被认识到的因素,实践意识以及行动的意外后果,而且所有这些条件都在社会系统的再生产中结合在一起。

我们还必须提及这些问题的另外一个方面,它是"常识和日常语言再发现"的一个显著特征,而且通常对批判意志具有麻痹作用。有些人已经认识到,社会分析者不能忽

---

① 尤其参阅 Winch, *Idea of a Social Science*, pp. 83ff。

略或纠正日常语言和自然态度,所以他们倾向于认为对这些信仰和实践进行批判性评价是不可能的,因为它们构成了某种异质文化体系的组成部分。像加芬克尔的"常人方法的漠视"一样,温奇对赞德人巫术的讨论所引起的争论是众所周知的。在我看来,在这两个争论中,它们的支持者都有正确的一面,但也都没有进行某种重要的区分。他们正确地指出,对某种生活方式进行有效描述的条件,原则上包括能够参与其中的能力(尽管在实践中没有必要这样做)。了解一种生活方式就是了解一种语言;不过,这是在由常识或默示假设(tacit presuppositions)所组织起来的实践背景下进行的,因为话语正是在这种背景下进行的。从这一意义而言,诠释是社会科学研究的组成部分。但我们不能由此得出这样的结论:我们不能对生活方式中的信念和实践进行批判性评价——其中包括对意识形态的批判。我们必须区分对信念*真实性的尊重*——语言游戏之间进行诠释的必要条件——和对信念*正当性的批判*。更简单地说就是,我们必须区分我所说的"共有知识"(mutual knowledge)和所谓的"常识"(common sense)。

共有知识是不同的意义框架之间进行相互理解的必要中介,它排除了观察者和被观察者共同的默示性和话语性理解这一事实。这主要是因为,共有知识的应用本身通常是日常生活中的一种默示性知识,表现为一种例行化的方式,因此对社会学研究者而言,必须尊重信念的真实性这一点并不总是那么显而易见。但在默示性知识缺失的环境中,我们可以发现它的重要性。根据精神分裂症的"生理学"解释,精神分裂症患者的话语通常被视为没有意义的胡言乱语。但按照莱恩的说法，如果我们认识到，大部分人想当然地接受的观念被精神分裂症患者质疑或用不同的方式表达出来，那么他们的话语就是有意义的。作为一种诠释的努力，与精神分裂症患者的对话，只有在将他们的话语和行为"在方法论上"视为真实的时候才有可能。将这些话语和行为视为真实的，就是不讨论它们是正确的还是错误的。

从这一意义而言，我前面说的"常识和日常语言的再发现"也就是发现共有知识的重要性：共有知识不是社会学研究者可以纠正的知识。正是前面提到的方法论悬置使共有知识与所谓的"常识"区分开来。我用常识来表示对共有知识的接纳：对生活方式中各种零散信念的逻辑性和经验性进行考察。自然科学和社会科学的发现可以对常识进行纠正。关于赞德人巫术的争论可以说明共有知识与常识之间的区别。温奇正确地指出，赞德人巫术中的信念和实践是"理性的"——因为在这个背景下，"理性的"指的是社会学研究者在描述这些巫术时与赞德人拥有共同的、内部逻辑一致的意义框架。其错误在于，在承认赞德人巫术和神谕占卜真实性的前提下，他倾向于忽略对信仰和行动进行批判性评价。当巫师对某人施以诅咒以致其死亡的时候，共有知识是理解这种行为的必要中介。但是，对于批判地考察这种实践中信仰的经验基础的有效性以及这些信仰的意识形态分歧，共有知识便不再是合理的批判基础。

我当然不是说，这为关于"理性"的各种问题提供了一个解决方法。更准确地说，就对信仰进行理性证明而言，这正是这些问题的开始。但是，这不是我这里所要讨论的问题。温奇和其他人已经全面而强有力地表明了社会科学中正统共识观点的天真性。我这里只想说明的是，我们不能因此而消极地对待批判意志麻痹的问题。信念的理性证明和批判理论可以通过多种方式联系起来，我将会在下一本书中对这个问题进行详细讨论。但我想说明对我而言很重要的一个逻辑观点：对信仰和实践进行批判性评价是社会科学话语不可回避的特征。也就是说，对常识性信念的批判性评价不仅在逻辑上假定了对共有知识的使用，反过来说事实上也同样正确。为了回应其他人对自己所做描述分析的准确性和适当性的批判性评价，社会学研究者假定了对他们关于信念或实践的描述分析进行辩护的可能性。

行 动 理 论

正统共识的第四个缺陷可以这样表述：*正统社会学缺少一种行动理论*。但我还要说的是，这种缺陷与没有将权力作为社会理论的核心问题直接相关。我所谓的行动理论是指这种观点：社会行动者部分地认识到了他们的行动环境并对行动进行反思性监控。这种行动理论的缺失首先是因为作为社会科学哲学的自然主义的支配。在社会学比较粗糙的自然主义版本及其应用中，行动被看作各种社会原因的结果。作为完全使用功能主义对行动理论进行的综合，帕森斯的"行动参考框架"是（英语世界）社会学中最有影响力的总体性理论框架。其批判者已经指出，无论帕森斯使用了什么样的术语，这个理论显然没有对人类行动者进行分析：背景是设定的、规则是写好的、角色是确立的，但行动者奇怪地消失了。①但这些批判并不总是能认识到这种现象的原因。在《社会行动的结构》一书中，帕森斯将行动理论视为"唯意志论"的，他主要用这个概念来描述人类行动的目的性特征和行动者在不同目标和方案中进行选择的能力。②唯意志论是针对"霍布斯秩序问题"提出的，这个问题就是：目的或者意志的多样性怎么能与"秩序"相融呢？将霍布斯问题与唯意志论结合起来是参考性行动框架所要解决的主要问题，这种结合是通过将价值观念同时视为社会共识的基础和社会行动者人格的动机因素而实现的。除了在价值观念和"秩序"③的本质和重要性问题上遇到困难之外，这种研究路径也没有考察理性对人类行动的重要性：通过他们关于行动环境的知识，人类会反思性地监控他们的行动。帕森斯尽管在其研究框架中区分了"认知性"行动和"情感性"行动，他的行动者并不是有能力的和有知识的行动者。

当然，战后时期，自然主义和功能主义并不是没有遇到挑战。在美国社会学界，符号互动理论的研究者已经明显地偏离了正统共识所强调的观点，尤其是在我说的行动理论上。但从一开始，对制度分析和制度变迁问题的理论把握的不足就限制了"符号互动理论"——布鲁默对于这个术语的

---

① 参阅 some of the contributions to Max Black, *The Social Theories of Talcott Parsons* (Englewood Cliffs: Prentice-Hall, 1961)。
② Talcott Parsons, *The Structure of Social Action* (Glencoe: Free Press, 1949), pp. 737ff and *passim*.
③ 参阅 *New Rules of Sociological Method*, p. 98。

广泛影响来自 G. H. 米德。米德关于反思性、身体姿势和符号的发展的重要观点掩盖了他把社会看作"泛化他人"(generalized other)这样一种基本事实。米德的社会哲学(像皮亚杰的发展心理学那样)没有将更广泛的社会理解为一个分化的、历史的构成物。另外,虽然米德成功地将反思性置于社会哲学和社会理论的核心,但"主我"起源于"主我"(I)与"宾我"(me)之间辩证关系的观点还是很模糊且未得到解释。他关心的主要问题是"宾我"或者社会性自我的出现。考虑到符号互动理论缺少对制度和制度变迁的充分解释,一旦主要关注于"宾我"问题,就很容易形成将符号互动论与功能主义有效地联系起来的想法。前者关注于与小规模社会关系相关的"微观社会学"问题,后者则关注与社会制度性特征相关的"宏观社会学"问题。

我在"能动性与结构"一章已经证明,离开了对结构思想的修正,将行动理论成功地引入社会学是不可能的。这种修正与日常语言和对社会学的常俗性批判之间关系的问题直接相关。作为我在本书一直强调的主题,结构二重性概念承认:行动的反思性监控不仅使用而且重构了社会的制度安排。为了成为一个社会的("有能力的")成员,每个人都必须对该社会的运行拥有充分的了解,这一观点正是结构二重性概念的主要基础。离开了结构概念,我们就不能充分说明人类能动性概念,反之亦然;这个观点必须与下述观点联系起来:时间性必须被视为理解社会生活构成的组成元素。无论结构主义思想与历史学之间有多么不相容,自索绪尔以来,结构主义的特定贡献之一在于它阐明了社会再生产的时间序列。我们不能像功能主义的总体概念那样将社会整体理解为"在场",相反,应该将其视为在场与缺场之间的交织关系。在笛卡儿主义的背景下,我们很容易理解结构主义者对强调主体的哲学和社会理论的批判。我们必须拒绝那种"主体本身显而易见"的观念,理解这一点的重要性极为关键。但在这里,我们还要分析一下结构主义理论中起源于索绪尔的二元论的局限。其中一种二元论是结构与事件的划分,这种划分通常与有意识/无意识划分重合。这些二元对立排除了在结构主义思想中对人类能动性进行令人满意解释的可能性。我认为,至少在社会学理论中,通过区分系统和结构这两个概念,我们可以很容易抛弃结构与事件的二元论,这里的系统通过时空当中的事件再生产而得到组织,结构则是这种再生产的媒介和结果。这一点直接与拒绝无意识/有意识之间二元对立紧密相关,因为能动性理论必须意识到实践意识在社会再生产中发挥的基本作用。实践意识不是结构主义理论通常所理解的那种"意识",但它又很容易与无意识区分开来,无论我们如何理解无意识这个概念。

就权力概念而言,结构主义和功能主义都背离了与它们经常密切相关的共同起源。如果说这些思想传统的理论家确实提出了某种权力概念,那么它指的是社会或集体对个体而言所拥有的权力。这一点在涂尔干那里已经表现得非常明显。涂尔干在论述权力问题时倾向于将权力比作其所要分析的社会事实的限制性作用。[1]另一方面,行动哲学家要么将权

---

[1] 尤其参阅 "Deux lois de l'évolution pénale," *Année sociologique*, vol. 4 (1899 - 1900)。

力视为个体行动者实现其意志的能力，要么完全忽略权力问题(尤其是受奥斯汀和后期维特根斯坦影响的著作)。就这一点而言，行动哲学与"规范功能主义"之间存在着一个共同点：它们都倾向于用规范和习俗来说明"社会"，尽管它们采用的方式极为不同。韦伯将权力定义为面对他人的反抗仍然有机会实现意志的能力，这可能是各种文献中得到最经常使用的定义。我将从两个方面批判这种定义：一方面，这一定义反映了韦伯主体主义的方法论，而且导致了我认为必须超越的行动与结构之间的二元论；另一方面，仅仅从权力和能动性之间关系的角度来考察，这种权力定义不够深刻。从逻辑而言，人类行动概念暗示了作为转换能力的权力：只有行动者在一系列事件中具有干预或逃避干预的能力从而影响事件进程的时候，"行动"才会存在。因此，将行动理论引入社会学需要将权力视为社会互动的基本和内在组成要素，就像惯例一样。但是，对能动性理论的思考同样也适用于权力：我们必须将权力——作为行动者在互动生产和再生产中所使用的资源——与社会的结构性特征联系起来。权力的这两副面孔具有同样"基本"的重要性。

社会科学与自然科学

正统共识的第五种缺陷在过去几年里已经被多次讨论过。但我认为，离开了我前面几部分的讨论，我们不可能充分理解这种缺陷的含义。与我在本章开头所介绍的问题相关的第五种缺陷是：正统共识与自然科学的实证主义模型紧密相关。"实证主义"这个概念被不加分辨地到处使用,[1]所以指出这一点非常重要：就对正统共识的影响而言,这个词是在相当明确的意义上使用的——实证主义是指有些哲学家所说的从自然科学那里"接收过来的模型"。这种接收模型受逻辑实证主义的自由化版本的巨大影响,这种逻辑实证主义也就是卡尔纳普等人提出的那种逻辑实证主义,这个模型又为"柏林小组"成员(尤其是亨佩尔)和美国本土哲学思潮(以纳格尔为代表)所进一步阐明和强化。

我已经指明了这一模型与科学哲学和功能主义之间的重要结合,虽然这个结合从未让人满意过。但是,自然主义立场的影响范围确实不限于此,很多理论家质疑或批判功能主义的下述假设：从自然科学接收过来的模型适合于社会学。自然科学的逻辑经验主义取得了广泛的认同,尤其是亨佩尔和奥本海姆提出的假设演绎方法(hypothetico-deductive)。[2]这种观念被用来表明,社会科学的(当然是长远的)目的是建立演绎性的规律等级体系,以及自然科学和社会科学的解释都要用某种规律来演绎性地囊括具体的观察或事件。[3]但是,这里的演绎性规律等级体系不能被看作对自然科学规律的一般性解释,与社会学的关联则更稀少,因为人类社会行为的规律具有历史的特征：社会科学的规律原则上依赖于它们所指涉的"环境"。基于这些思考,这种观点——解释应该演绎性

---

[1] "Positivism and its critics," in *Studies in Social and Political Theory*.
[2] Carl G. Hempel and P. Oppenheim, "Studies in the logic of explanation," *Philosophy of Science*, vol. 15 (1948).
[3] 参阅 George Homans, *The Nature of Social Science* (New York: Harcourt Brace, 1967)。

地将具体事件和规律联系起来——就显得非常教条和有限了。这一点在自然科学中是这样,在社会科学领域就更不用说了。

广义地说,解释可以被更适当地理解为澄清难题或疑问,从这种角度来看,解释是理解现有理论背景或意义框架中难以理解的具体观察或事件。这样,描述和解释的区分在某种程度上就是情境性的了:在现有的意义框架内对某种现象进行识别或描述时,如果这种识别有助于解决疑问,那么这种识别或描述就是解释性的。这种广义意义的解释将科学中的解释性调查与日常生活中的调查紧密地联系在一起。这两种情形的解释都没有严密的逻辑形式,也就是说,*所有调查都有一个情境性的"附加条件",所有的调查一定是"为了当前的目的"*。

当然,这并没有说明解释的性质,尤其没有说明,与那些被判定为有缺陷的解释相比,对于一种现象的"令人满意的"或者"有效的"解释具有何种特征。[①]我这里不想讨论这一问题。我想强调的是,解释具有情境性的观点并不是要维护"软"社会学或者人文主义社会学——正统共识的支持者可能会这样认为。尤其是,我们不想重复理解和解释之间的对立,这种对立在人文主义传统中区分了社会科学的任务和自然科学的任务。人文主义发展的一个显著特征是,那些认为社会或人文科学应该关注"意义"或"文化产品"的人也接受了自然科学的实证主义模型。众所周知,狄尔泰深受

---

① 这个观点在这里获得了生命力:Alan Ryan, *The Philosophy of the Social Sciences* (London, Macmillan, 1970), pp. 48-49。

J.S.密尔《逻辑学体系》一书的影响，认为后者对于自然科学的描述反映了他本人对于人文科学的想法。最近，温奇对于社会科学的哲学基础的解释明显依赖于逻辑经验主义者关于自然科学的观念，哈贝马斯对知识构成旨趣的解释保留了实证主义科学模型的某些因素，因此在一定程度上重述了理解与解释之间的区分。①

本章我所提出观点的主要含意是，在当代社会理论中，我们同时围绕着两个轴线在打转：人类社会活动的性质和自然科学的逻辑形式。它们不是完全分离的问题，相反，它们源于某些共同的问题。很明显，解释学问题是自然科学哲学的组成部分，但同样明显的是，社会科学概念的局限排除了因果分析。我们不能把自然科学和社会科学看作彼此独立的两种知识形式，可以分别找出它们的特点，然后还可以将它们放在一起进行比较。哲学家和社会学者应该持续关注自然科学的进步，同时，所有自然科学哲学反过来也对社会理论的问题预先假定了某种特定的立场。

---

① "Habermas's critique of hermeneutics," in *Studies in Social and Political Theory*.

CENTRAL PROBLEMS IN SOCIAL THEORY: ACTION, STRUCTURE, AND
CONTRADICTION IN SOCIAL ANALYSIS by ANTHONY GIDDENS
Copyright © ANTHONY GIDDENS, 1979
This edition arranged with BLOOMSBURY PUBLISHING PLC
Through BIG APPLE AGENCY, INC., LABUAN, MALAYSIA
Simplified Chinese edition copyright:
2025 © SHANGHAI TRANSLATION PUBLISHING HOUSE (STPH)
All rights reserved.

图字：09-2007-893号

图书在版编目（CIP）数据

社会理论的核心问题／（英）安东尼·吉登斯（Anthony Giddens）著；郭忠华，徐法寅译. -- 上海：上海译文出版社，2025.6. --（译文经典）. -- ISBN 978-7-5327-9919-0

Ⅰ．C91

中国国家版本馆CIP数据核字第2025HB5614号

社会理论的核心问题
[英] 安东尼·吉登斯　著　郭忠华　徐法寅　译
责任编辑／李欣祯　　装帧设计／张志全工作室

上海译文出版社有限公司出版、发行
网址：www.yiwen.com.cn
201101　上海市闵行区号景路159弄B座
上海盛通时代印刷有限公司印刷

开本787×1092　1/32　印张11　插页5　字数226,000
2025年6月第1版　2025年6月第1次印刷
印数：0,001—5,000册

ISBN 978-7-5327-9919-0
定价：78.00元

本书中文简体字专有出版权归本社独家所有，未经本社同意不得转载、摘编或复制
如有质量问题，请与承印厂质量科联系，T：021-37910000